John Rawls zur Einführung

Wolfgang Kersting

John Rawls zur Einführung

JUNIUS

Junius Verlag GmbH
Stresemannstraße 375
22761 Hamburg
info@junius-verlag.de
www.junius-verlag.de

© 2001 by Junius Verlag GmbH
Alle Rechte vorbehalten
Umschlaggestaltung: Florian Zietz
Titelfoto: Suhrkamp Verlag
Satz: Druckhaus Dresden
Printed in the EU 2025
ISBN 978-3-88506-343-8
5., korrigierte Auflage 2025

Bibliografische Information der Deutschen Nationalbibliothek
Die Deutsche Nationalbibliothek verzeichnet diese Publikation in der
Deutschen Nationalbibliografie; detaillierte bibliografische Daten sind
im Internet über http://dnb.dnb.de abrufbar

Inhalt

Vorwort 7

Einleitung: John Rawls und die politische Philosophie 13

A. Rawls' *Theorie der Gerechtigkeit* von 1971 29

1. Gerechtigkeit als Fairneß 31
Das Bedürfnis nach Gerechtigkeit 31
Fairneß und Gerechtigkeit –
Grundlinien der Rawlsschen Gerechtigkeitskonzeption ... 40

2. Zwei Prinzipien der Gerechtigkeit 54
Soziale Grundgüter und die Theorie des Guten 54
Prinzipienwahl, Entscheidungsverhalten und
Maximin-Regel 61
Das Freiheitsprinzip und die These vom Vorrang
der Grundfreiheiten 68
Erlaubte Ungleichheit: Das Differenzprinzip 75
   Legitime und illegitime Ungleichheiten 78
   Demokratische Gleichheit 81
   Differenzprinzip und egalitäre Gerechtigkeit 84
   Differenzprinzip und Sozialstaatsbegründung 90
Rawls' Kritik des Utilitarismus 95
   Was ist Utilitarismus? 95
   Utilitarismuskritik und egalitäre Gerechtigkeit 103

3. Die philosophische Begründung der
Gerechtigkeitsprinzipien 107
Vertrag und Gerechtigkeit 107

    Grundlinien kontraktualistischer
    Prinzipienrechtfertigung 109
    Rawls' Kontraktualismus 115
  Urzustand und rationale Verfassungswahl 120
  Kohärenz und Überlegungsgleichgewicht 126
    Wohlüberlegte Gerechtigkeitsurteile 132
    Die formalen Bedingungen des Praktisch-Richtigen .. 135
    Die Illusion des Archimedischen Punktes 142
  Schematische Darstellung des gesamten
  Rechtfertigungsarguments 145

4. Gerechtigkeit zwischen den Generationen 149

5. Verteidigung des bürgerlichen Ungehorsams 155

B. Fairneßgerechtigkeit, politischer Liberalismus und öffentlicher Vernunftgebrauch 165

1. Kantischer Konstruktivismus 175

2. Politische Philosophie angesichts des Pluralismus 186

C. Völkerrecht und liberale Gerechtigkeit 197

1. Völkerrecht in der *Theorie der Gerechtigkeit* von 1971 201

2. Globalizing Rawls 204

3. Rawls' ausgearbeitete Völkerrechtskonzeption von 1993 214

Anhang
Anmerkungen 221
Literaturhinweise 230
Zeittafel 235
Über den Autor 237

Vorwort

Wohl kein philosophisches Werk hat im 20. Jahrhundert so schnell so große Aufmerksamkeit erregt und eine so intensive und weitgespannte Diskussion ausgelöst wie John Rawls' *Theory of Justice* von 1971. Dieses schwergewichtige Buch präsentiert auf sechshundert Seiten die argumentativ dichteste und elaborierteste Theorie der Gerechtigkeit, die in der Geschichte der praktischen Philosophie bis heute entwickelt worden ist. Es hält sowohl hinsichtlich seiner gedanklichen Substanz als auch in Hinblick auf seine wirkungsgeschichtliche Bedeutung den Vergleich mit den großen Texten der europäischen Tradition der politischen Philosophie aus und wird seinen Platz neben Platons *Politeia*, Aristoteles' *Politik*, Hobbes' *Leviathan*, Lockes *Abhandlungen über die Regierung*, Rousseaus *Gesellschaftsvertrag* und Kants *Metaphysische Anfangsgründe der Rechtslehre* finden.

Der Gerechtigkeitstheorie des amerikanischen Philosophen ist es gelungen, alle Bereiche der praktischen Philosophie – die politische Philosophie, die Moralphilosophie, die Rechts- und Sozialphilosophie und die ihnen benachbarten Einzelwissenschaften, vor allen Dingen auch die Wirtschaftswissenschaften – in ein großes interdisziplinäres Gespräch zu verwickeln, das bis heute andauert und durch die Ausweitungen und Revisionen, die Rawls an seiner Theorie im Laufe der Jahre vorgenommen hat, immer neue Nahrung bekommen hat. Die Forschungsliteratur ist selbst für Spezialisten kaum noch überschaubar.[1] Aber die philosophische Qualität eines Werkes zeigt sich nur mittelbar, und angesichts der Verführbarkeit des modernen Zeitgeistes durch Modisches auf nicht immer verläßliche Weise, daran, daß es in kürzester Zeit eine atemberaubende Betriebsamkeit in den Fabriken der Sekundärliteratur hervorbringt. Ein weitaus zuverlässigerer Gradmesser seines philosophischen Gehalts ist vielmehr sein genuin philosophischer Herausforderungswert, seine Fähigkeit, zugleich philosophisch zu inspirieren und systematisch belangvollen Widerspruch zu provozieren, der sich in Gestalt alternativer Konzeptionen zum Ausdruck bringt. Und gerade diese Fähigkeit hat Rawls' *Theory of Justice* von Anfang an in hohem Maße bewiesen. Von ihr angeregt, sind in wenigen Jahren viele eigenständige Werke von großer systematischer Qualität zur politischen Philosophie erschienen, so daß man mit Recht von John Rawls sagen kann, daß er sowohl unmittelbar, durch den Gehalt seines eigenen Werkes, als auch mittelbar, auf dem Wege der von seiner Theorie provozierten produktiven Auseinandersetzung, die politische Philosophie wieder zu neuer Blüte gebracht hat.

In der von Rawls ermutigten politischen Philosophie der Gegenwart lassen sich drei Strömungen unterscheiden. Zwei sind aus dezidiert rawlskritischen Motiven entstanden und haben sich dann zusehends mehr einer selbständigen Ausformulierung ihrer alternativen Positionen zugewandt. Das ist zum einen der hauptsächlich von Robert Nozick[2], James M. Buchanan[3] und Jan Narveson[4] entwickelte »libertarianism«[5], eine radikale Version des Liberalismus, die in der Nachfolge Lockes die natürlichen Individualrechte der Freiheit und des Eigentums ins Argumentationszentrum stellt und nur solche politischen Formationen als gerecht ansieht, die sich aus vertraglichen Vereinbarungen von Eigentümern ergeben. Konsequenz dieses Property-rights-Absolutismus ist die Ablehnung aller sozialstaatlichen Einschränkungen individualrechtlicher Grundpositionen. Da ist zum anderen der von Michael J. Sandel[6], Michael Walzer[7], Charles Taylor[8], Benjamin Barber[9] und anderen vertretene Kommunitarismus, der den Menschenrechtsuniversalismus ablehnt und an die teils aristotelische, teils hegelianische Tradition antiliberalen Denkens anknüpft. Die dritte Strömung der politischen Philosophie der Gegenwart ist der egalitäre Liberalismus, der in produktiver Auseinandersetzung mit der Rawlsschen Theorie das liberale Paradigma der politischen Philosophie ausdifferenziert. Seine Hauptvertreter sind Ronald Dworkin[10], Thomas Nagel[11] und Brian Barry[12].

Der egalitäre Liberalismus hat sich im Wettstreit mit Radikalliberalismus und Kommunitarismus als die philosophisch stärkere Theoriekonzeption erwiesen. Anfangs ging es in der durch Rawls ausgelösten politikphilosophischen Diskussion der Gegenwart um Probleme der philosophischen Selbstverständigung, um die richtige Art, Politikphilosophie zu treiben. Man stritt sich über die angemessene Methode und Erkenntnistheorie, über das der politikphilosophischen Argumentation zugrunde zu legende Menschen-, Personen- und Sozialmodell. Denn diese Voraussetzungen prägen die gerechtigkeitstheoretischen Vorstellungen der Theorie; sie entscheiden über den Zuschnitt der Gerechtigkeitsprinzipien, zu deren Beachtung die Philosophie die politische Wirklichkeit verpflichtet. Und solange sich die philosophische Diskussion um diese grundsätzlichen Fragen, gleichsam um die Metaphysik des modernen politischen Zusammenlebens drehte, gab es eine lebhafte Auseinandersetzung zwischen den drei Theoriefamilien des »libertarianism«, des Kommunitarismus und des egalitären Liberalismus. Sobald sich aber in der Folgezeit die Diskussion der immer selbstbewußter auftretenden politischen Philosophie konkreten politischen Problemlagen zuwandte, stellte sich die stärkere philosophische Leistungsfähigkeit des egalitären Liberalismus heraus, verloren Radikalliberalismus und Kommunitarismus an Einfluß. Weder in den

Debatten über eine differenzierte gerechtigkeitsethische Vermessung des Sozialstaats noch in der Diskussion der Probleme internationaler Gerechtigkeit oder dem Streit um die Sicherung politischer Gemeinschaftlichkeit unter den Bedingungen von ethischem Pluralismus und Multikulturalismus lieferten Radikalliberalismus und Kommunitarismus substantielle Beiträge ab.

Zwar sind die politischen und ökonomischen Mahnungen der libertären Sozialstaatsgegner angesichts wachsender Staatsverschuldung und wuchernder Sozialstaatsbürokratie begrüßenswert, ist auch ihr Plädoyer für eine direkt-demokratische Ausweitung bürgerlicher Mitbestimmung bedenkenswert, doch der systematische Zuschnitt des »libertarianism« erweist sich insgesamt als unzureichend, um den vielfältigen politischen Herausforderungen der Gegenwart philosophisch gerecht zu werden, die im Kielwasser fortschreitender Globalisierung und intensivierter Migration aufgetaucht sind. Auch der Kommunitarismus hat hier keine konstruktiven Lösungen anzubieten. Er ist philosophisch noch dürftiger ausgestattet als der Radikalliberalismus, stützt sich weitgehend auf den Gedanken des Traditionsschutzes, vermag daher bei Problemen wenig auszurichten, die sich gerade darum heute stellen, weil aufgrund der sich beschleunigenden Veränderungen der gesellschaftlichen und kulturellen Rahmenbedingungen des Lebens in der Moderne die Integrations- und Sinnressource Tradition sich dramatisch verknappt hat. »Libertarianism« und Kommunitarismus sind ohne philosophisch konstruktive Kraft. Da die ihnen eingeschriebenen Vorstellungen politischen Zusammenlebens nicht realisierbar sind, die Flucht zu hochintegrierten, kulturell homogenen Traditionsmilieus uns genauso verwehrt ist wie eine Abschaffung sozialstaatlicher Leistungssysteme, erschöpft sich die Bedeutung beider darin, den egalitären Liberalismus kritisch zu überprüfen, seinem Hang zum Etatismus entgegenzuwirken und gegenüber seiner universalistischen Überschwenglichkeit das Recht des Partikularen geltend zu machen.

In der Entwicklung der politischen Philosophie von John Rawls spiegelt sich dieser Weg von den Aufgaben der Grundlegung zur Bearbeitung spezifischer Problembereiche. Rawls hat nicht nur mit seinem olympischen Werk von 1971 die systematische politische Philosophie wieder ins intellektuelle Leben zurückgerufen. Er hat auch ein Argumentationsszenario skizziert, das für die Entwicklung der Gerechtigkeits- und Sozialstaatsphilosophie des egalitären Liberalismus wegweisend wurde. Mit der Weiterentwicklung seiner Gerechtigkeitskonzeption zu einer Theorie des politischen Liberalismus hat Rawls dann seit den *Dewey Lectures* von 1980 auch die Diskussion der Probleme einer Sicherung politischer Einheit unter den Bedingungen eines ethischen und kulturellen Pluralismus maßgeblich geprägt. Die Auseinandersetzung mit der Habermasschen Diskursethik und der sich auf sie stützenden Theorie der deliberativen Demokratie hat sich dabei philosophisch als besonders fruchtbar erwiesen. Und auch zum Problem der internationalen Ethik hat sich Rawls geäußert. 1993 hat er eine größere Studie mit dem provokanten Titel *Law of Peoples* veröffentlicht. Sie greift auf den klassischen Pazifikationsgedanken des Völkerrechts zurück und erteilt damit allen Rawlsianern, die die Gerechtigkeitstheorie der *Theory of Justice* globalisieren und zu einer Weltgerechtigkeitsethik ausbauen wollen, sich also durch die *Theory of Justice* zu einem Paradigmenwechsel von der völkerrechtlichen Orientierung zur gerechtigkeitsethischen Orientierung in der politischen Philosophie der internationalen Beziehungen ermuntert sehen, eine herbe Absage.

Ich habe die Neuauflage dieser Einführung in die politische Philosophie von John Rawls zum Anlaß genommen, dem Buch eine vollständig neue Fassung zu geben, die der oben geschilderten Entwicklung des Rawlsschen Denkens im besonderen und der politischen Philosophie der Gegenwart im allgemeinen Rechnung trägt. Der zweite Teil, der sich ursprünglich mit der libertären und kommunitaristischen Rawls-Kritik beschäftigte, ist weggefallen.[13] Neu hinzugekommen sind zwei Teile, die sich zum einen mit Rawls und der Gerechtigkeitsphilosophie des egalitären Liberalismus und zum anderen mit Rawls' Völkerrechtskonzeption und ihrem Verhältnis zum rawlsianischen Kosmopolitismus beschäftigen. Weiterhin ist das Kapitel über Rawls' Theorie des politischen Liberalismus beträchtlich verändert worden. Alle verbliebenen Kapitel über die Grundzüge der Gerechtigkeitstheorie von 1971 sind überarbeitet worden.

Einleitung:
John Rawls und die politische Philosophie

Mit den folgenden Worten hat Peter Laslett 1956 den ersten Band der berühmten Reihe *Philosophy, Politics and Society* eingeleitet:

»Es gehört zu den Vorstellungen unseres geistigen Lebens [...], daß es unter uns Menschen geben sollte, die wir für politische Philosophen halten. Als Philosophen und empfindlich gegenüber allem Wandel in der Philosophie sollen sie sich mit den sozialen und politischen Verhältnissen auf der höchstmöglichen Ebene der Allgemeinheit beschäftigen. Sie sollen die Methoden und die Ergebnisse des zeitgenössischen Denkens auf die vor Augen liegende zeitgenössische soziale und politische Situation anwenden. Dreihundert Jahre lang hat es solche Männer in unserer Geschichte gegeben [...]. Heute jedoch, so scheint es, haben wir sie nicht mehr. Die Tradition ist abgebrochen, und unsere Annahme ist gegenstandslos, es sei denn, sie wird als Glaube an die Möglichkeit betrachtet, daß die Tradition fortgeführt werden könnte. Für den Augenblick jedoch ist die politische Philosophie tot.«[14]

Dieser Satz vom Tod der politischen Philosophie wurde zum meistzitierten Satz des ganzen Buches. Die Überzeugung, daß Lasletts traurige Diagnose zutrifft, war weit verbreitet. Wie war es zum Ableben der politischen Philosophie gekommen? Wie konnte die Philosophie einen so wichtigen Bereich wie den der Ordnung menschlichen Zusammenlebens einfach aus den Augen verlieren? Wie konnte es geschehen, daß die großen Philosophen des 20. Jahrhunderts sich auf den Gebieten der Logik und

Wissenschaftstheorie, der Sprachphilosophie und Erkenntnistheorie engagierten, jedoch den Fragen der Ethik und Politik gegenüber gleichgültig wurden und den Problemen richtigen Handelns und einer gerechten öffentlichen Ordnung keinerlei Interesse mehr entgegenbrachten? Jahrhundertelang war die soziale und politische Welt der Menschen einer der vornehmsten Gegenstände der Philosophie, bewährte sich die Philosophie als herausragendes Reflexionsmedium in der unaufhörlichen kulturellen Selbstverständigung der Menschen und kleidete die Gerechtigkeitsdiskurse der Gesellschaft und die Auseinandersetzungen um die inneren Bestimmungen eines guten allgemeinen Lebens in ihre feinere und genauere Begrifflichkeit.

Doch seit Mitte des 19. Jahrhunderts war diese Tradition der politischen Philosophie abgebrochen, hatte sich die Philosophie zunehmend von der politischen Welt entfremdet. Das sich im Laufe des 19. Jahrhunderts durchsetzende wissenschaftsorientierte Erkenntnis- und Weltverständnis stellte die praktische Philosophie unter Irrationalismusverdacht; die kategorialen Fundamente und die sich auf sie stützenden Rechtfertigungsargumente der moralischen und politischen Philosophie wurden als haltlose metaphysische Spekulation abgewiesen; das philosophische Bemühen um objektiv gültige normative Orientierungen im privaten und öffentlichen Handlungsbereich erschien im harten Licht der wissenschaftlichen Aufklärung als uneinsichtige Anhänglichkeit an längst widerlegte vorwissenschaftliche Weltsichten und Erkenntnisprogramme. Die aufgekommenen Lehrmeinungen des Positivismus, des Historismus und des Kulturrelativismus verdrängten alles Interesse an normativen Fragen, das Klima des Szientismus war einer Fortentwicklung von Moralphilosophie und normativer politischer Philosophie nicht günstig. Das große Erbe von Hobbes, Locke, Rousseau, Kant und Hegel verstaubte. Politische Philosophie war nur noch als Objekt der einschlägigen Geschichtsschreibung und als geisteswissenschaftlicher Forschungsgegenstand interessant; sie wurde als museale Kollektion von Interpretationsmustern, Begriffsbildern und Theorieformen betrachtet, mit der sich dann die Historiographen der Philosophie, die Wissenssoziologen und die Weltanschauungstypologen beschäftigten.

Bei seinem Bemühen, die Ursachen für den Niedergang der politischen Philosophie zu benennen, denkt Peter Laslett jedoch weniger an die sich ausbreitende szientistische Mentalität und den allgemeinen Metaphysiküberdruß gegen Ende des 19. Jahrhunderts. Er hat einen konkreteren Totengräber im Blick, den logischen Empirismus:

»Es ist wirklich sehr leicht, auf den Sündenbock zu zeigen. Russell und Wittgenstein, Ayer und Ryle waren es, die die Philosophen davon überzeugten, daß sie sich auf sich selbst zurückzuziehen und ihr logisches Instrumentarium und ihren begrifflichen Apparat zu überprüfen haben. Und das Resultat dieser Überprüfung war wirklich radikal. Es zog den logischen Status aller ethischen Aussagen in Zweifel und errichtete rigorose Standards der Verständlichkeit, die die traditionellen moralphilosophischen Systeme sofort auf eine Ansammlung von Unsinn zu reduzieren drohten. Da politische Philosophie ein Bereich der Ethik ist oder war, erhob sich die Frage, ob politische Philosophie überhaupt möglich ist.«[15]

Als logischen Empirismus bezeichnet man die sprachphilosophische und erkenntnistheoretische Konzeption, die den traditionellen Empirismus der frühen Neuzeit mit den zeitgenössischen Logik- und Semantikvorstellungen verknüpfte und mit jeweils charakteristischen Modifikationen von den Philosophen des Wiener Kreises, vor allem Carnap und Schlick, von dem jungen Wittgenstein in seinem *Tractatus Logico-Philosophicus* und von den Autoren der *Principia Mathematica*, Russell und Whitehead, entwickelt wurde[16] und in der ersten Hälfte des 20. Jahrhunderts die intellektuell-philosophische Landschaft insbesondere in der englischsprachigen Geisteswelt nachhaltig prägte. Der logische Empirismus läßt in der Nachfolge David Humes nur empirische und analytische Sätze als sinnvolle Sätze gelten. Dieses empiristische Sinnkriterium verweist damit alle Sätze, die weder etwas empirisch Überprüfbares über die Wirklichkeit sagen noch logische Beziehungen zwischen Sätzen erhellen, in den Bereich der Sinnlosigkeit. Unter der Ägide dieses harschen Verständlichkeitsrichters kann Philosophie nur als Wissenschaftstheorie überleben. Damit verschwindet der ganze Kranz traditioneller philosophischer Arbeitsgebiete. Ausdrücklich wird alle normative praktische Philosophie aus dem Bereich verantwortbarer philosophischer Tätigkeit verbannt und alles Nachdenken über das Gute und Gerechte, über Werte und Legitimation unter das Verdikt des Unsinns gestellt.

Praktische Sätze gelten dem Anhänger des logischen Empirismus nur dann als wahrheitsfähig, wenn sie einen technischen Inhalt haben und empirisch überprüfbare Informationen über die Zweckdienlichkeit bestimmter Mittel und Strategien beinhalten. Nichttechnische praktische Sätze, normative und evaluative Sätze also, Werturteile, Normen, Pflichtgebote, Prinzipien und moralische Vorschriften betrachtet er als nicht wahrheitsfähig und prinzipiell unbegründbar. Die Grenzen rationaler menschlicher Verständigung konvergieren für den logischen Empiristen mit den Grenzen weltabbildender und sprachanalytischer Diskurse. Moralische und politische Diskurse, alle Diskurse also, in denen normative Prädikate und Wertbegriffe verwendet werden, hält er für irrationales Gerede. Dieses Dogma von der Irrationalität aller wertenden Behauptungen, von der Unbegründbarkeit moralischer Aussagen stellt ethische Aussagen auf eine Stufe mit Ausrufen, Stimmungsbekundungen, Geschmacksäußerungen. Genausowenig wie man Farb- und Geschmackspräferenzen, Kleidungsgewohnheiten und subjektive Idiosynkrasien rechtfertigen kann und sie als Gemüts- und Lebensstiltatsachen hinnehmen muß, genausowenig kann man nach der Lehrmeinung des logischen Empirismus Argumente und rechtfertigende Gründe für oder gegen praktische und wertende Aussagen finden: Sie sind für ihn eben nichts weiter als sprachliche Ausdrücke von Gestimmtheiten und Vorlieben, deren Existenz allenfalls entwicklungs- und sozialpsychologisch aufgeklärt und erklärt werden kann, die jedoch keinen rational begründbaren Geltungsanspruch erheben können, über den sich in allgemein anerkannten diskursiven Verfahren und mit rational nachvollziehbarer Rechtfertigungsargumentation befinden ließe.

Es ist evident, daß im Schatten dieses Dogmas von der Wahrheitsunfähigkeit sittlicher Urteile keine Moralphilosophie, keine normative politische Philosophie gedeihen kann. Eine argumentative, Gründe vortragende Philosophie der Herrschaftslegitimation und Herrschaftslimitation durch Gerechtigkeitsprinzipien ist nicht möglich, wenn normative Urteile indiskutable Geschmacksangelegenheiten sein sollen. Auch die den logischen Empirismus im englischsprachigen Kulturkreis als philosophischen Meinungsführer ablösende, sich auf das Werk des späten Wittgenstein berufende sprachanalytische Philosophie, die Laslett bei seiner Suche nach den Verantwortlichen für den Tod der politischen Philosophie durchaus auch im Auge hat, hat die Situation für die politische Philosophie nicht verbessert. Zwar schließt sich die »ordinary language philosophy« nicht explizit an das Dogma des logischen Empirismus von der Wahrheitsunfähigkeit praktischer Sätze an, aber in ihrer Orientierung am faktischen Sprachgebrauch ist sie dem Interesse an einer begründenden normativen Philosophie der politischen Angelegenheiten auch nicht sonderlich dienlich.

Nicht daß die politische Sprache des Alltags, die Sprache der Politiker, die Begrifflichkeit der Politologen nicht der analytischen Durchdringung und logischen Überprüfung bedürften, nichts auch gegen eine sich auf ebendiese Untersuchung der verschiedenen Sprachfelder des Politischen konzentrierende politische Philosophie, aber diese Form politischer Philosophie, die auf eine Art politische Grammatikbeaufsichtigung hinausläuft, hat nichts mit der praktischen Kompetenz zu tun, die sich die traditionelle politische Philosophie zugetraut hat. Denn eines ist es, den faktischen Gebrauch von normativen, evaluativen und legitimatorischen Prädikaten im politischen Diskurs der Praxis und der Wissenschaft zu untersuchen, ein ganz anderes jedoch, die Kriterien für die angemessene Anwendung dieser normativen, evaluativen und legitimatorischen Prädikate zu definieren und zu begründen.[17]

In den siebziger Jahren ist die politische Philosophie dann überraschenderweise wieder ins intellektuelle Leben zurückgekehrt. Sie hat sich gegen ihre wissenschaftslogische Demütigung und methodologische Annihilierung zur Wehr gesetzt und das analytisch-sprachanalytische Methodenargument, das ein ganzes Jahrhundert lang alle ihre theoretischen Anstrengungen durchkreuzte und sie an ihrer eigenen wissenschaftlichen Existenzberechtigung zweifeln ließ, energisch abgeschüttelt. Und indem sie sich von der borniertern Erkenntniskonzeption und restriktiven Methodologie des analytischen Paradigmas befreite, konnte sie wieder an die Tradition der politischen Philosophie der Moderne anknüpfen. Das Zutrauen in die eigene Begründungskompetenz stellte sich schnell wieder ein, und sie unternahm in rascher Folge immer wieder neue Anläufe systematischer Selbstverständigung; dabei ließ sie sich stark durch die Argumentationsmuster und Begriffsformen der politischen Philosophie der Neuzeit von Hobbes bis Kant beeinflussen, zeigte sich aber auch aufgeschlossen gegenüber den Fragestellungen, Methoden und Erkenntnissen der zeitgenössischen Sozialwissenschaften.

Die Renaissance der politischen Philosophie ist erstaunlicherweise durch ein einziges Buch ausgelöst worden: durch die 1971 erschienene *Theory of Justice* des amerikanischen Philosophen John Rawls. Seine Gerechtigkeitstheorie hat viele philosophisch inspiriert und zu gehaltvollem Widerspruch angeregt. In wenigen Jahren sind viele eigenständige politikphilosophische Werke von großer systematischer Qualität erschienen. Drei Jahre nach der *Theory of Justice* erschien bereits Robert Nozicks *Anarchy, State, and Utopia*; ihm folgte nur ein Jahr später James M. Buchanans *The Limits of Liberty*; und 1980 veröffentlichte Bruce Ackerman *Social Justice in the Liberal State*[18]. Und auch die Unparteilichkeitsphilosophie des Rawls-Schülers Thomas Nagel, die unterschiedlichen, einmal strikt antiperfektionistischen, einmal perfektionistischen Liberalismus-Ausprägungen der Rechtsphilosophen Ronald Dworkin und Josef Raz[19] und die Gerechtigkeitstheorie von Brian Barry stehen noch im Schatten der vor rund dreißig Jahren erschienenen ingeniösen *Theory of Justice*. Diese philosophische Selbstverständigung des Liberalismus hält bis heute unvermindert an: Immer von neuem versichert er sich seiner Grundlagen, zeichnet er die utopischen Ränder seiner Idee nach, vergrößert er den Spielraum seiner Variationen und Positionen.

Zwar bedient sich Rawls ausgiebig aus dem Methodenarsenal der modernen Sozialwissenschaften und macht von der Entscheidungs- und Spieltheorie reichlichen Gebrauch, jedoch verdankt sich seine politikphilosophische Erneuerungsleistung keinesfalls einer sachlichen Innovation, die Unerhörtes und bislang Ungedachtes zum Ausdruck gebracht hätte. Sie besteht vielmehr in der Wiederherstellung des alten Zutrauens in die normative Leistungsfähigkeit der Philosophie und bietet eine phantasievolle Aufbereitung bekannter Begriffsmuster und Argumentationsformen. Keinem revolutionären Paradigmenwechsel in der politischen Philosophie bereitet Rawls den Weg, er ist kein Heidegger, kein Wittgenstein der politischen Philosophie; im Gegenteil, sein Ruhm beruht gerade darauf, das alte vertragstheoretische Paradigma der neuzeitlichen politischen Philosophie, das längst ausgemustert und in den geistesgeschichtlichen Archiven verstaut war, wiederbelebt und mit dem Instrumentarium der Spiel- und Sozialwahltheorie modernisiert zu haben. Damit hat er der politischen Philosophie wieder eine Methode und einen stabilen kategorialen Rahmen für systematische rechtfertigungstheoretische Argumentation und problembezogene Prinzipienexplikation verschafft.

Die von Rawls entwickelte, den traditionellen Kontraktualismus methodologisch verfeinernde Theoriekonzeption ist konstruktivistischer Natur. Konstruktivisten erblicken die Aufgabe der politischen Philosophie in der problemgerechten Explikation und Ausdeutung der normativen Orientierungen, der moralisch-rechtlichen Grammatik unseres politischen Selbstverständnisses. Dabei entwickeln sie eine erstaunliche argumentationslogische Phantasie. Denn da kein subsumtionslogisch gerader Weg vom Allgemeinen zum Besonderen führt, muß die Deduktion durch Konstruktion, Explikation und Interpretation ersetzt werden. Es bedarf eines beträchtlichen argumentativ-konstruktivistischen Aufwands, um diesen Hiat zu überbrücken und zu zeigen, wie und in welchem Maße die problembezogenen Orientierungsleistungen erbracht und die aufgelaufenen Rechtfertigungsschulden beglichen werden können. Zu diesem Zweck entwickelt die Philosophie beträchtliche konstruktive Phantasie. Als konstruktivistisch bezeichne ich diese Theoriekonzeption auch darum, weil sie in hohem Maße Gebrauch macht von Gedankenexperimenten, Ursprungskonstruktionen und Entwicklungsmodellen, von Sozialmodellen und Personenmodellen und dabei den Traditionsbestand an derartigen explikatorischen Begriffsarrangements immer wieder erneuert, variiert und den veränderten Problemlagen, Erkenntnisinteressen und Fragestellungen anpaßt.

Rawls geht in die hohe Zeit des neuzeitlichen Begründungsdenkens und der emanzipatorischen Programmatik zurück und nimmt den Diskussionsfaden dort wieder auf, wo ihn die politische Philosophie vor dem Beginn der spekulationsfeindlichen und naturrechtlosen Zeiten fallen gelassen hatte. Er knüpft an die politischen Hoffnungen von Aufklärung und Revolution an und will mit einem kühnen methodologischen Sanierungsprogramm das durch Desillusionierung und totalitären Wahn verschlissene und diskreditierte Projekt der Freiheit und Gleichheit wieder herrichten und als Bauplan einer wohlgeordneten Gesellschaft verwenden. Mit der von Rawls bewirkten Renaissance der politischen Philosophie ist also der philosophische Liberalismus wieder auferstanden, die philosophische Reflexionsform emanzipatorischer politischer Modernität. Ungeachtet großer systematischer Differenzen und tiefgreifender politischer und philosophischer Meinungsunterschiede verfolgen Rawls und Dworkin, Nozick und Buchanan, Nagel, Barry und Raz gemeinsam das Programm einer umfassenden Rekonstruktion der normativen Voraussetzungen, kategorialen Grundlagen und Rechtfertigungsideen der klassischen neuzeitlichen politischen Philosophie.

Auf ihre Art arbeiten also auch diese amerikanischen und englischen Liberalen an dem unvollendeten Projekt der Aufklärung. Aber im Gegensatz zum diskursethischen Habermasianismus, der sich erst mühsam über die Stufen der kritischen Theorie und sozialphilosophischen Marxismusrekonstruktion zum bürgerlichen Naturrecht emporarbeiten mußte und noch heute seine Schwierigkeiten mit den unabhängigen und normativ absolut vorrangigen Menschenrechten hat, stand in dem analytisch-konstruktivistischen Theoriemilieu, dem sie alle entstammen, die Gültigkeit der normativen Grundlagen der liberalen und demokratischen Gesellschaft nie in Frage.

Die klassische neuzeitliche politische Philosophie kulminiert in der Rechtsmetaphysik Kants. Und es sind vor allem kantische Motive und Argumente, die die gegenwärtige Erneuerung des Rechts- und Moraluniversalismus bestimmen und eine Konjunktur von egalitaristischen Unparteilichkeitsethiken und prozeduralistischen Gerechtigkeitstheorien ausgelöst haben. Kants Kritik des polizeistaatlichen Wohlfahrtseudämonismus seiner Zeit ist auch das Vorbild für die kritische Auseinandersetzung des Liberalismus mit dem Wohlfahrtsutilitarismus der Gegenwart; und Kants Antiteleologismus steht auch hinter der liberalen Kritik an den kommunitaristischen Versuchen, die Priorität des Rechts zu brechen und politische Theorie und Praxis wieder auf dem kategorialen Fundament des Guten zu errichten. Kants Argumente gegen eine Vollkommenheitsethik und seine freiheitsrechtlich motivierte Kritik des Paternalismus können den Liberalen aller Couleur immer noch sehr nützlich sein, wenn sie sich der verschiedenen neoaristotelischen Einflüsse auf die gegenwärtige praktische Philosophie erwehren wollen. Und wenn die zeitgenössischen Liberalen die sich komplementär als individuelle Autonomie, staatliche Toleranz und weltanschauliche Neutralität manifestierende klassische bürgerliche Freiheitskonzeption aufgreifen und befestigen, wenn sie die modernitätstypische rechtfertigungstheoretische Grundidee nachdrücklich in Erinnerung bringen, daß den freien, gleichen und darum in reziproken normativen Verhältnissen zueinander stehenden Individuen legitim nur allgemein anerkennungsfähige Verhaltensnormierungen und Freiheitseinschränkungen zugemutet werden dürfen, dann erweisen sie sich auch als treue Kantianer.

Um Mißverständnisse zu vermeiden, muß dieses Bild von John Rawls als dem Lebensretter der politischen Philosophie mit einer korrigierenden Ergänzung versehen werden. Natürlich ist das politische Denken nie in die Winterstarre gefallen, aus der es von Rawls geweckt worden sein soll. Die Vorstellung, daß die politische Reflexion, die intellektuell-geistige Begleitung des Wandels der politischen und gesellschaftlichen Verhältnisse, irgendwann einmal für Jahrzehnte ausgesetzt hat oder je aussetzen könnte, ist schlechthin absurd. Dazu ist das politische Denken viel zu eng mit der sich stets wandelnden Wirklichkeit und den sie spiegelnden Selbstverständigungsdebatten verschwistert. Gleichwohl kann man der These von der Erneuerung der politischen Philosophie durch John Rawls die Berechtigung nicht absprechen. Denn mit ihm wird ein ganz bestimmter Typus von politischer Philosophie wieder lebendig, der sich zum einen durch seine rückhaltlose Bejahung der politischen Moderne und des nachmetaphysischen Denkens von allen ontologischen, modernitätsskeptischen und radikal gesellschaftskritischen Konzeptionen abgrenzt und der sich zum anderen durch seinen analytisch-konstruktivistischen Argumentationsstil und sein anspruchsvolles Begründungsprogramm von all den Gestalten politischer Philosophie unterscheidet, die sich mehr an einem hermeneutischen Erkenntnisprogramm orientieren und vielleicht die ontologisch-polemologische Sonderverfassung der Welt des Politischen aufspüren oder die Metaphern, Symbole und geschichtlichen Signaturen des Politischen begreifen oder nur die Komplexität der vorfindlichen kontingenten politischen Wirklichkeit verstehen wollen.

Anders als Hannah Arendt, anders als Carl Schmitt, Leo Strauss und Eric Voegelin, als Othmar Spann und die diversen Mitglieder der marxistischen Erbengemeinschaft sowie der Frankfurter Schule, anders auch als Michael Oakeshott und Isaiah

Berlin knüpft John Rawls an die Philosophiekonzeption der großen politischen Philosophen der Neuzeit an, übernimmt ihr Selbstverständnis und reklamiert normative Kompetenz und philosophische Zuständigkeit für die Gerechtigkeitsdiskurse der politischen Öffentlichkeit. Er nimmt damit ein politikphilosophisches Reflexionsprogramm auf, das die oben genannten Autoren einmütig, aber mit unterschiedlichen Gründen, teils als illusionäres, realitätsunangemessenes Unternehmen, teils als deontologisch überspannten, politikvergessenen Ethizismus, teils aus einer metaphysischen, sich allen modernen Denkverhältnissen verschließenden Grundhaltung heraus, als szientistisch und technisch verkürzten Rationalismus verwerfen.

Diese politische Philosophie, deren immerwährende Anwesenheit die voreingenommenen analytischen Betrachter der politikphilosophischen Diskussionslandschaft nicht davon abgebracht hat, der politischen Philosophie den Totenschein auszustellen, bewegt sich zwischen Sein und Geschichte. Es ist eine dem analytischen Theoriemilieu fremde Tradition. All ihre Gestalten sind dezidiert antideontologisch und normativ überaus zurückhaltend. Viele setzen sich in ihren Beiträgen zur politisch-kulturellen Selbstverständigungsdebatte der Gesellschaft über alle Modernitätskonventionen hinweg und verweigern jedes Einverständnis mit den neuzeitlichen Hintergrundüberzeugungen des normativen Individualismus und des menschenrechtlichen Egalitarismus. Und wenn diese randständige politische Philosophie nicht an modernitätsabgewandter ontologisch-metaphysischer Begründung interessiert ist oder gar mit versöhnungstheologischer Strenge das Bestehende an der Utopie umfassender Erlöstheit zuschanden werden läßt, vertritt sie eine Auffassung von politischer Philosophie, die in engem Kontakt zum wirklichen politischen Leben bleibt und sich durch konkrete Problemlagen herausfordern läßt, die dem optimistischen Rationalismus der

Aufklärungsethik und den Abstraktionsidyllen normativer Gerechtigkeitstheorie gründlich mißtraut und sich am geschichtlichen Menschen und seinen verschiedenen partikularen Zugehörigkeiten orientiert, die dem Wesen des Politischen nachspürt und seine Eigenständigkeit und Eigenwertigkeit gegen moralische Überformung, ökonomische Kolonialisierung und bürokratische Petrifizierung zu schützen versucht. Während diese politische Philosophie also, um Platons suggestive philosophie-methodologische Metapher zu verwenden, in der Höhle der gegebenen Verhältnisse bleibt, tritt der politische Philosoph des rawlsschen Typs seinem Selbstverständnis nach aus der Höhle heraus in die Sonne allgemeinen und gültigen Wissens, um dann in die Höhle zurückzukehren und die dort versammelte Meinungsgesellschaft aufzuklären.

Die von John Rawls in seinem ersten großen Werk wiederbelebte Philosophenrolle ist in ihrer radikalsten Ausprägung in der Tat die des universalistischen Nomotheten, des Verfassungsgebers, der im Verein mit der allgemeinen menschlichen Vernunft von einem archimedischen, gesellschafts- und geschichtsjenseitigen Standort aus eine allgemeingültige Ordnung des menschlichen Zusammenlebens zu entwerfen und den Menschen die unverrückbaren Grundsätze der Gerechtigkeit zu zeigen versucht. Und diejenigen, die sich mit dieser Aufgabenbeschreibung der politischen Philosophie nicht einverstanden erklären können, sind nicht im mindesten bereit, in das Lob Rawls' einzustimmen. Gerade die Eigenschaften, die an der Rawlsschen Gerechtigkeitstheorie und allen ihr nachfolgenden Liberalismuskonzeptionen gerühmt werden und ihre philosophische Qualität in den Augen ihrer Anhänger begründen, sind den Kritikern der Rawlsschen Philosophiekonzeption ein Ärgernis. Sie halten sein Rollenverständnis von politischer Philosophie für verderblich und betrachten seinen enormen Einfluß auf die aktuelle Theoriediskussion in der politischen Philosophie als überaus verhängnisvoll.

Der gegenwärtige philosophische Liberalismus verdient ihrer Meinung nach überhaupt nicht das Prädikat einer politischen Philosophie, da er sich durch seine abstrakten Konstruktionen und seinen hochfliegenden Deontologismus den Zugang zur politischen Welt gänzlich verstellt; er ist für sie eine zutiefst unpolitische Philosophie, eine Philosophie der »Entleerung des politischen Lebens«[20], die angesichts der drückenden politischen Probleme der Gegenwart ins normative Arkadien des Rechts- und Moraluniversalismus flieht und politisches Handeln grundsätzlich als moralisch angeleitete Herstellung gerechter Verhältnisse von einem geschichtsexternen Standpunkt aus mißversteht. Eine politische Philosophie muß eine Philosophie des politischen Lebens sein, muß der Komplexität des politischen Lebens gewachsen sein und sich in der dilemmatischen Welt des Nichtidealen bewegen können. Der gegenwärtige Neokantianismus und Neokontraktualismus ist in den Augen dieser Freunde des Ethos der »verità effettuale« und eines ungetrübten machiavellischen Tatsachenblicks jedoch ein durch und durch illusionäres Theorieunternehmen, das für die Niederungen des Romulus nicht taugt und einem gänzlich verfehlten Erkenntnisprogramm nachjagt.

Nachdem sich die politische Philosophie nun von der Diktatur des analytischen Methodenarguments befreit hat, wird sie ironischerweise also jetzt wieder mit einem Methodenargument attackiert, das freilich aus dem genau entgegengesetzten Bereich des methodologischen Spektrums stammt und dem philosophischen Liberalismus eine fatale Bindung an Idealkonstruktionen und universalistische Theorieidyllen vorwirft, die den Wirklichkeitssinn schwäche und eine verharmlosende Sicht der spannungsvollen modernen politischen Verhältnisse begünstige. Verwarfen die Analytiker die der Tradition des neuzeitlichen Vernunftrechts verpflichtete politische Philosophie wegen mangelnder Wissenschaftlichkeit, so verwerfen ihre neuen Kritiker sie wegen fehlender Wirklichkeitstauglichkeit. Das, was die wissenschaftliche Welt begeistert als Wiedergeburt der politischen Philosophie feiert, charakterisieren die Anhänger dieser konkurrierenden Auffassung von politischer Philosophie verächtlich als »Totgeburt«[21].

A. Rawls' *Theorie der Gerechtigkeit* von 1971

1. Gerechtigkeit als Fairneß

Das Bedürfnis nach Gerechtigkeit

Die Gerechtigkeitstheorie von Rawls gehört zur Familie der Vertragstheorien. Als Vertragstheorien bezeichnet man die moral-, sozial- und politikphilosophischen Konzeptionen, die die moralischen Prinzipien menschlichen Handelns, die rationale Grundlage der institutionellen gesellschaftlichen Ordnung und die Legitimationsbedingungen politischer Herrschaft in einem hypothetischen Vertrag erblicken, der zwischen freien, gleichen und rationalen Individuen in einem wohldefinierten Ausgangszustand geschlossen wird. Sie sind im 17. Jahrhundert entstanden und haben bis Ende des 18. Jahrhunderts das politische Denken beherrscht. Nachdem sie im 19. Jahrhundert und in den ersten Jahrzehnten des 20. Jahrhunderts völlig verschwunden waren, haben sie in der politischen Philosophie der Gegenwart eben dank der philosophisch anregenden Verwendung des Vertragsmotivs in der Philosophie Rawls eine erstaunliche Renaissance erlebt.[22]

Vertragstheorien gründen in einem rechtfertigungstheoretischen Prozeduralismus. Sie stellen die systematische Ausarbeitung der modernitätstypischen Überzeugung dar, daß sich die gesellschaftlichen Rechtfertigungsbedürfnisse nicht mehr durch Rekurs auf den Willen Gottes oder eine objektive natürliche Wertordnung decken lassen. Das Verblassen der theologischen Weltsicht, das Verschwinden der traditionellen qualitativen Naturauffassung unter dem nüchternen Tatsachenblick der modernen Wissenschaften, der Zerfall der festgefügten und wertintegrierten Sozialordnung unter dem wachsenden Ansturm der Verbürgerlichung und Ökonomisierung der gesellschaftlichen Verhältnisse verlangten eine Neuorganisation der kulturellen Rechtfertigungspraxis, die mit den neuerschaffenen geistigen Grundlagen der Welt der Moderne, mit den neugeprägten Selbst- und Weltverhältnissen der Menschen in Übereinstimmung stand. Das systematische Rückgrat dieser neuen, modernitätsadäquaten Rechtfertigungskonzeption ist der normative Individualismus, der das Individuum mit moralischer Autonomie ausstattet und die gesetzgebenden Autoritäten Gottes und der Natur durch das Recht jedes Individuums ersetzt, nur durch solche Gesetze in seiner Freiheit eingeschränkt zu werden, auf die es sich mit allen anderen im Rahmen fairer Verfahren und auf der Grundlage der gleichberechtigten Teilnahme geeinigt hätte. Ob eine Herrschaft legitim ist, Regeln der Handlungskoordination moralische Verbindlichkeit beanspruchen dürfen, Prinzipien der Güterverteilung als gerecht angesehen werden können, hängt davon ab, ob sie allgemein zustimmungsfähig sind, ob sie als Ergebnis einer vertraglichen Einigung der von ihnen Betroffenen argumentativ entwickelt werden können.

Die argumentative Entfaltung des rechtfertigungstheoretischen Proceduralismus erfolgt im Rahmen des kontraktualistischen Arguments. Es ist triadisch strukturiert und verknüpft die Darstellung eines Ausgangszustandes mit der Darstellung einer vertraglichen Einigungsprozedur und der Ergebnisse dieses Vertrages. Die Darstellung des Ausgangszustandes liefert eine Schilderung der Problemlage, die durch Anwendung des kontraktualistischen Rechtfertigungsverfahrens beseitigt werden soll. Immer ist der Ausgangszustand durch einen Konflikt charakterisiert, der durch bestimmte, gemeinsam zu ergreifende Maßnahmen aus der Welt zu schaffen ist. Und dabei gilt: Je differenzierter, anspruchsvoller und in sich voraussetzungsreicher das Beweisprogramm der kontraktualistischen Philosophie konzipiert wird, desto differenzierter und voraussetzungsreicher muß auch die Darstellung des Ausgangszustandes ausfallen. Eigentlich sollten Vertragstheorien darum auch Naturzustandstheorien heißen. Denn das zentrale Element des Vertragsmodells ist nicht der Vertrag, sondern die Vertragssituation, der Ausgangszustand der hypothetischen Einigung, der in der philosophischen Tradition als »status naturalis« bezeichnet wurde und bei Rawls »Urzustand«, »original position« heißt. Er definiert das Problem, das durch den Vertrag gelöst werden soll; er kontrolliert die Gelingensbedingungen der ganzen kontraktualistischen Argumentation. Verträge, die im Kopf der Philosophen geschlossen werden, verbinden niemanden. Jedoch können die Gründe, die der Philosoph für die Vernünftigkeit einer Einigung vorbringt, überzeugen. Ob eine Einigung auf ein bestimmtes Verfassungsprinzip, auf einen bestimmten Verteilungsgrundsatz aber vernünftig ist, hängt von den Umständen ab, unter denen die Einigung erfolgt ist. Nur dann kann eine gedankenexperimentelle Einigung annehmbar sein, wenn sie sachlich angemessen ist und eine rationale Lösung für das vorliegende Problem bietet: Die Konfliktstruktur des Ausgangszustandes muß sich in den vertraglichen Einigungsergebnissen spiegeln. Zudem müssen die Vertragsumstände in dem kontraktualistischen Gedankenexperiment so gestaltet werden, daß sie unseren Vorstellungen einer fairen, niemanden bevorzugenden oder benachteiligenden Beratungs- und Entscheidungssituation entsprechen.

Rawls' Ausgangszustand ist kein Naturzustand, sondern ein gesellschaftlicher Zustand. Sein Konfliktszenario wird nicht durch die Gewalt der Anarchie und Gesetzlosigkeit geprägt, sondern durch die Verteilungskonflikte in einer kooperativen

Gesellschaft. Rawls begreift Gesellschaft als allseits nützliches kooperatives System, als ein Unternehmen der Arbeitsteilung und Zusammenarbeit zu wechselseitigem Vorteil, gleichermaßen durch Interessenidentität und Interessenkonflikt geprägt. Zwischen den Gesellschaftsmitgliedern besteht Interessenidentität, insofern alle die gesellschaftliche Zusammenarbeit wollen, denn sie ist für alle von Vorteil und ermöglicht jedem ein besseres Leben, als er es hätte, wenn er ganz auf sich gestellt und allein auf seine eigenen Anstrengungen verwiesen wäre. Interessenkonflikte hingegen entstehen hinsichtlich der Verteilung der gesellschaftlichen Güter, denn es ist den Menschen nicht gleichgültig, wie die Kooperationserträge, die durch ihre Zusammenarbeit erzeugten Güter, verteilt werden. Jeder möchte zumindest lieber mehr als weniger haben. Damit die Gesellschaft nicht durch diese Interessenkonflikte, durch diese konkurrierenden Ansprüche auf die knappen Güter zerrissen wird und sich in gewaltsamen Verteilungskämpfen aufreibt, müssen konfliktregulierende Normen und Verfahren etabliert werden, die die Anspruchskonkurrenzen entscheiden, müssen Prinzipien in Geltung gesetzt werden, die die Güterverteilung, die Verteilung der Kooperationslasten und Kooperationsgewinne regeln.

Auch wenn die Menschen im Rawlsschen Ausgangszustand wirtschaftlich zusammenarbeiten und keinen Krieg gegeneinander führen, ist dieser doch genauso unstrukturiert und ungeregelt wie der Hobbessche »status belli«. Daher erstreckt sich der Verfassungsauftrag auf die Gesamtgesellschaft, auf den Gesamtbereich der gesellschaftlichen Güter. Und in der Verfassungsurkunde werden nicht nur die Grundzüge einer gerechtigkeitssichernden Rahmenordnung der Wirtschaft zu finden sein, sondern auch rechtsstaatliche und verfassungsstaatliche Prinzipien und die Grundregeln demokratischer Herrschaft. Man muß dem Begriff der gesellschaftlichen Zusammenarbeit also eine weite Bedeutung geben, darf ihn nicht auf ökonomische Kooperation einengen, er ist vielmehr als sozialtheoretischer Grundbegriff zu betrachten. Entsprechend weit ist der Begriff der gesellschaftlichen Güter auszulegen; er ist keinesfalls auf das Sozialprodukt einzugrenzen, sondern umfaßt alles, was durch gesellschaftliche Zusammenarbeit ermöglicht wird und ohne gesellschaftliche Zusammenarbeit nicht erreicht werden kann. Dazu zählen deshalb neben den materialen Gütern auch Rechte, Pflichten, Lebenschancen und die sozialen Grundlagen der Sicherheit und Selbstachtung.

Aufgabe einer Gerechtigkeitstheorie ist es, die Verteilungsprinzipien zu formulieren, die eine gerechte Verteilung aller kooperativ produzierten gesellschaftlichen Grundgüter ermöglichen, und eine Rechtfertigung dieser Grundsätze zu entwickeln. Diese Rechtfertigung muß deutlich machen, warum die von dieser Theorie vorgeschlagenen Verteilungsprinzipien als einzige aus der Menge der möglichen Prinzipien der Güterverteilung das Prädikat »gerecht« verdienen. Denn nicht darum geht es, irgendein konfliktregulierendes Verteilungsverfahren durchzusetzen, sondern darum, ein gerechtes Verfahren zu finden. Die Gerechtigkeitstheorie will nicht irgendeine geordnete Gesellschaft, die ihr innewohnende Sozialutopie ist die »wohlgeordnete Gesellschaft« (TG 21)[23], eine Gesellschaft, in der alle Mitglieder von einer gemeinsamen Gerechtigkeitsvorstellung ausgehen und in der die grundlegenden gesellschaftlichen Institutionen diesen allgemein geteilten Gerechtigkeitsgrundsätzen genügen.

Das Bedürfnis nach Gerechtigkeit hat zugleich natürliche und kulturelle Gründe. Stünde menschliches Leben nicht unter einem unerbittlichen Knappheitsreglement, gäbe es keinen Streit um die Verteilung der Güter; wären die natürlichen Ressourcen unermeßlich, gäbe es keinen Grund, sie durch gesellschaftliche Kooperation zu vermehren, und folglich keine Konflikte um die

Verteilung des Kooperationsmehrwerts. Wären Menschen nicht verletzlich, wären keine Maßnahmen des wechselseitigen Schutzes und der bewaffneten allgemeinen Sicherheit erforderlich. Hätten die Menschen nicht verschiedene Interessen, Lebensvorstellungen, Weltsichten, würde die gesellschaftliche Kooperation konfliktfrei vonstatten gehen. Mit einem Wort: Die kontingent-unvermeidliche äußere und innere Natur der menschlichen Lebensverhältnisse, die schicksalhafte natürliche Beschaffenheit der Welt und die gleichermaßen hinzunehmende natürliche Beschaffenheit der Menschen machen eine Verteilungsordnung für Freiheiten, natürliche Ressourcen und gesellschaftliche Güter notwendig, führen dazu, daß die menschlichen Vergesellschaftungsprozesse nur im Rahmen einer von den Menschen selbst ersonnenen, künstlichen Ordnung möglich sind. Rawls nennt diese natürlichen Lebensbedingungen »die Anwendungsverhältnisse der Gerechtigkeit« (TG 148); man muß freilich sehen, daß sie ebenso »Anwendungsverhältnisse der Ungerechtigkeit« sind. Denn nicht jede Ordnung, die auf diese natürlichen Gegebenheiten antwortet und die erforderlichen konfliktmäßigenden Leistungen erbringt, ist schon eine gerechte Ordnung. Die Menschen verlangen nach einer gerechten Ordnung; sie haben kulturell entwickelte Vorstellungen von einer gerechten Ordnung und wollen, daß das Gefüge der gesellschaftlichen Institutionen nach ihren Gerechtigkeitsgrundsätzen gestaltet wird. Solche Gerechtigkeitsüberzeugungen können divergieren; der Kampf um die knappen Güter kann sich als Kampf um die Art und Weise ihrer gesellschaftlichen Verteilung, als Kampf um die Gerechtigkeit fortsetzen. Aufgabe der Philosophie ist es, ein Verfahren zu entwickeln, mit dessen Hilfe unter den verschiedenen Gerechtigkeitsgrundsätzen eine rationale Wahl getroffen werden kann. Aufgabe der Philosophie ist es, objektiv verbindliche und alle anderslautenden Gerechtigkeitsüberzeugungen erfolgreich widerlegende Gerechtigkeitsgrundsätze zu begründen.

Rawls' Gerechtigkeitstheorie ist eine Theorie der Verteilungsgerechtigkeit, deren Anwendungsbereich nicht das soziale Handeln der Menschen, sondern die gesellschaftliche Grundordnung ist. Die Gerechtigkeitstheorie will nicht individuelle Handlungen normieren, keinen persönlichen Charakter prägen, ist nicht wie Platons Gerechtigkeitskonzeption aus der *Politeia* an dem gerechten Menschen und seiner harmonischen Seelenverfassung interessiert. Ihr Interesse zielt allein auf die »Grundstruktur der Gesellschaft« (TG 23), auf die fundamentalen politischen, ökonomischen und sozialen Einrichtungen, die mit der Bestimmung der Rechte und Pflichten der Menschen und der Verteilung der Früchte der gesellschaftlichen Zusammenarbeit die Lebenschancen von jedermann tiefgreifend und von Anfang an beeinflussen. Die Theorie der Gerechtigkeit prüft die Verteilungseigenschaften der gesellschaftlichen Institutionen, die in ihnen festgelegten, die Lebensaussichten der Individuen von Geburt an bestimmenden Freiheits-, Chancen- und Güterverteilungsmuster. Wenn es der gesellschaftlichen Ordnung an Gerechtigkeit fehlt, wenn das Wirtschaftssystem eine ungerechte Güterverteilung bewirkt, die politischen und rechtlichen Institutionen eine ungerechte, Privilegien erzeugende Zuweisung von Rechten und Pflichten vornehmen, dann ist eine Veränderung oder Abschaffung der fehlerhaften institutionellen Strukturen geboten. Gerechtigkeit ist die erste soziale Tugend, die wichtigste Tugend der gesellschaftlichen Einrichtungen. Es gibt keine Eigenschaft, die einen Mangel an Gerechtigkeit kompensieren könnte. Der Gerechtigkeitsgesichtspunkt genießt absoluten Vorrang und ist durch keine ordnungspolitischen Überlegungen, durch keine Stabilitätserwägungen und Effizienzbedenken zu relativieren. Eine Gesellschaftsordnung mag noch so stabil und effizient sein, fehlt es ihr an Gerechtigkeit, dann ist sie sittlich wertlos und menschenrechtswidrig, denn der Mensch hat ein Recht auf gerechte gesellschaftliche, ökonomische und politische Verhältnisse.

Mit der kooperativen Gesellschaft wählt Rawls' Gerechtigkeitstheorie einen Ausgangspunkt, der sich beträchtlich von der theoretischen Ausgangslage der klassischen politischen Philosophie der Neuzeit unterscheidet. Diese geht von einer Naturzustandssituation aus, in der die Menschen in institutionell ungeschützten Beziehungen zueinander stehen und unter Abwesenheit aller gesetzlichen Ordnung und staatlichen Macht miteinander leben. Daher herrscht zwischen ihnen ein virtueller Kriegszustand, denn jeder muß offensives Mißtrauen einüben, der möglichen Gewaltanwendung anderer zuvorzukommen versuchen und seine Machtmittelpotentiale vergrößern. Der Naturzustand ist als höchst irrationaler Zustand konzipiert. Wie die geopolitische Situation wechselseitiger atomarer Abschreckung ist er unerträglich und widerstreitet den fundamentalen Lebens- und Glücksinteressen aller. Es ist daher vernünftig und in jedermanns Interesse, den Naturzustand zu verlassen und einen Staat zu errichten, sich unter dem institutionellen Dach des Staates zu vergesellschaften und in friedlicher Koexistenz miteinander zu leben.

Diese systematische Straffheit und Voraussetzungsarmut besitzt Rawls' kooperative Gesellschaft nicht. Für sie und ihre politischen Institutionen hält Rawls' Theorie auch keinen Notwendigkeitsbeweis bereit. Entsprechend ist auch sein Konfliktkonzept weniger radikal als das der klassischen Theorie, die den Konflikt in einer grundsätzlichen wechselseitigen Freiheitsbeeinträchtigung und Lebensgefährdung der Menschen verankert und nicht in einer luxurierenden Begehrlichkeit, die konkurrierende Ansprüche an die gesellschaftliche Güterverteilung richtet. Führt die klassische politische Philosophie auf dem Wege einer Staatsrechtfertigung aus dem Naturzustand heraus und in einen gesetzlich geordneten Zustand hinein, so zielt der Argumentationsweg der Rawlsschen Theorie auf die Grundprinzipien einer komplexen, gerecht geordneten Gesellschaft. Ist der Konflikt in der traditionellen Naturzustandstheorie der fundamentale Konflikt nicht institutionell disziplinierter Handlungsfreiheit, so entsteht im Rahmen der Rawlsschen Konzeption der Konflikt erst auf einer Entwicklungsstufe von bereits beträchtlicher gesellschaftlicher Komplexität: Damit konflikterzeugende Verteilungsprobleme auftauchen können und ein Motiv zur Suche nach allseits annehmbaren Verteilungsregeln und ein Verlangen nach einem philosophischen Verfahren zur Formulierung und Rechtfertigung von Gerechtigkeitsgrundsätzen entsteht, muß eine gesellschaftliche Formation mit einer hinreichenden Kooperationsdisziplin angenommen werden, anderenfalls gäbe es keine gesellschaftlich erzeugten Güter, deren Verteilung ein Gerechtigkeitsproblem aufwirft.

Rawls' theoretische Ausgangssituation führt dazu, die in der klassischen Theorie allein anzutreffende Orientierung an der Etablierung und Legitimation einer Freiheit und inneren Frieden sichernden Rechtsordnung um ökonomische und Wohlfahrtsfragen zu erweitern. Mit dem Ausgang von einer kooperativ güterproduzierenden Gesellschaft findet die Gerechtigkeit Anwendungsverhältnisse vor, die sowohl nach rechtsstaatlichen als auch nach sozial- und wohlfahrtsstaatlichen Prinzipien verlangen, die sich mit der Sicherung von Recht und Freiheit nicht zufriedengeben können und zusätzlich eine sozioökonomische Verteilungsgerechtigkeit fordern. Damit ist deutlich, daß auch für Rawls in der Ausgangssituation bereits das ganze Aufgabenprogramm der Gesamttheorie enthalten ist. Die Problemstellungen der Theorie definieren die Ausgangssituation der Rechtfertigungsargumentation. Da Rawls eine komplexe Gerechtigkeitstheorie entwickeln will, die auch hinsichtlich ökonomischer Verteilungsfragen und sozialer Chancenzuteilungsprobleme normative Kompetenz beansprucht, muß er eine Ausgangssituation wählen, für die Güter- und Chancenverteilungskonflikte konstitutiv sind.

Vor dem Hintergrund dieses umfassenden Beweisprogramms wird auch verständlich, warum Rawls seine Version der Vertragstheorie als »Verallgemeinerung« der traditionellen Lehre von der legitimierenden vertraglichen Übereinkunft bezeichnet. »Verallgemeinert und auf eine höhere Abstraktionsebene« (TG 27) gehoben werden die rechtfertigungstheoretischen Vorstellungen der klassischen Kontraktualisten von Hobbes bis Kant, weil das Beweisziel eben jetzt nicht mehr nur die vertragliche Begründung staatlicher Herrschaft überhaupt oder der rechtsstaatlichen Zähmung des Leviathans ist, sondern sich auf die gesamte institutionelle gesellschaftliche Grundstruktur erstreckt und die gerechtigkeitsrelevanten Problembezirke von Politik, Wirtschaft und Gesellschaft gleichermaßen umfaßt.

Fairneß und Gerechtigkeit – Grundlinien der Rawlsschen Gerechtigkeitskonzeption

Welche der vielen denkbaren Verteilungsprinzipien, die das institutionelle Gefüge der Gesellschaft bestimmen, den Individuen Rechte und Pflichten zuweisen und die Distribution der gesellschaftlichen Güter regeln, können nun als gerecht gelten? Welche Kriterien muß ein Grundsatz erfüllen, um den Anspruch eines allgemein verbindlichen Gerechtigkeitsprinzips erheben zu können und insofern gerechtfertigt zu sein?

Rawls' Grundidee ist, daß gerechtfertigte und objektiv verbindliche Prinzipien der Gerechtigkeit identisch sind mit den

Prinzipien, die freie und rationale, nur an ihrem eigenen Interesse ausgerichtete Personen wählen würden, wenn sie in einen ursprünglichen Zustand der Gleichheit versetzt wären und die Aufgabe bekämen, die Form, die Grundstruktur und die fundamentalen, alle Folgegesetze bindenden Normen ihrer zukünftigen Gesellschaft zu bestimmen. Die vielen Konjunktive zeigen bereits an, daß wir es hier mit einer kontrafaktischen Situation zu tun haben, mit dem Gedankenexperiment einer fiktiven Verfassungswahl.

»Wir wollen uns also vorstellen, daß diejenigen, die sich zu gesellschaftlicher Zusammenarbeit vereinigen wollen, in einem gemeinsamen Akt die Grundsätze wählen, nach denen Grundrechte und -pflichten und die Verteilung der gesellschaftlichen Güter bestimmt werden. Die Menschen sollen im voraus entscheiden, wie sie ihre Ansprüche gegeneinander regeln wollen und wie die Gründungsurkunde ihrer Gesellschaft aussehen soll. Ganz wie jeder Mensch durch vernünftige Überlegung entscheiden muß, was für ihn das Gute ist, d.h. das System der Ziele, die zu verfolgen für ihn vernünftig ist, so muß eine Gruppe von Menschen ein für allemal entscheiden, was ihnen als gerecht und ungerecht gelten soll. Die Entscheidung, die vernünftige Menschen in dieser theoretischen Situation der Freiheit und Gleichheit treffen würden, bestimmt die Grundsätze der Gerechtigkeit.« (TG 28)

»Gerecht« ist im Rahmen dieser Auffassung eine Verteilungsregeln zukommende Eigenschaft, die wir weder durch Ableitung aus übergeordneten Regeln noch durch Einsatz eines unerklärlich vorhandenen, angeborenen Prinzipienwissens gewinnen können, sondern die das Resultat einer egoistisch motivierten Verfassungswahl unter ganz bestimmten Randbedingungen ist. Die Grundthese ist, daß sich Gerechtigkeitsprinzipien auf der Basis des rationalen Selbstinteresses gewinnen lassen, sofern dieses unter gewissen einschränkenden Idealbedingungen agiert. Diese Verquickung von Rationalität und Normativität ist keine Rawlssche Besonderheit, sondern systematischer Bestandteil der Vertragstheorie. Auch im Hobbesschen Naturzustand, auch im Lockeschen Naturzustand erfolgt die vertragliche Einigung der Individuen aufgrund rationaler Interessenabwägung: Die Individuen versprechen sich einen Vorteil von dem durch den Vertrag herbeigeführten staatlichen Zustand. Es gehört zur rechtfertigungstheoretischen Eigentümlichkeit des philosophischen Vertrages, rationale Entscheidungen in normative Prinzipien umzumünzen.

Was ist eine rationale Entscheidung? Wenn die Entscheidungstheorie von Rationalität spricht, dann sieht sie Rationalität immer im Gegensatz zu Willkürlichkeit, Emotionalität oder Habitualität. Eine Entscheidung ist rational, wenn man mittels eines leidenschaftslosen, alle verfügbaren Informationen nüchtern verarbeitenden Kalkulationsprozesses ausschließlich den persönlichen Vorteil zu maximieren resp. den Schaden für sich zu minimieren sucht. Aus der vorgegebenen Anzahl alternativer Handlungs- und Verhaltensmöglichkeiten wählt man diejenige aus, die vor dem Hintergrund der verfügbaren Informationen einerseits und im Licht der eigenen Zielvorstellungen andererseits die produktivste zu sein scheint und den größten Nutzen abzuwerfen verspricht bzw. die am wenigsten schädliche zu sein scheint.

Rawls' Konzeption zur Gewinnung gerechtfertigter Verteilungsprinzipien besteht aus zwei Komponenten. Sie ist einmal durch das Verfahren der rationalen, klug das Selbstinteresse verwaltenden Verfassungswahl im Sinne einer Auszeichnung von Prinzipien auf einer Liste konkurrierender Grundsätze definiert und zum anderen durch den Urzustand, d.h. durch die Bedingungen und Umstände, unter denen die Entscheidung stattfindet und die den Ausgang der Wahl bestimmen. Immer ist die Rationalität einer Entscheidung funktional abhängig von den Umständen, unter denen sie erfolgt. Zu diesen Umständen und

Bedingungen zählen neben den objektiven Situationsmerkmalen auch die Eigenschaften der Personen, ihre Erfahrung, ihre Informationen, ihr Risikoverhalten usw. Die Gestalt des Urzustandes geht also notwendig in die Ergebnisse der rationalen Wahl ein: Wäre der Urzustand von anderer Beschaffenheit, würden sich die Verfassungswähler auf andere Gerechtigkeitsprinzipien einigen.

Wie sieht nun der Urzustand, wie sehen die Randbedingungen der rationalen Prinzipienentscheidung aus? Nach Rawls muß der Urzustand so eingerichtet sein, daß er eine faire Übereinkunft ermöglicht. Nicht bereits die Grundsätze sind als gerecht anzusehen, auf die sich rationale Menschen einigen würden, sondern erst und allein die, auf die sich rationale Menschen *in einer fairen Ausgangssituation* einigen würden. Gerechtigkeitsprinzipien sind das Ergebnis einer rationalen Einigung unter fairen Bedingungen: das ist in nuce die Botschaft der Rawlsschen Konzeption von Gerechtigkeit als Fairneß. Der Prozeß der rationalen Entscheidung ist der logischen Deduktion vergleichbar. Wie diese den Wahrheitswert der Prämissen auf die Konklusion transferiert, so münzt jener die Fairneß der Entscheidungssituation in die Gerechtigkeit ihrer Ergebnisse um.

Inwiefern garantiert Rawls' Urzustand eine faire Übereinkunft? Weil die Gerechtigkeitsprinzipien hinter einem Schleier des Nichtwissens gewählt werden.

»Zu den wesentlichen Eigenschaften dieser Situation gehört, daß niemand seine Stellung in der Gesellschaft kennt, seine Klasse oder seinen Status, ebensowenig sein Los bei der Verteilung natürlicher Gaben wie Intelligenz oder Körperkraft. Ich nehme sogar an, daß die Beteiligten ihre Vorstellung vom Guten und ihre besonderen psychologischen Neigungen nicht kennen. Die Grundsätze der Gerechtigkeit werden hinter einem Schleier des Nichtwissens ›veil of ignorance‹ festgelegt. Das gewährleistet, daß dabei niemand durch die Zufälligkeiten der Natur oder der gesellschaftlichen Umstände bevorzugt oder benachteiligt wird. Da sich alle in der gleichen Lage befinden und niemand Grundsätze ausdenken kann, die ihn aufgrund seiner besonderen Verhältnisse bevorzugen, sind die Grundsätze der Gerechtigkeit das Ergebnis einer fairen Übereinkunft.« (TG 29)

Hinter dieser Bedingung des Schleiers des Nichtwissens steht die folgende einfache und einsichtige Überlegung: Wenn jemand Verfassungsprinzipien auszuwählen hat, über sich selbst aber nichts weiß, somit auch nicht feststellen kann, welche der in Frage stehenden Verfassungsprinzipien für ihn vorteilhaft sein könnten, muß er notgedrungen eine Wahl unter allgemeinen Gesichtspunkten vornehmen, kann er nicht feststellen, welche Verfassungsprinzipien seinen besonderen Interessen dienlich sind, sondern nur, welche Verfassungsprinzipien den allgemeinen und formalen Interessen förderlich sind, die jedermann besitzt. Wenn jemand beispielsweise rothaarig ist, könnte er versucht sein, für ein Verteilungsprinzip zu votieren, das Rothaarigen politische Vorrechte verschafft und ihnen doppelt so viele gesellschaftliche Güter zuteilt wie den anderen. Wenn er hingegen nicht weiß, welche Haarfarbe er hat oder ob er überhaupt Haare besitzt, wird er jedem Verteilungsprinzip die Zustimmung verweigern, das die Verteilung von Rechten und Gütern von der Haarfarbe oder vom Haarbesitz abhängig macht. Wenn wir eine allgemeine Formel für die Textur des Schleiers des Nichtwissens entwerfen wollen, könnte sie so lauten: Der Schleier der Unwissenheit ist genau so dicht, daß er alles diskriminierungsrelevante Wissen der eigenen Interessenkalkulation entzieht, so daß auf ihrer Grundlage nie für ein Verteilungsprinzip argumentiert werden kann, das den eigenen Vorteil zu Lasten anderer sichert, und folglich notgedrungen immer für unparteiliche Verteilungsprinzipien argumentiert werden muß.

Der »Schleier der Unwissenheit« ist der metaphorische Ausdruck eines Informationsdefizits, das für jeden einzelnen die Verfassungswahlentscheidung in eine Entscheidung unter Unsicherheit verwandelt. Diese Unsicherheit wurzelt in der Selbstunkenntnis der Individuen. Die Menschen des Urzustandes besitzen alle ein gleiches Wissen über bestimmte allgemeine Dinge, Sachverhalte und Gesetzmäßigkeiten; so müssen sie natürlich wissen, daß die Gesellschaft, deren Grundordnung sie festlegen sollen, durch die Anwendungsbedingungen der Gerechtigkeit, also durch Kooperativität, Interessenkonkurrenz und mäßige Güterknappheit charakterisiert ist; auch sollen sie nach Rawls Grundkenntnisse über das Wirtschaftsleben und die Gesetze der Soziologie sowie der Psychologie besitzen. Das vom Schleier der Unwissenheit nicht bedeckte Wissen ist demnach das, welches man durch wissenschaftliche Lehrbücher erwerben kann. Aber das ist nicht das Wissen, das notwendig ist, um partiale Interessenstrategien zu entwickeln und zu verfolgen. Der Schleier der Unwissenheit orientiert sich an der epistemologischen Unterscheidung zwischen allgemeinem Strukturwissen, das allein nicht ausreichend ist, um Individuen zu identifizieren, und besonderem Individuenwissen, mit dessen Hilfe wir die Gegenstände identifizieren, auf die wir das Strukturwissen prädikativ anwenden. Letzteres nimmt er den Menschen im Naturzustand, und damit steht ihnen auch nicht mehr die vertraute Selbstkenntnis zur Verfügung. Die Menschen im Urzustand wissen buchstäblich nicht, wer sie im einzelnen jeweils sind. Aus diesem Grunde sind sie auch austauschbar oder, was hier dasselbe meint, repräsentativ. Die durch den Schleier der Unwissenheit entindividualisierten Menschen werden notwendig eine einmütige Entscheidung treffen, und die entscheidungsbegründenden Argumentationen werden sich nicht voneinander unterscheiden.

Weiterhin gilt für den Urzustand, daß die Menschen als gleichberechtigte, sich wechselseitig respektierende Partner auftreten. Und es gilt auch, daß ihnen in gleichem Maße Rationalität zukommt, die Fähigkeit also, ein konsistentes System von Präferenzen auszubilden, Alternativen zu identifizieren und diese nach Kosten-Nutzen-Gesichtspunkten abzuwägen und gemäß der Vorzugsordnung zu gewichten und eine Strategie zu entwickeln, die interessenförderlichsten Möglichkeiten zu realisieren.

Darüber hinaus unterstellt Rawls' Urzustandskonzept gegenseitiges Desinteresse. Dieses gegenseitige Desinteresse scheidet alle Motive und Beweggründe aus, die eine rationale Verfolgung des Selbstinteresses trüben könnten. Die Parteien im Urzustand sind weder von Liebesempfindungen füreinander noch von Haßgefühlen gegenüber anderen erfüllt; sie wollen einander weder Gutes noch Schlechtes tun. Ihre einzige Absicht ist es, für sich selbst die größtmöglichen Lebenschancen und die besten Zukunftsaussichten zu sichern. Besonders wichtig ist diese Bedingung des wechselseitigen Desinteresses für Rawls, weil sie den vernunftverzerrenden Neid ausschließt. Wäre es für die Parteien unerträglich, daß andere über einen größeren Anteil an sozialen Gütern verfügten als sie selbst, würden sie nie nichtegalitaristischen Grundsätzen zustimmen können und eine vernünftige Erörterung der Vor- und Nachteile egalitaristischer und nichtegalitaristischer Regeln von vornherein blockieren. Das gegenseitige Desinteresse läßt der Gerechtigkeitstheorie also die Möglichkeit offen, sich mit Verhältnissen sozioökonomischer Ungleichheit unter bestimmten Bedingungen zu arrangieren.

Weiterhin stattet er die Menschen des Urzustandes mit einem formalen Gerechtigkeitssinn aus. »Diese Bedingung soll die Gültigkeit der Übereinkunft im Urzustand sichern.« (TG 168) Der Gerechtigkeitssinn hat keine bestimmte Gerechtigkeitsmeinung zum Inhalt. Er bezeichnet nur die uneingeschränkte Bereitschaft, die Gerechtigkeitsgrundsätze, auf die man sich dann geeinigt haben wird, streng zu befolgen. Der Gerechtigkeitssinn ist also ein zuverlässiges Verbindlichkeitsbewußtsein. Der Sinn dieser Unterstellung ist folgender: Sie erhöht den Ernst der Entscheidungssituation. Die Menschen wissen, daß die von ihnen gewählten Gerechtigkeitsprinzipien dann auch wirklich befolgt und gesellschaftliche Wirksamkeit erlangen werden. Sie werden diesen Gesichtspunkt der garantierten Wirksamkeit bei ihren Erwägungen berücksichtigen und besonders sorgfältig vorgehen.

Es ist unbestreitbar, daß die Annahme eines Gerechtigkeitssinns mit der Rationalitätsunterstellung kollidiert. Denn Rationalität impliziert auch die Disposition, dann von einer Befolgung von Regeln abzusehen, wenn sich dies als vorteilhaft erweist. Gerade weil Rationalität diese Schwarzfahrer-Option beinhaltet, muß Rationalität sich selbst binden, um die Vorteile gesellschaftlicher Kooperation nicht zu verspielen. Der klassische Kontraktualismus hat mit diesem Argument den Staat begründet. Der Staat ist die Vertragsgarantiemacht. Er sorgt mit unwiderstehlicher Gewalt dafür, daß sich alle an die Kooperationsdisziplin halten und keiner der Versuchung unterliegt, von der Kooperationsbereitschaft der anderen zu profitieren, ohne selbst seinen Beitrag zu entrichten. Anders formuliert: Der klassische Kontraktualismus war vor allem eine worst-case-orientierte staats- und rechtsphilosophische Theorie. Seine zentrale Fragestellung lautete: Unter welchen Umständen ist Gewalt gerechtfertigt? Welche Prinzipien sind mit staatlichem Zwang legitim durchsetzbar? Er stellt diese Fragen, weil er gerade nicht mit entgegenkommendem Verhalten der Individuen, mit Gerechtigkeitssinn und moralischer Einsicht rechnet. Auch dann, so das berühmte Kantische Diktum, wenn wir es mit einem Volk von Teufeln zu tun haben, muß das Problem der Staatserrichtung lösbar sein. Es ist evident, daß Rawls hier einen anderen Weg einschlägt. Indem er einen Gerechtigkeitssinn zu den Voraussetzungen des Urzustandes zählt, rückt die rechtsphilosophische Orientierung an dem legitim Erzwingbaren ganz außer Blickweite. Es wird eine ethisch vorzugswürdige Verhaltensweise in die Argumentation eingeführt, von der sich der klassische Kontraktualismus gerade unabhängig macht. In der Rawlsschen Theorie verschwimmt die Grenze zwischen den Bereichen des Rechts und der Ethik.

Wenn zur Sicherung des fairen Charakters der ursprünglichen Entscheidungssituation die Individuen in einen Schleier der Unwissenheit gehüllt werden, so daß sie nicht mehr wissen können, welches konkrete Eigeninteresse sie verfolgen sollen, wie können sie dann noch eine rationale Entscheidung vollziehen? An welchen Kriterien können sie sich dann noch orientieren, wenn das Selbstinteresse seines Gegenstands beraubt worden ist? Die Entindividualisierung erlaubt nur eine allgemeine Orientierung an den formalen, allgemeinen, allen individuellen Lebensplänen und Glücksstrategien gemeinsamen Gelingens- und Optimierungsbedingungen einerseits und an den grundlegenden gesellschaftlichen Gütern (primary social goods), deren Besitz über die Lebensqualität und die Zukunftsaussichten eines jeden gleichermaßen entscheidet, andererseits. Diese fundamentalen Güter sind

»Dinge, von denen man annimmt, daß sie ein vernünftiger Mensch haben möchte, was auch immer er sonst noch haben möchte. Wie auch immer die vernünftigen Pläne eines Menschen im einzelnen aussehen mögen, es wird angenommen, daß es verschiedenes gibt, von dem er lieber mehr als weniger haben möchte. Wer mehr davon hat, kann sich allgemein mehr Erfolg bei der Ausführung seiner Absichten versprechen, welcher Art sie auch sein mögen. Die wichtigsten Arten der gesellschaftlichen Grundgüter sind Rechte, Freiheiten und Chancen sowie Einkommen und Vermögen [...]. Es dürfte auf der Hand liegen, daß diese Dinge im allgemeinen als Grundgüter zu betrachten sind. Es sind gesellschaftliche Güter, da sie mit der Grundstruktur zusammenhängen; Freiheiten und Chancen werden durch die Regeln der wichtigeren Institutionen festgelegt, ebenso die Einkommens- und Vermögensverteilung.« (TG 112 f.)

Dies unterstreicht noch einmal das weite Verständnis von Kooperationsgesellschaft, das Rawls seiner politischen Philosophie zugrunde legt. Grundgüter erstrecken sich auf alle positiven Leistungen, die für die Individuen gleichermaßen vorteilhaft sind, aber nicht von ihnen allein erbracht werden können, sondern nur durch kollektive Anstrengungen, nur kooperativ zu verwirklichen sind. Und dazu gehört eben nicht nur das Bruttosozialprodukt, sondern die Grundgüter umfassen auch den ganzen Kranz erwünschter Sicherheiten und die ganze Bandbreite von Ausbildungs-, Lebens- und Zukunftschancen, die durch die gefestigten Strukturen einer funktionierenden Kooperationsgemeinschaft bereitgestellt werden können.

Die Konzeption der gesellschaftlichen Grundgüter gibt den Individuen im Urzustand ein Instrument an die Hand, um trotz ihrer Unkenntnis über die eigenen Fähigkeiten und Interessen eine rationale, am Selbstinteresse orientierte Entscheidung zu treffen, da jeder eher mehr als weniger von den Grundgütern haben möchte. Diese Grundgüter sind identisch mit dem, was divergierenden individuellen Interessenstrategien gemeinsam ist, weil die Grundgüter die institutionellen und materiellen Bedingungen der erfolgreichen Realisierung einer jeden Interessenstrategie sind, gleichgültig, worauf sich diese im einzelnen richten mag. Jeder betrachtet nun die zur Wahl stehenden Verteilungsprinzipien unter der Perspektive der Grundgüterverteilung und sucht das für ihn günstigste Grundgüterverteilungsmuster aus. Dieses ist aber dank der Anonymisierungswirkung des Schleiers der Unwissenheit das für jedermann günstigste Grundgüterverteilungsmuster.

Fassen wir die Grundzüge der Rawlsschen Gerechtigkeit-als-Fairneß-Konzeption zusammen: Prinzipien, die die Aufgabe haben, die Grundordnung einer Gesellschaft und damit die Verteilung der gesellschaftlichen Grundgüter zu bestimmen, sind dann gerechte und gerechtfertigte Verteilungsprinzipien, wenn sie mit Grundsätzen identisch sind, auf die sich Menschen in einer fairen Ausgangssituation bei einer Verfassungswahl auf der Basis einer rationalen Entscheidung einigen würden, und das heißt: auf die sich gleiche, freie und rationale, aneinander desinteressierte und hinsichtlich ihrer je individuellen Fähigkeiten, Neigungen, Interessen, gesellschaftlichen Position und Lebensaussichten unwissende Menschen bei einer Verfassungswahl auf der Grundlage einer rationalen, allein dem Selbstinteresse, und das besagt hier: dem Interesse an einem möglichst großen Anteil an den sozialen Grundgütern, dienlichen Entscheidung einigen würden.

Noch eine Bemerkung zu dem systematisch interessanten Verhältnis zwischen Moral und Selbstinteresse im kontraktualistischen Argument von John Rawls. – Es ist offenkundig, daß die Definitionselemente der ursprünglichen Situation, die Textur des Schleiers des Nichtwissens, die Plausibilität der gewählten Gerechtigkeitsprinzipien verbürgen sollen. Ursprüngliche Situation und Unwissenheitsschleier bilden gleichsam eine Moralitätsarena, in deren Grenzen die Klugheit und das rationale Selbstinteresse mit entscheidungstheoretischer Raffinesse agieren. Durch diese Konstruktion wird der ökonomischen Rationalität eine moralisch-transsubjektive Perspektive aufgezwungen, der sie sich beugen muß, ohne dabei jedoch selbst moralisch werden zu müssen. Diese moralischen Einschränkungen der rationalen Wahl, die die von moralischen Prinzipien abverlangte freiwillige Subjektivitätstranszendierung in Gestalt des Schleiers der Unwissenheit extern verursacht und verordnet, sind als Regeln der Verfassungswahl selbst nicht rational deduziert – das würde ja auf einen infiniten Regreß hinauslaufen –, aber auch nicht beliebig gesetzt. Sie sind vielmehr aus gegebenen moralischen Überzeugungen entwickelt, gleichsam Destillate unserer alltäglichen Gerechtigkeitsvorstellungen. Sie bestimmen, was als faire Ausgangssituation gilt; sie bilden damit auch die normativ definierte Ausgangssituation, aus der dann mittels der in sie eingebauten Rationalwahl Gerechtigkeitsprinzipien abgeleitet werden. Insofern werden die Gerechtigkeitsprinzipien gar nicht aus dem rationalen Selbstinteresse gewonnen, sondern aus den die Rahmenbedingungen der Verfassungsentscheidung bestimmenden Fairneßvorstellungen des Common sense. Die Interessenkalkulation der Verschleierten produziert genau die Gerechtigkeitsprinzipien, die in den Definitionsmerkmalen der Wahlsituation als a priori gültige moralische Korrektive individueller Vorteilssuche bereits eingelassen waren.

Rawls' Theorie ist daher in einem ganz spezifischen Sinne tautologisch: Die rational produzierte Gerechtigkeit ist keine andere als das Insgesamt der von aller Partikularität und Individualität und Ungleichheit absehenden Strukturmerkmale der Ausgangssituation. Oder anders formuliert: Der Schleier der Unwissenheit entindividualisiert die Parteien des Urzustandes, entindividualisiert das Individuum der ökonomischen Vernunft so gründlich, daß es aufs Haar dem allgemeinen Subjekt der vernunftbegründeten Moralphilosophie gleicht, dessen Position wir alle als vernünftige Wesen einnehmen können und einnehmen müssen, um eine unparteiische, moralische Betrachtungsperspektive auf unser eigenes Handeln und auf die Handlungen anderer zu gewinnen. Damit aber erweist sich der wohl dem intellektuellen Kontext und der szientistischen Mentalität Amerikas angepaßte Apparat der Entscheidungs- und Spieltheorie als überflüssig. Damit zeigt sich auch, daß die ökonomische Rationalität ein ungeeigneter Partner für philosophische Begründungs- und Rechtfertigungsunternehmungen ist. Denn die ökonomische Rationalität setzt das um seine Interessen wissende Individuum voraus, ist insofern in ihrer Entfaltung von einer Eingangsgröße abhängig, die Rawls gerade in seiner Theorie sorgfältig verhüllt und verhüllen muß, um akzeptable Gerechtigkeitsprinzipien als Wahlresultate zu erhalten. Rawls überlistet den klugen Egoisten; er lockt ihn in eine Situation, in der dieser moralisch agieren muß, ohne es zu bemerken. Das Lehrstück vom Schleier der Unwissenheit bildet die moralphilosophische List, mit der Rawls' Gerechtigkeitstheorie die ökonomische Rationalität für ihre Zwecke einspannt. Und dieser bleibt gar nichts anderes übrig, als das Geschäft der Gerechtigkeit zu betreiben, obwohl sie nach wie vor auf Vorteilsmaximierung aus ist.

Man könnte daher meinen, daß die als Verfassungswahlergebnisse eingeführten Gerechtigkeitsgrundsätze folglich auch unmittelbar, ohne alle entscheidungstheoretischen Umwege aus den in die Urzustandskonstruktion eingelassenen normativen Bestimmungen ableitbar sind, daß das Konditionalmodell – Gerechtigkeit ist das Ergebnis einer rationalen Wahl unter Fairneßbedingungen – also durch das schlichte Explikationsmodell – Gerechtigkeit ist die Explikation einleuchtender Fairneßbedingungen bei kollektiven Entscheidungen – ersetzt werden kann. Wie wir noch sehen werden, gilt dies zweifellos für das erste der beiden Gerechtigkeitsprinzipien Rawls': Als egalitaristische Grundnorm überträgt es die Fairneßbedingungen der Freiheit und Gleichheit der Vertragspartner auf die institutionelle Grundstruktur der Gesellschaft und begründet eine Ordnung gleicher Freiheit und gleichen Rechts, begründet mithin Rechtsstaatlichkeit und Demokratie. Jedoch gilt die Entbehrlichkeit des entscheidungstheoretischen Szenarios nicht für das zweite der beiden Gerechtigkeitsprinzipien Rawls'. Anders als das Prinzip gleicher Freiheit verlangt das Differenzprinzip ausdrücklich nach einem entscheidungstheoretischen Rahmen.

2. Zwei Prinzipien der Gerechtigkeit

Soziale Grundgüter und die Theorie des Guten

Die Rawlssche Grundgütertheorie läßt sich am besten vor dem Hintergrund des Konzepts des Lebensplans explizieren. Menschen hasten nicht von Handlung zu Handlung, von Situation zu Situation. Sie sind nicht an den »Pflock des Augenblicks« gefesselt.[24] Sie haben eine Vorstellung von Vergangenheit, Gegenwart und Zukunft und verfügen über eine vorhersehend-besorgende, über eine planungsfähige Vernunft. Aristoteles hat das Leben als umfassende menschliche Praxis verstanden, die wie jede untergeordnete Praxis der Erreichung eines Guts dient. Das Gut, das wir im Leben anstreben, ist das Glück. Der Rawlssche Begriff des Lebensplans ist ein rationales Pendant zur aristotelischen Konzeption des Lebens als einer integralen ethischen Praxis. Er verknüpft ein schwaches und ein starkes Konzept des Guten.[25] Menschen wollen glücklich sein, ein gutes Leben führen. Aber das ist eine rein formale Bestimmung, da nahezu jeder Mensch etwas anderes darunter versteht, sich in einer anderen Situation hinsichtlich seiner natürlichen und gesellschaftlichen Lebensvoraussetzungen befindet und entsprechend andere Wege in seinem Leben einschlagen wird.

Die unterschiedlichen Lebenspläne der Menschen weisen aber auch Gemeinsamkeiten auf, denn sie haben ungeachtet der eudämonistischen Vielfalt identische Gelingensvoraussetzungen, deren maximale Erfüllung sich vernünftigerweise jeder Mensch wünschen muß, was immer er sich sonst noch für sein Leben wünschen mag. Lebenspläne haben also ein *universalteleologisches Fundament*. Orientierungskraft gewinnen Lebenspläne freilich erst im Rahmen einer starken Theorie des Guten, d.h. durch ihre *partikularteleologische Gestalt*, in der sich die individuelle Vorstellung von einem gelingenden Leben zum Ausdruck bringt. Es versteht sich, daß der Lebensplan kein Algorithmus ist, mit dessen Hilfe die Zukunft entscheidungslogisch geschlossen und jeder Handlungsschritt minutiös ermittelt werden kann. Das Leben muß gelebt werden; es kann nicht deduziert werden. Und da immer vielerlei passieren kann, ist das partikularteleologische Profil des Lebensplans nicht unveränderlich, sondern revisionsoffen. Das, was bislang als Gut erstrebt wurde, kann einer Sinnesänderung, einem Lernprozeß, einer notwendigen Anpassung an veränderte Verhältnisse zum Opfer fallen. Das universalteleologische Fundament hingegen ist revisionsresistent. Diese Unkorrigierbarkeit ist in seiner anthropologischen Objektivität und seiner ethischen Neutralität begründet. Wenn die in der Grundstruktur zu verteilenden Güter ethisch neutral sind und in Äquidistanz zu allen unterschiedlichen Konzeptionen gelingenden Lebens stehen, kann es keinen Grund geben, sie im Kielwasser partikularteleologischer Neuorientierungen einer Revision zu unterziehen.

Unter dem Schleier der Unwissenheit kommt den Individuen mit ihrer Identität auch das Wissen um die partikularteleologische Gestalt ihrer Lebenspläne abhanden. Sie können sich daher keine Verfassung auswählen, die dem besonderen Zuschnitt ihrer Interessen und Glücksvorstellungen entgegenkäme. Ein partikularteleologisches Maximierungsprogramm können sie nicht durchführen. Sie wissen jedoch um die allgemeinen gesellschaftlichen Gelingensbedingungen individueller Lebenspläne, sie wissen, was im allgemeinen gut für sie ist. Sie können demzufolge ein universalteleologisches Maximierungsprogramm durchführen und die Verfassung suchen, die eine maximale Grundgüterversorgung gewährleistet. Die Gewinnung der Grundgüter verdankt sich also einer Aufspaltung des Guten in einen allgemeinen und einen besonderen Teil, mit der auf der Objektseite der rationalen Wahl genau das wiederholt wird, was mit der Einführung des Schleiers der Unwissenheit auf der Subjektseite bereits erfolgt ist. Während die »unverschleierten« Egoisten ihren individuellen Präferenzen folgen, orientieren sich die »verschleierten« Egoisten an ihren universellen Präferenzen. Ist das Maximierungsprogramm der unverschleierten Egoisten immer auf den Endzustand ausgerichtet, so ist das Maximierungsprogramm der verschleierten Egoisten stets voraussetzungsorientiert.

Der Erfolg der Rawlsschen Gerechtigkeitstheorie hängt davon ab, daß die Aufspaltung des Guten gelingt und sich die universalteleologische und die partikularteleologische Dimension des Guten deutlich voneinander unterscheiden lassen. Diese Aufspaltung ist dann erfolgreich, wenn sich eine ethisch neutrale Basis aller denkbaren Lebenspläne ausmachen läßt. Die allgemeine Annehmbarkeit der Gerechtigkeitsgrundsätze ist von der ethischen Neutralität der Grundgüter abhängig. Wenn die Grundgüterzusammenstellung bestimmte Lebenspläne bevorzugt und andere benachteiligt, wenn gar zwischen der Grundgüterliste und bestimmten Vorstellungen von einem guten Leben eine Wertverwandtschaft bestehen würde, dann müßte das Rawlssche Begründungsunternehmen scheitern, da eine ethisch parteiliche Grundgüterliste fraglos die Fairneßbedingungen verletzt.

Die Gefahr einer ethischen Parteilichkeit der Grundgüterliste wird sicherlich dann vermieden, wenn die Grundgüter sich auf anthropologische Konstanten stützen und den Horizont einer basalen, aller kulturellen Begehrlichkeitscodierung vorausliegenden menschlichen Bedürftigkeit nicht überschreiten oder wenn sie sich auf grundlegende Funktionsleistungen gesellschaftlicher und politischer Institutionen beschränken. Wohingegen wachsende Komplexität in der Grundgüterlehre die Aufrechterhaltung des Ideals der ethischen Neutralität immer unwahrscheinlicher macht. Ein Blick auf die staatsphilosophische Vorgeschichte der Rawlsschen Konzeption ist hier aufschlußreich. Die Idee, mit Hilfe des Entscheidungsverfahrens der ökonomischen Rationalität einen tragfähigen Konsens zu ermitteln, ist ja so alt wie der neuzeitliche Kontraktualismus. Bereits Hobbes hat seinen Naturzustand als ein Entscheidungsverfahren angelegt: Auch hier ging es darum, ein Interesse, ein Gut ausfindig zu machen, das alle teilen, um dann auf der Grundlage dieses Interesses, dieses Guts eine Theorie der politischen Ordnung zu errichten. Und auch Hobbes hat den Zweck der politischen Ordnung über die Sicherung dieses Interesses, über die gleichmäßige Verteilung dieses Guts an alle bestimmt. Rawls ist also beileibe nicht der erste Grundgütertheoretiker; es gibt keine Vertragstheorie ohne Grundgütertheorie. Bei Hobbes ist das grundlegende Gut die Selbsterhaltung, bei Locke und Kant die Rechtssicherheit; die in ihren vertragstheoretischen Konzeptionen entworfenen staatlichen Ordnungen sind vornehmlich Ein-Gut-Lieferanten. Die Philosophie muß keine großen Anstrengungen unternehmen, um zu zeigen, daß jeder nur denkbare Lebensentwurf Lebenssicherheit, Gewaltfreiheit und rechtliche Geregeltheit voraussetzt. Hobbes, Locke und Kant bieten unstrittige Interpretationen des Grundgüterkonzepts, da sich ihre Grundgütervorstellungen an den institutionellen Grundfunktionen orientieren.

In der Rawlsschen Ursprungssituation herrscht nicht mehr die Übersichtlichkeit der traditionellen Naturzustandsarrangements. Wird die Gesellschaft als umfassendes gemeinschaftliches Unternehmen betrachtet und die politische Philosophie mit der Aufgabe betraut, Prinzipien einer gerechten Verteilung der für das Gelingen individueller Lebenspläne wichtigen gesellschaftlichen Leistungen zu entwickeln, so ist die Zusammenstellung einer umfangreichen Grundgüterliste zu erwarten. Denn in der Grundgüterliste spiegeln sich die Ansprüche, die die Bewohner des Naturzustands und die Verfassungswähler des Urzustands an die von ihnen ins Leben gerufene institutionell gefestigte Allgemeinheit haben. Das traditionelle Naturzustandspersonal war überaus anspruchsarm. Im Rawlsschen Unternehmen hingegen florieren die Ansprüche, da das materiale Leistungsprofil der Grundstruktur einer umfassenden gesellschaftlichen Kooperationsordnung weitaus komplexer ist als das des machtstaatlichen Leviathans oder des frühliberalen Rechtsstaats. Es ist so komplex, daß a priori gar nicht mehr ausgemacht werden kann, welche gesellschaftlichen Leistungen denn nun gerechtigkeitsethisch relevant sind und welche nicht, welche also als allgemein lebensplanunterstützend angesehen werden können und daher maximiert werden sollen und welche nicht. Dann läßt sich aber auch nicht mehr sagen, welche gesellschaftlichen Verteilungsregionen nach Maßgabe allgemein anerkannter Gerechtigkeitsgrundsätze geregelt werden müssen und welche nicht.

Dann aber wird sich der eine Lebensplantypus dieses Grundgüterset und ein anderer Lebensplantypus jenes Grundgüterset aussuchen. Die Isolierung einer allen denkbaren Lebensplänen gemeinsamen, ethisch neutralen universalteleologischen Güterschicht erweist sich als Illusion. Die Zusammenstellung der entscheidungsorientierenden Grundgüterliste wird selbst zu einem gerechtigkeitsethischen Streit- und Entscheidungsfall. Indem Rawls seine Grundgüterliste zu verschwenderisch anlegt und insbesondere die gegensätzlichsten ethischen Auslegungen Tür und Tor öffnende Selbstachtung aufnimmt, läuft er Gefahr, den systematischen Gewinn des Grundgüterkonzepts zu verspielen.

Es gibt hier eine Parallele zur verbreiteten Neigung, hypertrophe Menschenrechtskataloge aufzustellen. In beiden Fällen werden wichtige Konzepte unserer politischen Reflexion verdorben, weil ihre normative Orientierungskraft und methodische Leistungsfähigkeit durch Überbeanspruchung und Übernutzung zerstört werden. In beiden Fällen gilt es die Konzepte vor der doppelten Gefahr der inflationären Bedeutungsausweitung und des modischen Geltungsrelativismus zu schützen und sie durch Rückführung auf verteidigbare Grundbedeutungen leistungsfähig zu erhalten.

Ohne Frage kommt im Rawlsschen Grundgüterset die Grammatik einer individualistischen Lebensauffassung zum Ausdruck. Eine Gerechtigkeitsordnung, die sich um eine maximale Verteilung dieser Güter an die Individuen bemüht, wird individualistische Lebenspläne stärker begünstigen als kommunitaristische. Sie wird aber kommunitaristische Lebenspläne nicht verhindern, somit auch diejenigen nicht benachteiligen, die in ihrem Leben einer nichtindividualistischen Auffassung vom Guten folgen. Die Freiheit, die gerade ein liberales System der individuellen Lebensgestaltung einräumt, kann durchaus für kommunitaristisches Engagement oder für ein Leben nach religiösen Überzeugungen genutzt werden. Daher besteht für die Verfassungswähler letztlich kein ernsthafter Anlaß, der Grundgüterliste die Zustimmung zu versagen. Auch dann, wenn sie sich nach der Entschleierung als religiöse Menschen oder als Gemeinschaftsfreunde vorfinden sollten, werden sie in der liberalen Ordnung ungestört ihr Leben führen können.

Freilich ist das selbst wiederum individualistisch gedacht: die Konzeption des Guten als Wahlmöglichkeit, die Ethik als Angebot. Wenn jemand sich jedoch nicht als individualistischer Liberaler eine religiöse Ethik wählt oder sich dem Gemeinschaftsethos verschreibt, sondern ein Kommunitarist und tiefreligiöser Mensch ist, dann wird er auch wollen, daß sich in der gesellschaftlichen Güter- und Wertordnung das Profil seiner Lebensauffassung spiegelt. Bedenken die verschleierten Verfassungswähler diesen Unterschied, so werden sie die Grundgüterliste verwerfen müssen: denn es ist ein Unterschied, in einer liberalen Ordnung ein religiöses bzw. kommunitaristisches Leben zu führen oder in einer religiösen bzw. kommunitaristischen Gesellschaft zu leben. Dann müßten sie allerdings bereits die Mitarbeit bei der Verfassungssuche aufkündigen, da diese durch ein Verfahren bestimmt ist, das die normativen Überzeugungen der politischen Moderne spiegelt. Geben sich die Verfassungswähler nicht mit der Möglichkeit nichtindividualistischer und nichtliberaler Lebenskarrieren in einer liberalen Gerechtigkeitsordnung zufrieden, orientieren sie sich an dem Verhältnis zwischen individueller Lebensauffassung, gerechtigkeitsethischer Auszeichnung und institutioneller Verstärkung, so müssen sie das Rawlssche Arrangement aufgrund seiner individualistisch-liberalen Parteilichkeit ablehnen.

Wird aber erst einmal ein Pluralismus unterschiedlicher Lebensformen zugestanden, bedarf es einer gesellschaftlichen Ordnung, die eine gewaltfreie Koexistenz unterschiedlicher Lebensformen ermöglicht. Und diese wird allein durch den Liberalismus entwickelt werden können; der Liberalismus ist von Beginn an eine Theorie des Multikulturalismus, des Multiethnizismus, des Multikonfessionalismus gewesen. Er vermochte seine Ordnungsleistungen als Pluralismusmanagement zu empfehlen, weil er sich von Anfang an erfolgreich gemeinsamkeitsheuristisch betätigt hat. Und es bereitet keine Schwierigkeit, in einer konzentrierten politischen, von ethischen Überschwenglichkeiten gereinigten Rawlsschen Grundgüterliste eine gelungene Fortsetzung dieser liberalen Suche nach pluralismusermöglichenden Gemeinsamkeiten zu erblicken. Rawls' Grundgüteridee ist entschieden gegen die modischen Bedenken der ethischen Differenzphilosophie, der Kommunitaristen, Feministinnen und Multikulturalisten in Schutz zu nehmen. Allenfalls ist ihr mangelnde Wachsamkeit gegenüber ihrer inhärenten Neigung zur ethischen Überschwenglichkeit vorzuwerfen. Welche Lebensform besitzt denn nicht in den Gütern der Sicherheit, des Eigentumsschutzes, der Meinungs-, Handlungs- und Entscheidungsfreiheit innerhalb allgemeiner Gesetze, einer zureichenden Gesundheitsversorgung und einer hinlänglichen Ausstattung mit einem frei verfügbaren Einkommen notwendige Gelingensvoraussetzungen?

Prinzipienwahl, Entscheidungsverhalten und Maximin-Regel

Gerechtigkeitsgrundsätze sind uns nicht gegeben, sind kein intuitiv erfaßbarer Bestandteil eines angeborenen Wissens. Gerechtigkeitsgrundsätze sind auch nicht der Naturordnung oder der göttlichen Schöpfung abzulauschen. Gerechtigkeitsgrundsätze müssen die Menschen vielmehr selbst entwickeln. Und wenn man sich dabei von Rawls leiten läßt, sind Gerechtigkeitsgrundsätze eben Prinzipien, genauer: Grundgüterverteilungsprinzipien, auf die sich freie und gleiche Menschen im Urzustand, in einen Schleier des Nichtwissens gehüllt und so allgemeinheitsfähig gemacht, einigen würden.

Und auf welche Prinzipien würden sich die Verfassungswähler einigen? Welchen Grundsätzen folgt ihr Entscheidungsverhalten? Auf welche Weise wirkt sich das grundlegende Prinzip der Nutzenmaximierung hinsichtlich der Verteilung der Grundgüter aus? Da bietet sich erst einmal eine Gleichverteilungsregel an, denn nur eine Gleichverteilung scheint allgemein zustimmungsfähig zu sein, wenn jeder so viel Grundgüter wie möglich haben möchte. Zu diesem Schluß kommt auch Rawls. Daher vertritt seine Gerechtigkeitstheorie bei der Verteilung von Rechten, Freiheiten und Chancen eine strikt egalitäre Position.

Hinsichtlich der Verteilung der materiellen Güter ist er jedoch vom Egalitarismus abgerückt; er folgt aber auch nicht dem utilitaristischen Prinzip des Durchschnittsnutzens. Dabei scheint es doch nicht unvernünftig zu sein, sich für ein Prinzip der Nutzensummierung zu entscheiden, für ein Prinzip also, das sich für gesellschaftliche Institutionen ausspricht, die die Summe der individuellen Nutzenmengen bzw. den individuellen Durchschnittsnutzen maximieren, in der Hoffnung, immer zu denen zu gehören, die vom gesamtgesellschaftlichen Nutzenzuwachs profitieren. Rawls hingegen ist davon überzeugt, daß die Parteien im Urzustand das Differenzprinzip wählen, das verlangt, sozioökonomische Ungleichheit so zu gestalten, daß sie jedermann zum Vorteil gereicht. Er kommt zu diesem Ergebnis, weil er unterstellt, daß die Personen allesamt eine Strategie weitestmöglicher Risikominimierung befolgen, immer das Schlechteste erwarten und sich nach der Maximin-Regel entscheiden.

Zur Charakterisierung dieser Entscheidungsregel ist ein Blick auf die Entscheidungstheorie hilfreich. Gemeinhin unterscheidet man drei Entscheidungssituationen: 1. Entscheidungen unter Sicherheit, 2. Entscheidungen unter Risiko und 3. Entscheidungen unter Unsicherheit. Dabei gilt, daß Sicherheit, Risiko und Unsicherheit keine objektiven Qualifikationen einer Entscheidungssituation sind – in objektiver Hinsicht kann es aufgrund der kognitiven Unverfügbarkeit des Zukünftigen für Menschen nie eine Entscheidung unter Sicherheit geben –, sondern sich auf den Gewißheitsgrad subjektiver Einschätzungen beziehen. Sie sind funktional abhängig von der Informationsmenge und damit von der Einschätzung der Eintrittswahrscheinlichkeit der mit den vorliegenden Optionen verknüpften Handlungsfolgen.

Eine Entscheidung unter Sicherheit ist eine Entscheidung unter Gewißheit; die die Entscheidungssituation determinierenden Faktoren und ihr Verhältnis zueinander sind gewiß; über die mit den sicheren Alternativen verbundenen Vorteile und Nachteile besteht keine Unklarheit. Es bereitet keine Schwierigkeit, der Rationalitätsmaxime »Maximiere deinen Nutzen« Folge zu leisten und die Alternative auszumachen, die den höchsten Nutzenwert besitzt, d.h., im Lichte der individuellen Ziele am wertvollsten ist.

Eine Entscheidung unter Risiko liegt vor, wenn man die genauen Ergebnisse der jeweiligen Entscheidungsmöglichkeiten nicht kennt, wenn jede in Frage kommende Handlungsmöglichkeit zu verschiedenen Resultaten führen kann, wobei jedoch jedem dieser möglichen Entscheidungsausgänge eine bestimmte subjektive, die Erwartungsgewißheit anzeigende Wahrscheinlichkeit zugesprochen werden kann. In einer Entscheidungssituation unter Risiko kann es nicht darum gehen, den Nutzen zu maximieren, denn man kennt ja eben den mit den einzelnen Entscheidungsmöglichkeiten verbundenen wirklichen Nutzen nicht. Man hat lediglich Nutzenerwartungen. Die Maximierungsforderung kann sich daher auch nur auf die Nutzenerwartungen beziehen, auf die Kombination der Vorteilsfolgen eines Ergebnisses also mit der Wahrscheinlichkeit, mit der der Entscheidende das Eintreffen des Ergebnisses erwartet. Ein Beispiel möge das verdeutlichen: Person X will von A nach B. Benutzt X den Zug, wird X acht Stunden unterwegs sein, benutzt X hingegen das Flugzeug, dauert es lediglich zwei Stunden; allerdings nur dann, wenn kein Nebel aufkommt. Kommt Nebel auf, muß das Flugzeug von seiner Route abweichen und außerhalb der Route zwischenlanden, und dann wird X sechzehn Stunden unterwegs sein. Person X hat also drei Fahrtzeiten zur Entscheidung, zwischen denen folgende eindeutige Wünschbarkeitsordnung angesichts des Ziels, möglichst schnell nach B zu kommen, besteht:

1. zwei Stunden, 2. acht Stunden und 3. sechzehn Stunden. Ob X aber nun das Flugzeug nimmt oder den Zug, hängt davon ab, welche Wahrscheinlichkeit X dem Aufkommen von Nebel während des Fluges zumißt. Im Fall, daß X glaubt, daß es in hohem Maße wahrscheinlich ist, daß Nebel aufkommt, wird X mit der Bahn fahren; glaubt X jedoch, daß es überaus unwahrscheinlich ist, daß Nebel aufkommt, dann wird sich X ein Flugticket kaufen. Dies gilt unter der Voraussetzung einer normalen, mittleren Risikobereitschaft; ist X hingegen ein Hasardeur, der gern mit dem Schicksal pokert, dann wird X vielleicht so lange mit dem Flugzeug fliegen wollen, wie überhaupt eine Wahrscheinlichkeit, sie mag verschwindend klein sein, dafür besteht, daß es nicht nebelt.

Rawls betrachtet den Urzustand nicht als Risikozustand, sondern als Unsicherheitszustand. Er hält daher eine andere Entscheidungsregel für angemessener als die Aufforderung »Maximiere deine Nutzenerwartung«, nämlich die Maximin-Regel. Die Maximin-Strategie schreibt uns vor, die Alternativen nach ihren schlechtesten möglichen Ergebnissen zu ordnen und dann das beste der schlechten Ergebnisse zu wählen, das Maximum der Minima, »the best of the worst«. Die Funktionsweise dieser Strategie kann mit Hilfe des folgenden Beispiels von John C. Harsanyi verdeutlicht werden[26]: Nehmen Sie einmal an, Sie seien ein arbeitsloser Hamburger und Ihnen würden zur selben Zeit zwei Jobs angeboten, ein langweiliger und schlechtbezahlter am Heimatort und ein aufregender und gutbezahlter in München. Um den Münchener Job zu bekommen, müssen Sie so schnell wie möglich in München vorsprechen. Sie müssen also das Flugzeug nehmen, setzen sich damit aber der Möglichkeit aus, zwischen Hamburg und München abzustürzen. Damit sieht Ihre Entscheidungssituation folgendermaßen aus: 1. Sie bleiben in Hamburg und nehmen den schlechtbezahlten und langweiligen Job; 2. Sie fliegen nach München und nehmen den gutbezahlten und spannenden Job; 3. Sie bleiben in Hamburg und kommen sicher nicht durch einen Flugzeugabsturz ums Leben; 4. Sie fliegen nach München und erfüllen damit die Voraussetzung, bei einem Flugzeugabsturz ums Leben zu kommen.

Die Maximin-Regel verlangt, jede in Rede stehende Handlungsweise im Licht ihrer schlechtesten Möglichkeiten zu bewerten und von den sich ergebenden schlechtesten Möglichkeiten die weniger schlechte bzw. die beste zu wählen. Das besagt für unser Beispiel: Wenn Sie den Hamburger Job wählen, ist das schlechteste Ergebnis ein langweiliger und schlechtbezahlter Job; wählen Sie den Münchener Job, so ist das schlechteste mögliche Ergebnis dieser Entscheidung der Flugzeugabsturz zwischen Hamburg und München. Da nun die schlechteste Hamburger Möglichkeit besser ist als die schlechteste Münchener Möglichkeit, verordnet Ihnen die Maximin-Regel, in Hamburg zu bleiben. Wesentlich ist, daß bei dieser Entscheidungsstrategie weder die weitaus größere Wünschbarkeit des Münchener Jobs noch die überaus geringe Wahrscheinlichkeit eines Flugzeugabsturzes eine Rolle spielen. Gerade dadurch ist die Maximin-Regel definiert, daß sie das Entscheidungsverhalten auf die schlechteste denkbare Möglichkeit fixiert und im Unterschied zu den Regeln für die Entscheidung unter Risiko von den unterschiedlichen Wünschbarkeiten und Wahrscheinlichkeitsvermutungen gänzlich absieht.

Dieses Beispiel zeigt, daß die Maximin-Regel überaus zumutungsreich ist.[27] Der Grund dafür ist schnell genannt: Sie verlangt nämlich, unser Verhalten ganz und gar vom ungünstigsten Zufall abhängig zu machen, gleichgültig, wie gering dessen Eintrittswahrscheinlichkeit uns erscheinen mag. Da er logisch nicht auszuschließen ist, ist er so zu behandeln, als sei sein Eintreten sicher. Die Maximin-Regel betrachtet eine Entscheidung unter

Unsicherheit, als ob das Eintreten der schlechtesten denkbaren Möglichkeit sicher wäre. In unserem Beispiel entscheidet sich der Anwender der Maximin-Regel genau so, wie sich jemand entscheiden würde, der ganz genau weiß, daß das Flugzeug nach München abstürzen wird, weil er selbst eine zuverlässig funktionierende Bombe unters Fluggepäck geschmuggelt hat. Verallgemeinert besagt das: Die Maximin-Mentalität ist die eines metaphysischen Pessimismus; sie geht davon aus, daß sich die Umstände mit kausaler Zuverlässigkeit gegen einen verschworen haben. So ist auch Rawls' Aussage zu verstehen, »daß die beiden Grundsätze diejenigen sind, die jemand als Plan für eine Gesellschaft wählen würde, in der ihm sein Feind einen Platz zuweisen kann« (TG 178), und die er dann darum wählen würde, um sich mit ihnen gegen diese ihm von seinem Feind mit Sicherheit zugewiesene schlechteste sozioökonomische Situation zu wappnen.

Die leidliche Rationalität unseres Alltagslebens verdanken wir der Tatsache, daß wir kein solches hasenherzig-mißtrauisches Entscheidungstemperament besitzen und die Maximin-Regel weitgehend unangewendet lassen. Die Entscheidungsbedingungen des Urzustandes unterscheiden sich beträchtlich von den Entscheidungsbedingungen unseres alltäglichen Lebens; gleichwohl ist Rawls' Annahme, daß die Parteien im Urzustand nach der Maximin-Regel entscheiden, nicht im mindesten gerechtfertigt. Rawls verordnet seinen Prinzipienwählern die Psychologie einer extremen Risikoscheu und eines dogmatischen Pessimismus, für die weder empirische noch rationale Gründe sprechen und die keinesfalls aus dem Bedingungsgefüge des Urzustandes heraus plausibel gemacht werden kann.

Der Schritt von der ursprünglichen Situation, in welcher der Schleier der Unwissenheit die Menschen daran hindert zu wissen, welches ihre besonderen Interessenlagen und sozioökonomischen Positionen sein werden, zu der entscheidungstheoretischen Schlußfolgerung, von der schlechtesten sozioökonomischen Position auszugehen und vordringlich deren Aussichten durch die Wahl eines gerechten Verteilungsprinzips zu maximieren, ist nicht gerechtfertigt.[28] Es ist theoretische Willkür, anzunehmen, daß alle ihre Entscheidung aufgrund dieser pessimistischen Überzeugung – ich werde ganz bestimmt zum Bodensatz der Gesellschaft gehören und muß das Gerechtigkeitsprinzip wählen, das mir in dieser Lage dann zum Vorteil ausschlägt – treffen würden, daß alle die Möglichkeit, zur Gruppe der sozioökonomisch Schlechtestgestellten zu gehören, als sicher ansehen, anstatt davon auszugehen, daß die Wahrscheinlichkeit, in einer aus n Individuen bestehenden Gesellschaft die Position irgendeines Individuums einzunehmen, für alle dieselbe, nämlich 1/n ist.

Es ist offensichtlich, welche Verbindung zwischen entscheidungsleitender Maximin-Regel und Differenzprinzip in den Augen Rawls' besteht. Folgt jemand der Maximin-Regel, so legt sich für ihn die Übernahme der Position des Schlechtestgestellten nahe. Sie bildet das Zentrum seiner Beurteilungsperspektive. Er fragt sich, welches Verteilungsmuster für den Minderbegünstigten am vorteilhaftesten ist, und findet die Antwort eben in einer Verteilungsregel, die die Grundfreiheiten gleich verteilt und die sozioökonomische Ungleichheit unter die Bedingung allgemeiner distributiver Vorteilhaftigkeit stellt, in einer »Maximin-Lösung des Gerechtigkeitsproblems«[29]. Was immer für das Differenzprinzip sprechen mag – und wir haben oben gesehen, daß sich viele diskutable gerechtigkeitstheoretische Überlegungen an dieses Prinzip anschließen lassen –, daß es nach Rawls im Urzustand aufgrund einer notwendigen Orientierung an der Maximin-Regel gewählt würde, spricht keinesfalls für dieses interessante Gerechtigkeitsprinzip. Es gibt keine objektiven Bedingungen, die die Orientierung an der Maximin-Regel logisch notwendig machten.

Die Kriterien für eine Entscheidung unter Unsicherheit sind nicht an und für sich rationale Kriterien; derartige entscheidungstheoretische Kriterien gibt es nicht. Entscheidungsregeln, auch die Maximin-Regel, sind immer nur rational relativ zu einer bestimmten Entscheidungsmentalität und einem bestimmten psychologischen Dispositionsmuster. Und es gibt keinen Grund, den Menschen unter dem Schleier der Unwissenheit durchgehend eine Entscheidungsmentalität zu unterstellen, die ihnen den Griff zur Maximin-Regel als rational erscheinen ließe. Rawls sagt doch selbst, daß unter dem Schleier der Unwissenheit niemand »die Besonderheiten seiner Psyche wie seine Einstellung zum Risiko oder seine Neigung zu Optimismus oder Pessimismus« (TG 160) kennt. Damit gibt er implizit zu, daß es keine Rationalitätsgrundlage für die Anwendung der Maximin-Regel gibt.[30] Aber auch dann, wenn jeder seine Neigung zu Optimismus oder Pessimismus kennen würde, würde die Anwendung der Maximin-Regel nicht plausibel sein, weil es einfach empirisch falsch ist, allen Menschen – denn mit nichts geringerem als allen Menschen haben wir es im Naturzustand zu tun – in gleicher Weise eine pessimistische Lebenseinstellung und Entscheidungsdisposition zuzusprechen. Wie man die Sache auch betrachtet, für die Anwendung der Maximin-Regel spricht nichts.

Das Freiheitsprinzip und die These vom Vorrang der Grundfreiheiten

Nachdem wir bislang betrachtet haben, wie im Rawlsschen Naturzustand gewählt wird, wollen wir jetzt sehen, was in ihm gewählt wird. Rawls stellt sich die Verfassungswahl als Auszeichnungs- resp. Eliminationsentscheidung vor. Den Verfassungswählern liegt eine Liste vor, auf der Verteilungsgrundsätze aufgeführt sind, die für die Verfassungsstruktur in Frage kommen können. Diese Liste mag entweder alle überhaupt denkbaren Verteilungsregeln enthalten oder nur solche versammeln, die irgendwann einmal in der Geschichte des Nachdenkens über Gerechtigkeit und gesellschaftliche Grundordnungen wirklich vertreten wurden, oder sich gar nur auf die beschränken, die in der Geschichte des politischen Denkens im europäischen Kulturraum ernsthaft diskutiert worden sind, also auf die »herkömmlichen Theorien« (TG 146). Man könnte nun meinen, daß dieses Verfahren ein sehr großes Risiko in sich birgt, da es die Gerechtigkeitssuche der Verfassungswähler auf eine gegebene Prinzipienmenge einschränkt, ohne zu wissen, ob das Verteilungsprinzip, das nun wirklich das Prädikat der Gerechtigkeit verdient, auch dabei ist. Dagegen ist zweierlei zu sagen. Erst einmal gibt es kein von der Entscheidungs- und Einigungsprozedur unabhängiges Kriterium der Gerechtigkeit, mit dessen Hilfe wir ein Prinzip als gerecht oder ungerecht erkennen könnten – das ist eben die rechtfertigungstheoretische Pointe des Prozeduralismus, daß die Gültigkeit von Prinzipien eine Funktion der sie generierenden Verfahren ist und verfahrensunabhängig nicht erkannt werden kann. Damit ist freilich noch nicht der Verdacht einer Manipulation des Verfahrens durch den Herrn des Verfahrens, den die Liste aufstellenden Philosophen, ausgeräumt. Er entscheidet darüber, was auf die Liste kommt; damit entscheidet er über die Wahlbedingungen und indirekt über den Wahlausgang. Dieser Verdacht verfliegt jedoch angesichts einer grundsätzlichen Überlegung, die für alle normative Philosophie zutrifft. Die Erkenntnisse der Moralphilosophie und der Gerechtigkeitstheorie führen nie zu überraschenden Neuerungen; alle normative Philosophie bedient sich aus dem reichhaltigen und unordentlichen Fundus des moralischen Common sense.

Nicht in der Produktion neuen moralischen oder politikethischen Wissens liegt die Bedeutung der normativen praktischen Philosophie, sondern in der Vorstellung neuer Formulierungen, neuer Begründungen, präziserer Fassungen, schärferer Kriterien: Nicht quantitative Wissensmehrung, wohl hingegen qualitative Wissensverbesserung kann das moralische Alltagsbewußtsein von der normativen praktischen Philosophie erwarten. Man erinnere sich daran, daß Kant von dem Grundprinzip seiner revolutionären Moralphilosophie, dem kategorischen Imperativ, gesagt hat, daß er »längst in aller Menschen Vernunft gewesen und ihrem Wesen einverleibt«[31] sei und seine Forderung »mit der gröbsten und leserlichsten Schrift in der Seele des Menschen geschrieben«[32] stehe, wir also nicht auf die Philosophie angewiesen seien, um zu wissen, was moralisch zu tun ist: »wäre dieses Gesetz nicht in uns gegeben, wir würden es als ein solches durch keine Vernunft herausklügeln«[33]. Auch Rawls ist nicht der Meinung, daß mit den Prinzipien seiner Gerechtigkeitstheorie gerechtigkeitstheoretisches Neuland betreten wird. Neuland wird allenfalls auf dem Weg ihrer Begründung betreten. Daher ist es keinesfalls eine manipulative Beeinträchtigung des Verfahrens, wenn sich die Liste der abzuwägenden Verteilungsprinzipien auf die Grundsätze der »herkömmlichen Theorien« beschränkt, in denen unser gerechtigkeitstheoretisches Wissen einigermaßen zuverlässig und vollständig aufbewahrt ist.

Der Auszeichnungsprozeß, der die Prinzipien identifiziert, auf die sich alle einigen können, besteht nach Rawls aus zwei Schritten. Zuerst sind all die Grundsätze auszuscheiden, die den formalen Ansprüchen nicht genügen, die an jedes normative Prinzip überhaupt zu richten sind, die mithin nicht allgemein, nicht universell anwendbar, nicht öffentlich und nicht letztinstanzlich sind. Rawls nennt diese Ansprüche »formale Bedingungen für den Begriff des Rechten«. Ich werde weiter unten, im Rahmen der genauen Rekonstruktion des Rawlsschen Begründungsarguments, ausführlich auf diese Bedingungen eingehen. Sodann, das ist der weitere Verlauf des Verfahrens, sind aus den Grundsätzen, die den Test formaler Prinzipienwürdigkeit bestanden haben, die auszusuchen, die allen am vernünftigsten erscheinen.

Auf welche Grundsätze würden sich nun die Menschen im Urzustand einigen? Welche Verteilungsweisen der gesellschaftlichen Grundgüter würden sie wählen? Nach Rawls lassen sie sich bei ihrer Verfassungswahl von folgender allgemeinen Gerechtigkeitsvorstellung leiten: »Alle sozialen Werte – Freiheit, Chancen, Einkommen und die sozialen Grundlagen der Selbstachtung – sind gleichmäßig zu verteilen, soweit nicht eine ungleiche Verteilung jedermann zum Vorteil gereicht.« (TG 83) Angesichts der Präferenz der Verfassungswähler – ein jeder möchte von den gesellschaftlichen Grundgütern lieber mehr als weniger haben – ist diese Grundorientierung verständlich: Ungleichverteilungen werden keine allgemeine Zustimmung finden, es sei denn, sie sind zum Vorteil von jedermann. Ungerechtigkeiten sind demnach distributiv unvorteilhafte Ungleichheiten. Daraus folgt, daß Gerechtigkeit nicht notwendig Gleichverteilung impliziert; daraus folgt weiterhin, daß sich Ungleichheiten durch distributive, d.h. jedermann betreffende Vorteilhaftigkeit legitimieren müssen.

Die allgemeine Gerechtigkeitsvorstellung stellt die immateriellen und die materiellen Grundgüter prinzipiell gleich und läßt zu, daß Freiheit und ökonomisches Wohlergehen gegeneinander aufgerechnet werden können, daß eine Privilegienordnung, also eine Ungleichverteilung von Freiheiten und Rechten, gerechtigkeitstheoretisch akzeptabel wird, wenn sie sich – wie auch immer und an welchem Vorteils- und Nutzenmaß auch immer gemessen – als distributiv vorteilhaft erweist. Die Gerechtigkeitskonzeption würde dann mit der normativen, für unsere kulturelle Selbstverständigung wichtigen menschenrechtlichen Orientierung in Konflikt geraten können. Um das zu vermeiden, zerlegt Rawls die Gerechtigkeitsvorstellung in zwei Prinzipien, in ein egalitaristisches Verteilungsprinzip für die immateriellen Grundgüter und in ein nichtegalitaristisches Verteilungsprinzip für materielle Grundgüter.

Das erste Verteilungsprinzip ist ein Grundsatz der rechtlich-politischen Gerechtigkeit. Es lautet: »Jedermann soll gleiches Recht auf das umfangreichste System gleicher Grundfreiheiten haben, das mit dem gleichen System für alle anderen verträglich ist.« (TG 81)

Das zweite Verteilungsprinzip ist ein Grundsatz der sozio-ökonomischen Gerechtigkeit; es lautet: »Soziale und wirtschaftliche Ungleichheiten sind so zu gestalten, daß (a) vernünftigerweise zu erwarten ist, daß sie zu jedermanns Vorteil dienen, und (b) sie mit Positionen und Ämtern verbunden sind, die jedem offen stehen.« (TG 81)

Das erste Gerechtigkeitsprinzip verlangt zum einen eine gleiche Verteilung von Grundfreiheiten und politischen Rechten und zum anderen eine Maximierung der individuellen Freiheit. Hier geht es um politische Wahl- und Partizipationsrechte, um Rede- und Versammlungsfreiheit, sodann um persönliche Grundfreiheiten, um Gewissens-, Gedanken- und Religionsfreiheit, und schließlich um die fundamentalen Menschenrechte, um das Recht auf persönliches Eigentum, um das Recht auf körperliche Unversehrtheit, um das Recht auf Sicherheit und Freiheit von Angst und Terror. Dabei gilt, daß eine Grundordnung nicht schon dann gerecht ist, wenn diese Grundfreiheiten gleich verteilt sind. Zusätzlich muß sie die Forderung erfüllen, das System der gleichen Grundrechte so zu gestalten, daß eine maximale individuelle Freiheit möglich wird. Dieses Gerechtigkeitsprinzip wird also nicht nur durch Recht-Pflicht-Asymmetrien, durch Privilegien und rechtlich-politische Diskriminierung verletzt, sondern auch durch die allgemeinen, jedermann betreffenden Freiheitseinschränkungen autoritärer, repressiver oder totalitärer Regime, durch einen egalitaristischen Totalitarismus. Und auch ausufernde sozialstaatliche Bürokratien, die die individuelle Bewegungs- und Gestaltungsfreiheit durch ein dichtes Regulationsdickicht ersticken, muß das erste Gerechtigkeitsprinzip ablehnen.

Den Anwendungsbereich des zweiten Gerechtigkeitsprinzips bilden die Verteilungsmuster für soziale und wirtschaftliche Güter, für Vermögen und Einkommen, Ansehen und Macht. Es unterwirft die sozioökonomische Ungleichheit bestimmten Legitimationsbedingungen, belastet sie mit dem noch näher zu bestimmenden Nachweis einer allgemeinen, auch den Schlechtestgestellten einbeziehenden Nützlichkeit und fordert den freien und fairen Zugang zu allen Positionen gesellschaftlicher und politischer Funktionsmacht.

In struktureller Hinsicht reflektiert und fixiert der Dualismus von notwendig gleicher Freiheit in politicis und erlaubter Ungleichheit in oeconomicis den Dualismus von Staat und Gesellschaft, von Politik und Ökonomie. Dabei gilt, daß dem Bereich von Recht, Freiheit und Politik der Vorrang gegenüber der Sphäre der Gütererzeugung gebührt. Konflikte in der Anwendung der beiden Verteilungsregeln werden von Rawls von vornherein durch die Einführung einer ausnahmslos geltenden Vorrangregel entschieden. D.h., die Menschen im Urzustand haben hinsichtlich der Anwendung der Prinzipien der politischen und der sozialen Gerechtigkeit zugleich mit ihrer Wahl festgelegt, daß »diese Grundsätze in lexikalischer Ordnung stehen sollen, derart, daß der erste dem zweiten vorausgeht. Diese Ordnung bedeutet, daß Verletzungen der vom ersten Grundsatz geschützten gleichen Grundfreiheiten nicht durch größere gesellschaftliche oder wirtschaftliche Vorteile gerechtfertigt oder ausgeglichen werden können.« (TG 82)

Indem Rawls den Grundfreiheiten einen absoluten Vorrang einräumt[34], befindet er sich in Übereinstimmung mit der Wertschätzung, die den Grundrechten in der liberalen politischen Kultur des Westens zuteil wird, befindet er sich auf der Höhe unseres politischen Selbstverständnisses. Wenn Rawls jedoch behauptet – und er muß das in Konsequenz seiner Rechtfertigungsargumentation tun –, daß sich die Menschen im Urzustand auf die Regel von der absoluten Vorrangigkeit der Grundfreiheiten einigen würden, muß das bezweifelt werden. Denn wenn das der Fall wäre, müßten die idealisierten Verfassungswähler im Fundus ihres allgemeinen Wissens über die Menschen die Überzeugung finden, daß Menschen immer und unter allen Umständen den Grundfreiheiten den Vorrang vor ökonomischen Gütern einräumen würden. Diese Überzeugung ist eindeutig falsch. Unsere Erfahrung sagt uns anderes. Es ist nicht so, daß die Menschen ihre Freiheiten immer und unter allen Umständen höher einschätzen als wirtschaftliche Vorteile, gleichgültig, wie groß diese sein mögen. Es ist vielmehr so, daß die Wertschätzung der Freiheit von sozioökonomischen Voraussetzungen abhängt. Je besser die materiellen Lebensverhältnisse, um so höher wird in der Regel der Wert der Grundfreiheiten eingeschätzt. Denn nur der kann den rechtlich geschützten Freiheitsraum des Marktes und der Gesellschaft für seine Lebensgestaltung nutzen, der nicht in Not und Elend um sein Überleben kämpfen muß. Genausowenig wie die Moral sich in der Not behaupten kann, kann die Freiheit im Elend ihre Vorzugswürdigkeit behalten. Die Verfassungswähler werden sich also höchstens auf eine konditionale Vorrangigkeit der Grundfreiheiten einigen.

Erlaubte Ungleichheit: Das Differenzprinzip

Das zweite Rawlssche Verteilungsprinzip verlangt, soziale und wirtschaftliche Ungleichheiten so zu gestalten, daß vernünftigerweise zu erwarten ist, daß sie zu jedermanns Vorteil dienen. Rawls macht darauf aufmerksam, daß dieser Grundsatz zwei Deutungen zuläßt: Die Wendung »zu jedermanns Vorteil« könne einmal im Sinne des Optimalitätsprinzips, im Sinne des in den Wirtschaftswissenschaften gebräuchlichen Kriteriums der Pareto-Optimalität verstanden werden, könne zum anderen aber auch im Licht eines Prinzips präzisiert werden, das Rawls als Differenzprinzip (difference principle) bezeichnet. Rawls selbst betrachtet das Differenzprinzip als einzig vertretbare Lesart des zweiten Verteilungsgrundsatzes.

In den Wirtschaftswissenschaften bezeichnet man in einem Zustandsvergleich eine Verteilungsstruktur T dann als »paretobesser« als eine Verteilungsstruktur S, wenn sich in T mindestens eine Person besser steht als in S und alle anderen Personen sich in T im Vergleich mit ihrer Lage in S nicht verschlechtert haben. Ist hingegen ein Verteilungszustand so geartet, daß es unmöglich ist, die Position eines Individuums zu verbessern, ohne zugleich die Lage eines anderen zu verschlechtern, dann bezeichnet man ihn als »pareto-optimal«. Gehen wir von einer bestimmten Anzahl nicht vermehrbarer Güter aus, die auf eine bestimmte Anzahl von Personen zu verteilen ist, so ist jede denkbare Verteilungsstruktur pareto-optimal, da jede Verbesserung eines Individuums im Vergleich zur Ausgangszuteilung die Verschlechterung mindestens eines anderen Individuums im

Vergleich zur Ausgangszuteilung impliziert. Aber man würde nicht jede dieser möglichen pareto-optimalen Verteilungen als gerecht bezeichnen; das zeigt sich schon daran, daß sogar ein Zustand, in dem einer alles besitzt und der von jedem als in eklatantem Maß ungerecht empfunden wird, die Bedingung der Pareto-Optimalität erfüllt: Denn die Besserstellung der Habenichtse verlangt Umverteilung, und Umverteilung besagt, daß dem, der alles hat, etwas genommen werden muß. Es ist ersichtlich, daß wir Gerechtigkeit nicht über das Merkmal der Pareto-Optimalität definieren können.

Dieser Befund ändert sich auch nicht, wenn wir die einfache Verteilungssituation nach dem Muster »zehn Äpfel und zehn Kinder« durch die komplexe Verteilungssituation einer entwickelten Kooperationsgesellschaft ersetzen und statt mit nicht vermehrbaren Gütern mit den durch die Grundstruktur festgelegten Lebensaussichten der Gesellschaftsmitglieder operieren. Hier gilt ebenso, daß das Kriterium der Pareto-Optimalität gerechtigkeitstheoretisch unergiebig ist und aufgrund seiner Unbestimmtheit zu kontraintuitiven Ergebnissen führen würde, würden wir »zu jedermanns Vorteil« in seinem Licht verstehen. Die Unbestimmtheit betrifft den Ausgangszustand. Das Optimalitätsprinzip ist gleichgültig gegenüber der Verteilungssituation im Ausgangszustand. Das zeigt das Beispiel der Sklavenhaltergesellschaft, die wir aufgrund der in ihr mißachteten Grundsätze der Rechtsgleichheit und Gleichverteilung aller Grundfreiheiten als höchst ungerecht ansehen. Natürlich liegt auch in einer Sklavenhaltergesellschaft eine pareto-optimale Verteilung der Lebensaussichten vor, da jede Besserstellung der Sklaven nur auf Kosten der Lebensaussichten ihrer Besitzer möglich ist. Es ist also nicht möglich, in gerechtigkeitstheoretisch befriedigender Weise die Wendung »zu jedermanns Vorteil« in dem sozioökonomischen Verteilungsprinzip mit Hilfe des Kriteriums der

Pareto-Optimalität zu explizieren. Eine legitime, da zu jedermanns Vorteil gereichende Ungleichheit kann nicht mit einer pareto-optimalen Verteilung gleichbedeutend sein. Rawls schlägt daher als Alternative das Differenzprinzip vor.

Das Differenzprinzip ist ein Erlaubniskriterium für soziökonomische Ungleichheit. Es besagt, daß die besseren Aussichten der Begünstigten nur dann gerecht sind, wenn sie bzw. die sie ermöglichenden soziökonomischen Umstände zur Verbesserung der Lage der am wenigsten begünstigten Gesellschaftsmitglieder beitragen. Die Gesellschaft darf einigen ihrer Mitglieder somit ausschließlich in dem Fall Verbesserungen ihrer Situation zugestehen, daß das auch den weniger Begünstigten zum Vorteil gereicht.

»Zur Veranschaulichung des Unterschiedsprinzips betrachte man die Einkommensverteilung zwischen gesellschaftlichen Klassen, denen repräsentative Personen entsprechen mögen, deren Aussichten eine Beurteilung ermöglichen. Nun hat jemand, der etwa in einer Demokratie mit Privateigentum als Mitglied der Unternehmerklasse anfängt, bessere Aussichten als jemand, der als ungelernter Arbeiter anfängt. Das dürfte auch dann noch gelten, wenn die heutigen sozialen Ungleichheiten beseitigt wären. Wie ließe sich nun eine solche anfängliche Ungleichheit der Lebenschancen überhaupt rechtfertigen? Nach dem Unterschiedsprinzip ist sie nur gerechtfertigt, wenn der Unterschied in den Aussichten zum Vorteil der schlechtergestellten repräsentativen Person – hier des ungelernten Arbeiters – ausschlägt. Die Ungleichheit der Aussichten ist nur dann zulässig, wenn ihre Verringerung die Arbeiterklasse noch schlechterstellen würde.« (TG 98 f.)[35]

Damit die Besserstellung des repräsentativen Mindestbegünstigten nach dem Differenzprinzip jedoch als Deutung der Klausel »zu jedermanns Vorteil« akzeptiert werden kann, muß Rawls zusätzlich einen sich durch die Gesellschaftsschichten von unten nach oben fortpflanzenden Verkettungseffekt unterstellen.

»Wenn eine Bevorzugung zur Verbesserung der Aussichten der niedrigsten Position führt, dann wirkt sie ebenso auf alle Positionen dazwischen. Wenn etwa die besseren Aussichten der Unternehmer dem ungelernten Arbeiter Vorteile bringen, so auch dem angelernten.« (TG 101) Aber diese Unterstellung ist problematisch. Die Erfahrung zeigt, daß die Besserstellung der Schlechtestgestellten keinesfalls gesetzmäßig einen Besserstellungsprozeß einleiten muß, der durch die ganze Gesellschaft läuft und das Wohlfahrtsniveau aller Schichten sukzessive anhebt.

Im Lichte des Differenzprinzips ist sozioökonomische Ungleichheit dann gerechtfertigt, wenn sie gegenüber einer vergleichbaren Gleichheitssituation einen jedermann zum Vorteil gereichenden Ungleichheitsgewinn erwirtschaftet. Die Bewertungsperspektive wird dabei durch die Position des Schlechtestgestellten und Mindestbegünstigten bestimmt. D.h., ist in einer Ungleichheitssituation der Schlechtestgestellte besser gestellt als in der entsprechenden Gleichheitssituation, dann ist diese Ungleichheitssituation hinzunehmen.[36] Aber der Bereich der ökonomischen Güter ist nicht die einzige Region der Güterproduktion und -verteilung, in der Ungleichheit zugelassen ist. Auch bei der Verteilung gesellschaftlicher und politischer Machtpositionen und Ämter herrscht aus einsichtigen Gründen Ungleichheit. Diese sachlich notwendige Ungleichheit wird dann zu einer legitimen und mit der Gerechtigkeitstheorie übereinstimmenden Ungleichheit, wenn bei der Vergabe der Ämter und Positionen das Prinzip der Chancengleichheit beachtet und der Zugang zur Amtsmacht diskriminierungsfrei geregelt wird.

Legitime und illegitime Ungleichheiten

Im Licht des Differenzprinzips lassen sich drei Zustände unterscheiden:

1. Der vollkommen gerechte Zustand. Er ist ein Zustand optimaler Ungleichheit. Die Ungleichheit hat sich als produktiv und für alle vorteilhaft erwiesen. Die Aussichten der am wenigsten Begünstigten und dann die der weniger Begünstigten sind tatsächlich maximiert worden und verbessern sich stets weiter.

2. Der durchweg gerechte Zustand. Hier liegt der Fall vor, »daß die Aussichten aller Bevorzugten wenigstens zum Wohl der Benachteiligten beitragen, daß sich diese also mit jenen verschlechtern würden, daß aber nicht ihr Maximum vorliegt« (TG 99). Um vom durchweg gerechten Zustand zum vollkommen gerechten Zustand zu gelangen, könnte es notwendig sein, die Situation der Bevorzugten zu verbessern, die Bevorzugung lohnender zu gestalten, um damit auch zu einer weiteren Besserstellung der Benachteiligten zu gelangen.

3. Der ungerechte Zustand. Ein ungerechter Zustand liegt immer dann vor, wenn die besseren Aussichten der Bevorzugten unangemessen sind und eine Verschlechterung ihrer Situation das Los der am stärksten Benachteiligten verbessern würde. Unangemessen ist die von der Grundstruktur zugelassene Bevorzugung der natürlich und sozial Begünstigten, wenn sie sich nicht zu jedermanns Vorteil auswirkt, wenn sie sich als unproduktiv in gerechtigkeitspragmatischer Hinsicht auswirkt, wenn durch sie die Bedingung des wechselseitigen Vorteils nicht mehr erfüllt wird und sich die Vorteile nur auf der einen Seite der Begünstigten sammeln. Gerechtigkeitspragmatisch unproduktive Ungleichheiten müssen durch redistributive Maßnahmen reduziert werden. Ungerechte Zustände sind demnach Ungleichheitszustände, die durch Umverteilung, also einseitige Schlechterstellung der Bevorzugten, in gerechtigkeitstheoretischer Hinsicht verbesserbar sind. Daraus ist ersichtlich, daß das Differenzprinzip Umverteilungen implizieren kann.[37] Als Prinzip der erlaubten, weil allseits vorteilhaften Ungleichheit ist es auf seiner Kehrseite auch ein Prinzip der unerlaubten Ungleichheit und beinhaltet in dieser Hinsicht folglich auch die Forderung, unerlaubte Ungleichheiten durch Umverteilungen und andere egalisierende Maßnahmen zu reduzieren.

Vergegenwärtigen wir uns einmal die Überlegungen, die die verschleierten Prinzipienwähler angestellt haben mögen. Ohne Frage hätten die Prinzipienwähler des Urzustandes den strikten Egalitarismus, den sie ihrer Entscheidung für die Verteilung von Rechten und Freiheiten zugrunde gelegt haben, auch zur Basis einer Verteilungsregel für die sozioökonomischen Grundgüter gemacht, wenn die Gesamtmenge der sozialen und ökonomischen Grundgüter nicht vermehrbar wäre. Hätten sie davon ausgehen müssen, daß die Anzahl der sozioökonomischen Grundgüter feststeht, dann hätte keine Verteilungsregel die Zustimmung aller gefunden, die von einer Gleichverteilung abgewichen wäre. Da die Menschen aber in der ursprünglichen Situation ein gewisses ökonomisches Basiswissen haben, wissen sie, daß die Grundgüter durch arbeitsteilige Kooperation vermehrt werden können. Damit wissen sie aber auch, daß diese kooperative Grundgütervermehrung Ungleichheit beinhaltet. Grundgütervermehrung und sozioökonomische Ungleichheit bedingen einander. Das ist die Voraussetzung der gesamten Überlegung. Denn gäbe es die Möglichkeit eines grundgüterproduktiven Egalitarismus, würden die Prinzipienwähler sich natürlich auf ihn, und nicht auf das Differenzprinzip, geeinigt haben.

Entscheidend ist, daß das Legitimationskriterium der sozioökonomischen Ungleichheit in ihrer ökonomischen Notwendigkeit für eine allen dienliche gesellschaftliche Produktivitätssteigerung liegt. Mit diesem Kriterium rechtfertigt sich die Ungleichheit vor der Gleichheit, lassen sich zulässige Ungleichverteilungen von unzulässigen Ungleichverteilungen unterscheiden. Ersichtlich ist, daß ungleiche Verteilungen nur insofern gerechtigkeitstheoretisch geduldet werden können, als sie über eine ökonomisch notwendige Abweichung von der Gleichheit nicht hinausgehen. Ist gerechtfertigte Ungleichheit gerechtfertigte Gleichheitsabweichung, dann sind im Differenzprinzip immer zwei Komponenten wirksam: die Gleichheitsorientierung und die Ungleichheitslegitimation. Um die moralische Möglichkeit einer Verteilung festzustellen, müssen wir also immer fragen, ob der Gleichheitsabweichungsgrad der vorhandenen Verteilung, ihr Ungleichheitsmaß, ökonomisch notwendig ist. Nicht schon dann ist eine Ungleichheit zulässig, wenn sie die Aussichten der Minderbegünstigten langfristig verbessert, denn sie könnte ja diese Verbesserung bewirken und zugleich das erforderliche Ungleichheitsmaß überschreiten. Daher gilt, und damit wird die heimliche, möglicherweise von Rawls selbst gar nicht bemerkte Radikalität des Differenzprinzips deutlich: so gleich wie möglich, so ungleich wie nötig.

Wird dieses Ungleichheitsmaß überschritten, dann muß die Ungleichheit durch Redistribution vermindert werden. Das Differenzprinzip verlangt also, Ungleichheiten nur so lange zuzulassen, wie Umverteilungen von oben nach unten die Aussichten der am Fuße der Gesellschaft lebenden Menschen auf lange Sicht nicht verbessern würden. Ist dieses Maß überschritten, fordert das Differenzprinzip Ungleichheitsminimierung und Umverteilung.

Demokratische Gleichheit

Rawls bezeichnet die durch das Differenzprinzip charakterisierte Ordnung als System der demokratischen Gleichheit und unterscheidet es von den abzulehnenden Systemen der natürlichen Freiheit und der liberalen Gleichheit.

Das System der natürlichen Freiheit ist eine rechtsstaatlich verfaßte kompetitive Marktgesellschaft. Die Verteilung sozioökonomischer Güter folgt dem Prinzip der Individualrechte und der Regel der formalen Chancengleichheit, die einen diskriminierungsfreien, formalrechtlich gleichen Zugang aller zu den gesellschaftlichen Machtpositionen etabliert. Das natürliche Freiheitssystem ist blind gegenüber der Tatsache, daß die Menschen aufgrund unterschiedlicher Naturausstattung sowie verschiedener sozialer Geburts- und Sozialisationsumstände die ihnen vom System der natürlichen Freiheit eingeräumten gleichen Chancen, gleichen rechtlichen Zugangsmöglichkeiten zum Markt, zu Ämtern und zu gesellschaftlichen Positionen keinesfalls in gleich gewinnbringender und erfolgreicher Weise nutzen können.

Das System der liberalen Gleichheit ergänzt das System der natürlichen Freiheit um die Forderung nach fairer Chancengleichheit. Erreicht wird faire Chancengleichheit durch ein System von frei zugänglichen Erziehungs- und Ausbildungsinstitutionen, das Gleichbefähigten und Gleichbegabten gleiche Aufstiegschancen verschafft. Damit wird die soziale Ungleichheit der Startpositionen kompensiert und alle gesellschaftliche Privilegierung unterlaufen. »Der Gedanke ist hier der, daß Positionen nicht nur in einem formalen Sinne offen sein sollen, sondern daß jeder auch eine faire Chance haben soll, sie zu erlangen [...]. Menschen mit ähnlichen Fähigkeiten sollten ähnliche Lebenschancen haben. Genauer: man geht von einer Verteilung der natürlichen Fähigkeiten aus und verlangt, daß Menschen mit gleichen Fähigkeiten und gleicher Bereitschaft, sie einzusetzen, gleiche Erfolgsaussichten haben sollen, unabhängig von ihrer anfänglichen gesellschaftlichen Stellung [...]. Die Aussichten von Menschen mit gleichen Fähigkeiten und Motiven dürfen nicht von ihrer sozialen Schicht abhängen.« (TG 93)

Aber auch dieser Liberalismus der kompensatorischen Erziehungseinrichtungen und des diskriminierungsfreien Zugangs zu

Amtsautorität und gesellschaftlicher Funktionsmacht ist noch nicht hinreichend. Zwischen ihm und einer gerechten und wohlgeordneten Gesellschaft stehen zum einen die Auswirkungen der »natürlichen Lotterie« (TG 94), der ungleichen natürlichen Begabungsausstattungen, auf den Erfolg der individuellen Lebenskarrieren und zum anderen die unterschiedlichen Einflüsse der Familien auf die Entwicklung der Talente und Anlagen. Diese Macht der »gesellschaftlichen und natürlichen Zufälligkeiten« (TG 95) muß jedoch nach Rawls gebrochen werden. Gerechtigkeit verlangt in seinen Augen die Neutralisierung der unterschiedlichen Ergebnisse der Begabungslotterie und des sozialen Geburtsschicksals. Nur dann kann eine Gesellschaft gerechtigkeitsethisch überzeugen, wenn sie durch geeignete Verteilungsarrangements dafür sorgt, daß der individuelle Grundgüterbesitz von den zufälligen Auswirkungen natürlicher und sozialer Unterschiede unabhängig ist. Die liberale Auffassung, die sich mit formalrechtlicher und fairer Chancengleichheit begnügt, erscheint daher

»intuitiv immer noch als mangelhaft. Einmal gestattet sie, selbst wenn sie den Einfluß gesellschaftlicher Zufälligkeiten vollkommen ausschalten könnte, immer noch, daß die Einkommens- und Vermögensverteilung von der Verteilung der natürlichen Fähigkeiten abhängt. Innerhalb der durch die allgemeinen Bedingungen gezogenen Grenzen ist die Verteilung das Ergebnis der Lotterie der Natur, und das ist unter moralischen Gesichtspunkten willkürlich. Für den Einfluß natürlicher Fähigkeiten auf die Einkommens- und Vermögensverteilung gibt es keine besseren Gründe als für den geschichtlicher und gesellschaftlicher Zufälle. Außerdem läßt sich der Grundsatz der fairen Chancen nur unvollkommen durchführen, mindestens solange es die Familie in irgendeiner Form gibt.« (TG 94)

Mit dieser Deutung des Differenzprinzips nimmt das Programm der Gerechtigkeit bei John Rawls die Gestalt einer Kritik der moralischen Willkür der Natur und des Schicksals an. Es kritisiert Natur und Schicksal, weil beide die Ausgangsausstattung der Individuen festlegen und damit Verlauf und Erfolg der individuellen Lebenskarrieren maßgeblich bestimmen. Eine gerechte gesellschaftliche Grundstruktur darf die »Anteile der Menschen an den Früchten und Lasten der gesellschaftlichen Zusammenarbeit nicht durch gesellschaftliche oder natürliche Zufälligkeiten bestimmen lassen«[38]. Die Auswirkungen von Natur und Geschichte folgen nicht moralischen Regeln. Die durch sie verursachten Bevorzugungen und Benachteiligungen sind unverdient. Sie sind, wie Rawls sagt, moralisch willkürlich.[39] Moralisch willkürlich sind folglich auch die durch ihre Auswirkungen zustande gekommenen Verteilungszustände.

Wenn aber moralisch willkürlich zustande gekommene Verteilungszustände einer moralischen Gerechtigkeitskorrektur zu unterziehen sind, müssen auch die Diskriminierungen der Natur den Ausgleichsmechanismen einer egalitären Gerechtigkeit unterworfen werden, muß die Geltungsreichweite des Gerechtigkeitsbegriffs über die Grenzen des Menschengemachten hinaus auf den Bereich der natürlichen Kontingenzen ausgedehnt werden. Daher muß das System der liberalen Gleichheit durch ein System der demokratischen Gleichheit ersetzt werden, das durch das Differenzprinzip regiert wird und dafür sorgt, daß »unverdiente Ungleichheiten ausgeglichen werden« (TG 121). Das Differenzprinzip zielt also auf Egalisierung unverdienter natürlicher und sozialisationsbedingter Ausgangsungleichheiten. Ebendarum bezeichnet Rawls es als Prinzip der demokratischen Gleichheit.

Differenzprinzip und egalitäre Gerechtigkeit

Ursprünglich wurde das Differenzprinzip als Prinzip einer bedingt erlaubten sozioökonomischen Ungleichheit eingeführt. Die

Annahme eines solchen Prinzips erschien den Verfassungswählern vernünftig, die innerhalb einer Ordnung des wechselseitigen Vorteils ihren Nutzen maximieren wollten und im Falle einer distributiven Vorteilhaftigkeit einer Ungleichverteilung dieser dann den Vorzug geben mußten. Da ihnen aufgrund ihres wirtschaftlichen Strukturwissens klar war, daß Ungleichverteilungen durchaus für alle vorteilhaft sein können, mußten sie die Zustimmung zur Ungleichverteilung eben nur an die Bedingung binden, daß in ihr der Schlechtestgestellte auch wirklich bessergestellt wird als in jeder vergleichbaren Gleichverteilung. Als Grundprinzip der demokratischen Gleichheit rückt das Differenzprinzip hingegen in den Mittelpunkt eines egalitären Gerechtigkeitskonzepts, das die Aufgabe zugewiesen bekommt, die Gerechtigkeitsdefizite der liberalen Gleichheit zu kompensieren und die durch unterschiedliche Begabungsausstattungen und Sozialisationsschicksale verursachten Benachteiligungen und Begünstigungen auszugleichen. Diese unterschiedlichen Darstellungskontexte färben das Differenzprinzip unterschiedlich ein, verändern seine Bedeutung.

Der Bedeutungswechsel ist beträchtlich, gleichwohl ist er Rawls selbst entgangen. Eigentlich haben wir es mit zwei Differenzprinzipien zu tun, mit dem Differenzprinzip I, das im Rahmen der kontraktualistischen Begründungsargumentation entwickelt wurde und als *kontraktualistisches Differenzprinzip* bezeichnet werden kann, und mit dem Differenzprinzip II, das sich im Zuge der semantischen Erläuterung und egalitaristischen Ausdeutung des Ergebnisses der kontraktualistischen Begründungsargumentation herausbildet und als *egalitaristisches Differenzprinzip* bezeichnet werden kann. Denn es ist evident, daß ein großer Unterschied besteht zwischen einem Prinzip, das sozioökonomische Ungleichheit an die Bedingung der Vorteilhaftigkeit für die Schlechtestgestellten bindet, und einer Gerechtigkeitskonzeption, die die Verteilungsgerechtigkeit mit der Aufgabe eines Ausgleichs natur- und sozialisationsbedingter Ungleichheitsursachen betraut. Während die erste Fassung des Differenzprinzips, das kontraktualistische Differenzprinzip, vornehmlich die sich wirtschaftswissenschaftlicher Methoden bedienenden Philosophen zur weiteren Präzisierung herausgefordert hat[40], hat die zweite Fassung des Differenzprinzips, das egalitaristische Differenzprinzip, hauptsächlich diejenigen Philosophen beschäftigt, die das Konzept der Verteilungsgerechtigkeit ausbauen wollen. Dabei ist der egalitäre Grundzug immer stärker hervorgetreten, und es hat sich in der Nachfolge Rawls' ein sozialstaatlicher Liberalismus entwickelt, den man als egalitären Liberalismus bezeichnen kann.[41]

Die Hauptlast der Rawlsschen Ausgleichsgerechtigkeitskonzeption ruht auf dem *Argument von der moralischen Willkür*. Um die Bedeutung dieses Arguments richtig zu erfassen, muß zunächst ein Blick auf den Willkürbegriff geworfen werden. Ich unterscheide moralisch auffällige Willkür von moralisch unauffälliger Willkür. Moralisch auffällig wird Willkür, wenn sie gegen die Prinzipien moralischer Rationalität verstößt. Ein Beispiel moralisch auffälliger Willkür ist der Willkürherrscher der autokratischen Tradition, der Tyrann, der »summus malus« der klassischen Politik, oder der absolute Fürst der frühen Neuzeit, beide durch keine Regeln der Gerechtigkeit und des Naturrechts eingeschränkt, ja selbst durch das eigene gesetzesstiftende Wort nicht gebunden. Moralisch unauffällig bleibt die Willkür hingegen in Kontexten, in denen eine Entscheidung getroffen werden muß, aber keine auszeichnenden Gründe zur Verfügung stehen. In solchen Situationen wird gewürfelt, ein Los aus dem Hut gezogen oder an den Knöpfen abgezählt; moralisch unauffällige Willkür artikuliert sich in den einschlägigen Verwillkürlichungsprozeduren.

Der Unterschied zwischen diesen beiden Willkürsorten ist deutlich. Die moralisch auffällige Willkür ist die Ursache einer moralisch verwerflichen Entscheidung; sie hat durchaus Gründe auf ihrer Seite, nur sind dies nicht Gründe, die durch allgemein anerkennungsfähige Prinzipien gestützt sind. Der Tyrann würfelt nicht, sondern befriedigt seine Interessen auf Kosten des Allgemeinwohls. Moralisch auffällige Willkür ist also moralisch zu kritisierende Willkür. Wo sie wirksam wird, gibt es immer eine moralisch vorzugswürdige Alternative. Die moralisch unauffällige Willkür hingegen ermöglicht Entscheidungen in Abwesenheit auszeichnender Gründe; daher gibt es zu ihren Entscheidungen auch keine vorzugswürdige Alternative. Hätte ein anderer gewürfelt, hätte man beim Knöpfeabzählen mit einem anderen Knopf begonnen, wäre ein anderes Ergebnis erzielt worden. Doch welches Ergebnis auch erzielt worden wäre, eins wäre so gut wie ein anderes gewesen. Denn die moralisch unauffällige Willkür wird eben dann tätig, wenn entschieden werden muß, aber keine entscheidenden Gründe vorliegen. Und da in bestimmten Situationen selbst einem Willkürherrscher die Gründe ausgehen können, kann auch er auf die Entscheidungsverfahren der moralisch unauffälligen Willkür zurückgreifen.

Obwohl Rawls selbst das Bild von der »Lotterie der Natur« gebraucht, ist es gerade nicht seine Überzeugung, daß bei der natürlichen Begabungsverteilung eine moralisch unauffällige Willkür am Werk gewesen ist. Das Handeln der moralisch unauffälligen Willkür ist moralisch neutral und kann nicht von einem moralischen Standpunkt aus betrachtet und beurteilt werden. Rawls und mit ihm der gesamte egalitäre Liberalismus betrachten aber das Ergebnis der natürlichen Begabungsverteilung von einem moralischen Standpunkt aus und verwerfen es als moralisch beliebig, als moralisch willkürlich. Die Entscheidungen der Natur sind also moralisch auffällige Willkürentscheidungen.

Freilich kann man nur dann ein Verteilungsmuster als moralisch willkürlich bezeichnen, wenn man über rationale Verteilungskriterien verfügt, wenn man sagen kann, wie die Verteilungsentscheidungen einer moralisch korrekten Natur hätten aussehen müssen. Wie also sieht eine moralisch nicht willkürliche natürliche Begabungsausstattung aus? Die einzig mögliche Antwort lautet: egalitär. Eine moralisch nicht willkürliche natürliche Begabungsausstattung würde jedermann mit Talenten und Fähigkeiten solchen Ausmaßes und solcher Qualität versehen, daß niemand in seiner Lebensplanung und Lebensführung gegenüber anderen benachteiligt oder bevorzugt wird. Daher verlangt die Gerechtigkeit nach Regeln, die die vorhandenen Verteilungsergebnisse so korrigieren, daß ein Zustand erreicht wird, der dem möglichst nahekommt, der sich im Fall einer kontrafaktischen Begabungsgleichheit einstellen würde. Für den Fall des unterschiedlichen sozialen Geburts- und Herkunftsschicksals gilt dasselbe Argument. Auch die Geschichte ist ein Ort moralisch willkürlicher Verteilungen von Ausgangschancen. Auch hier müßte eine den Makel der moralischen Arbitrarität wettmachende, nicht moralisch willkürliche Verteilung zu einer egalitären, weder benachteiligenden noch begünstigenden Verteilung kommen.

Rawls' Argument von der moralischen Willkür ist unvernünftig. Es ist unvernünftig, die natürlichen Eigenschaften der Menschen aus der Perspektive einer distributiven Gerechtigkeit zu gewichten. Diese Form von moralischer Naturkritik ist absurd, ist Ausdruck einer grammatischen Verfehlung, einer Verletzung der Grenzen des Handlungssprachspiels im allgemeinen und des moralischen Sprachspiels im besonderen. Die Natur hätte nicht anders handeln können. Mehr noch, sie handelt nicht und trifft auch keine Verteilungsentscheidungen. Die Natur liegt jenseits der Anwendungsgrenzen des Willkürbegriffs. Unsere Naturausstattung ist schiere Faktizität; man kann sich über sie grämen, man kann sie aber nicht zum Gegenstand moralischer Kritik machen. Sollte unser Haar schütter werden, dann können wir sagen, daß uns die Natur vergleichsweise übel mitgespielt hat, denn wir können uns vorstellen, daß wir uns mit samsondichtem Haupthaar weitaus wohler fühlen würden. Wir können das sagen, weil der Zustand unserer Haare identitätskontingent und nicht identitätskonstitutiv ist. Die lebensplanbestimmenden, lebenserfolgsrelevanten natürlichen Fähigkeiten und Begabungen hingegen stehen nicht in einem derart äußerlichen Verhältnis zu uns wie der ästhetische Zustand unseres Haarwuchses; sie machen uns aus, sie sind Bestandteil unserer Identität. Im egalitären Liberalismus wird das Gerechtigkeitsparadigma überstrapaziert, gedehnt, gestreckt und auf Bereiche angewandt, die sich ihm entziehen. Es ist semantischer Unfug, von einer moralisch willkürlichen Begabungsverteilung zu reden. Es ist semantischer Unfug, die Grammatik der moralischen Willkür vom Innenraum gesellschaftlich-politischen Handelns auf den Vorhof der genetisch bedingten Naturausstattung auszudehnen.

So vorteilhaft die natürliche Begabungsausstattung des einen auch immer für die Verwirklichung seines Lebensplans sein mag und so dürftig die natürlichen Gaben des anderen sich im Vergleich dazu ausnehmen mögen, hier ist nichts Ungerechtes vorgefallen, hier ist nichts moralisch Willkürliches geschehen. Und zwar darum nicht, es kann nicht oft genug betont werden, weil die genetische Ausstattung der Menschen außerhalb des Bereiches moralischer Beurteilung liegt, weil die genetische Ausstattung der Menschen ebenso wie ihr Geburtsschicksal moralisch völlig neutral sind. Daraus folgt nicht, daß es keine Umverteilungen von den Erfolgreichen zu den Erfolglosen geben darf, daraus folgt auch nicht, daß es nie eine Forderung der Gerechtigkeit sein kann, daß Einkommensstarke mit Einkommensschwachen und Einkommenslosen teilen sollen. Aber es folgt daraus, daß eine solche Gerechtigkeit ihre Umverteilungsaktionen nie damit begründen kann, daß es ihre Aufgabe wäre, unverdiente und moralisch zufällige lebenserfolgsrelevante Begabungs- und Herkunftsungleichheiten auszugleichen.

Wer im Namen der Gerechtigkeit dazu auffordert, natürliche Begabungsungleichheiten und unterschiedliche Sozialschicksale zu korrigieren, wird von einer schlechten Metaphysik geleitet. Kein Rationalegoist unter dem Schleier der Unwissenheit würde eine Argumentation akzeptieren können, die zum einen den Willkürbegriff auf die Natur überträgt, zum anderen die natürlichen Begabungsausstattungen als moralisch willkürlich charakterisiert und daher zum dritten die Gesellschaft mit der Aufgabe betraut, diese moralisch willkürlichen Begünstigungen und Benachteiligungen durch geeignete rechtsförmige Verteilungsregeln zu neutralisieren. Keinerlei sachliche gerechtigkeitstheoretische Verbindung besteht zwischen dem Programm der Maximierung lebensplanneutraler Grundgüter im Gerechtigkeitsrahmen des kontraktualistischen Differenzprinzips und der Aufgabe, die Verteilungsagenturen der Gesellschaft als moralische Korrektur einer moralisch willkürlich austeilenden Schöpfung und eines moralisch willkürlich austeilenden Schicksals zu organisieren.

Differenzprinzip und Sozialstaatsbegründung

Die Rawlssche Gerechtigkeitstheorie entwickelt Regeln zur Lösung von Teilungsproblemen im Rahmen von Kooperationsgemeinschaften. Sie etabliert eine Gerechtigkeit zwischen Kooperationspartnern. Die unter dem Schleier der Unwissenheit ermittelte Verfassung bestimmt allein die Grundstruktur einer Gesellschaft selbständiger Wirtschaftssubjekte, die Grundstruktur einer geschlossenen, alle Erwerbsunfähigen ausschließenden

Marktgesellschaft. Gerade weil es auf die internen Verteilungsprobleme des Kooperationssystems eingeschränkt ist, taugt das Differenzprinzip nicht als Sozialstaatsprinzip. Denn obwohl das Differenzprinzip sozioökonomische Ungleichheit zuläßt, ist es eingebettet in die Vorstellung einer Gesellschaft der Wechselseitigkeit und des wechselseitigen Vorteils. Die Vereinbarkeit von wechselseitiger Vorteilhaftigkeit und Ungleichheit ist darin begründet, daß der Kooperationsgewinn in ungleicher Gesellschaft größer ist als in gleicher Gesellschaft, somit selbst der Schlechtestgestellte in ungleichen Gesellschaften eine größere Kooperationsdividende erhalten kann als in gleichen Gesellschaften. Wird die Verteilungsgerechtigkeit als moralisch vorzugswürdige Regulation interner kooperationsgemeinschaftlicher Verteilungskonflikte entwickelt, dann kommen Individuen nur dann in den Genuß der Gerechtigkeit, wenn sie Mitglieder der Kooperationsgemeinschaft sind. *Für Rawls konvergieren Gerechtigkeitsgemeinschaft und Kooperationsgemeinschaft.*

Daher vermag seine Gerechtigkeitstheorie keine Sozialstaatsbegründung, keine Begründung der moralischen Vorzugswürdigkeit kollektiver Sicherungssysteme zu liefern. Denn die Adressaten sozialstaatlicher Versorgung sind gerade die Mitmenschen, die entweder aus der Kooperationsgemeinschaft ausgestoßen oder nicht in sie aufgenommen werden. Die Adressaten der sozialstaatlichen Versorgung sind Arbeitslose, Arbeitsunfähige, Rentner, Kranke sowie geistig, psychisch und körperlich Behinderte, all die also, die sich in einer Gesellschaft der Gegenseitigkeit, des wechselseitigen Vorteils nicht behaupten können, da sie nichts anzubieten haben, das zu erwerben andere interessiert sein könnten. Die Adressaten der sozialstaatlichen Versorgung sind allesamt selbstversorgungsunfähig.

Eine normative Sozialstaatsbegründung muß zeigen, daß die Gerechtigkeitsgemeinschaft auf die Gruppe der Selbstversorgungsunfähigen ausgedehnt werden muß, muß nicht nur Regeln für die innerkooperationsgemeinschaftliche Grundgüterverteilung entwickeln, sondern auch Regeln für eine Umverteilung von der Kooperationsgemeinschaft zu den Selbstversorgungsunfähigen vorschlagen. Eine vollständige Gerechtigkeitsgemeinschaft verlangt also, daß sich die Kooperationsgemeinschaft zur Solidaritätsgemeinschaft ausweitet. Eine vollständige Theorie der Gerechtigkeit muß sowohl Gerechtigkeitsregeln für die Kooperationsgemeinschaft als auch Regeln für die Solidaritätsgemeinschaft entwickeln. Rawls hingegen liefert nur Regeln für die interne Organisation einer Kooperationsgemeinschaft. Man darf nicht übersehen, daß sich hinter den Schlechtestgestellten keinesfalls die typische Sozialstaatsklientel verbirgt. Die Schlechtestgestellten sind bei Rawls die innerhalb der Kooperationsgemeinschaft Schlechtestgestellten: also ungelernte Arbeiter, Angehörige von Niedriglohngruppen, geringfügig Beschäftigte, aber eben keine Selbstversorgungsunfähigen. Und die vom Differenzprinzip geforderte Umverteilung, obwohl mit großem egalitaristischem Argumentationsaufwand in Szene gesetzt, bewirkt wenig mehr als eine progressive Einkommensteuer mit gestaffelten Tarifen. Aber Philosophen wollen mit ihren Argumenten ernst genommen werden. Auch wenn sich die politische Implementierung der Ausgleichsgerechtigkeit als trivial und alles andere als revolutionär ausnimmt, das sie begründende Argument von der notwendigen, die moralische Naturwillkür korrigierenden Ausgleichsgerechtigkeit geht von fragwürdigen Annahmen aus und muß darum entschieden kritisiert werden.

Daß das Differenzprinzip nicht dazu taugt, sozialstaatlicher Solidarität ein gerechtigkeitstheoretisches Fundament zu geben, wird sofort deutlich, wenn man sich die Situation vor Augen hält, in der die Verfassungswähler sich über die Grundstruktur ihrer Gesellschaft einigen sollen. Das rational-egoistische Entscheidungsprogramm, das jeder einzelne seinen Überlegungen zugrunde legt, ist auf Grundgütermaximierung ausgerichtet: Jeder will lieber mehr als weniger haben. Damit orientiert sich jeder an der Vorstellung einer lebenslangen Erwerbskarriere. Jeder stellt sich die beiden folgenden Fragen: Wie wirkt sich das zu betrachtende Prinzip auf die Grundstruktur aus? Und wie wirkt sich die Grundstruktur auf die Durchführung meines grundgütermaximierenden Lebensplans aus? Diese nutzenmaximierende Kalkulation ist *lebensplanoptimistisch*, geht von der Voraussetzung eigenverantwortlicher und eigenmächtiger Daseinsgestaltung aus. In diesem gerechtigkeitstheoretischen Ausgangsszenario ist für das Problem der Versorgung Selbstversorgungsunfähiger kein Platz. Die Verfassungswähler denken weder an Arbeitslosigkeit noch an Arbeitsunfähigkeit, nicht an Krankheit oder Behinderung. Rawls' Gerechtigkeitstheorie ist eine Gerechtigkeitstheorie für rational agierende aktive Wirtschaftsbürger. Wo die Kooperationsgemeinschaft endet, wo keine Verhältnisse wechselseitig vorteilhafter Zusammenarbeit mehr anzutreffen sind, verliert die Verteilungsgerechtigkeit Rawlsschen Zuschnitts ihre Zuständigkeit.

Obwohl wegen der Wiederentdeckung des Themas der sozialen Gerechtigkeit so hochgelobt, hat Rawls doch gerade den Bereich gerechtigkeitstheoretisch völlig ausgeklammert, den wir vordringlich mit dem Thema der sozialen Gerechtigkeit assoziieren, nämlich den Bereich, der durch die Versorgungsleistungen der gesetzlichen Sozialversicherungssysteme von der Rentenversicherung über die Krankenversicherung bis zur Arbeitslosenversicherung und Sozialhilfe definiert ist, also den sozialstaatlichen Bereich. Rawls war sich über diese Lücke in seiner Gerechtigkeitstheorie freilich im klaren. Er wußte, daß nur eine idealisierende Theorie, die sowohl Vollbeschäftigung wie lebenslange Arbeitsfähigkeit der Bürger unterstellt, das solidaritätsgemeinschaftliche Gerechtigkeitsproblem ignorieren kann. In dem Maße, in dem die Realität hinter diesen Idealvorstellungen zurückbleibt, muß sich Rawls' Theorie als unvollständig und ungenügend erweisen. »Wir unterstellen«, so Rawls in den *Dewey Lectures,* »daß alle Bürger während ihres ganzen Lebens durchgängig miteinander kooperierende Gesellschaftsmitglieder sind. Das heißt, daß jeder über hinreichend intellektuelle Fähigkeiten verfügt, um am gesellschaftlichen Leben auf normale Weise teilzunehmen, daß keiner an ungewöhnlichen Bedürfnissen leidet, die besonders schwierig zu erfüllen sind und etwa ungewöhnliche und kostenträchtige medizinische Versorgungsleistungen verlangen.« Rawls gibt zu, daß »die Versorgung solcher Personen mit solchen Bedürfnissen ein drängendes praktisches Problem« darstellt. Aber daß diese Frage im Horizont seiner Theorie nicht zur Beantwortung ansteht, wird sofort deutlich, wenn er anmerkt, daß innerhalb seiner Konzeption »das fundamentale Problem der sozialen Gerechtigkeit allein zwischen denjenigen entsteht, die als aktive, vollbeschäftigte und moralkompetente Bürger an der Gemeinschaft partizipieren und ihr ganzes Leben direkt und indirekt miteinander kooperativ verbunden sind«[42].

Aufgrund dieses gerechtigkeitstheoretischen Defizits wird man auch die Einschätzung revidieren müssen, die Rawls zum politischen Philosophen der Sozialdemokratie erklärt, weil sich in seiner Gerechtigkeitstheorie die Grundzüge des herrschenden sozialdemokratischen Zeitalters philosophisch spiegeln würden.[43] Wenn wir bedenken, daß die Etablierung und Aufrechterhaltung eines Wohlfahrtsstaats aus Gründen der sozialen Gerechtigkeit zum Bestand sozialdemokratischer Kernüberzeugungen gehört, dann müssen wir diese Einschätzung zurückweisen. Rawls liefert keine Wohlfahrtsstaatsbegründung. Denn eine Wohlfahrtsstaatsbegründung verlangt einen ungeteilten Gerechtigkeitsbegriff, der sich nicht auf die Verteilungsprobleme innerhalb der Kooperationsgemeinschaft beschränkt, sondern den Bereich der Solidargemeinschaft einbezieht, der die Gesellschaft also nicht ausschließlich als güterproduzierende Kooperationsgemeinschaft betrachtet, sondern als spannungsreichen Verbund von Kooperationsgemeinschaft und Solidargemeinschaft.

Rawls' Kritik des Utilitarismus

Rawls' Gerechtigkeitstheorie begreift sich ausdrücklich als eine utilitarismuskritische, dem Utilitarismus überlegene ethische Konzeption. Die Auseinandersetzung mit den Vorstellungen des Utilitarismus – der seit Beginn des 19. Jahrhunderts die moralphilosophische Standardtheorie des englischen, amerikanischen und australischen Kulturkreises darstellt und darüber hinaus die Grundlagenreflexionen der Wohlfahrtsökonomie bestimmt[44] – spielt in seiner Argumentation eine bedeutende Rolle. Auch die nach Rawls entwickelten, von ihm inspirierten oder sich von ihm absetzenden Konzeptionen der politischen Philosophie sind entschieden antiutilitaristisch. Selbst die Kommunitaristen, die in allem das genaue Gegenteil liberaler und radikalliberaler Positionen vertreten, teilen mit ihm doch die antiutilitaristische Einstellung. Man kann also sagen, daß der Antiutilitarismus ein durchgehendes, in allen Fraktionen der zeitgenössischen politischen Philosophie gleichermaßen anzutreffendes Theoriemotiv ist.[45]

Was ist Utilitarismus?

Der Utilitarismus ist keine deontologische, sondern eine teleologische ethische Theorie. Eine deontologische Ethik – zum Beispiel die Kantische Moralphilosophie – enthält ein System von Normen, denen unbedingte, ausnahmslose Gültigkeit zugesprochen wird. Eine deontologische Handlungsorientierung hat allein diese Regeln zu berücksichtigen und auf einen durch keine Handlungsfolgenabwägung getrübten Normvollzug zu achten. Für den Utilitarismus ist das ein realitätsblinder, die Wechselfälle des Lebens ebenso wie die legitimen menschlichen Bedürfnisse und Interessen mißachtender Regelfetischismus. Für ihn rückt die Handlungsfolgenbetrachtung in den Mittelpunkt moralischer Überlegungen. Der Utilitarismus macht die moralische Qualität einer Handlung mithin von der Qualität ihrer Folgen abhängig, nicht von der Regelkonformität. Handlungen sind danach zu beurteilen, ob sie »Utilität« besitzen, d.h., aufgrund ihrer Folgen nützlich sind.

Nützlich ist etwas nicht an sich, sondern immer nur in Hinblick auf anderes. Der Utilitarismus bedarf also einer Zweck- oder Werttheorie, die den Nützlichkeitsmaßstab festlegt und es so ermöglicht, die für die moralische Qualität einer Handlung wichtige Nutzenmenge zu bestimmen. Der Utilitarismus besteht demnach aus einer Kombination von Konsequentialismus – so bezeichnet man die metaethische Position, die die Handlungsfolgenbetrachtung an die Stelle der Regelkonformität setzt – und Werttheorie, die das Ziel benennt, in Hinblick auf dessen Erreichen Nützlichkeitsbeurteilungen erfolgen können. Welcher Werttheorie man sich im einzelnen verschreibt, ist letztlich gleichgültig. Der Utilitarismus selbst verfügt über kein Kriterium, das eine rationale Auswahl unter konkurrierenden Werttheorien ermöglichte. Jeremy Bentham, der Vater des Utilitarismus, hat einen quantitativen Hedonismus vertreten, John Stuart Mill hingegen einen qualitativen Hedonismus, andere, zum Beispiel G.E. Moore, sind in der Wahl ihrer Wertbasis anspruchsvoller und elitärer gewesen. Der von der Mehrzahl der Vertreter dieser ethischen Doktrin gewählte Wert, gleichsam der utilitaristische Normalwert, ist jedoch das menschliche Glück.

Dabei orientiert sich der Utilitarismus an keiner ein für alle Male festgelegten, allgemeingültigen, möglicherweise aus einer überindividuellen Menschennatur abgeleiteten oder sonstwie philosophisch oder theologisch fundierten Glücksdefinition. Für ihn ist das menschliche Glück das, was die Menschen, die Betroffenen, dafür halten. Der Utilitarismus ist somit eine empiristische Ethik. Die Mittel zur Erzielung von Glück lassen sich nicht a priori bestimmen. Die Erkenntnis des Glücks wie auch die Erkenntnis der das Glück maximierenden Mittel und damit die Auszeichnung der nützlichsten, der zweckförderlichsten Handlung sind allein eine Sache der Erfahrung.

Wie der rationale Egoismus ist der Utilitarismus eine Theorie der rationalen Wahl, aber sonst bildet er dessen genaues Gegenteil. Denn nicht das ausschließliche Glück des Handelnden hat den Bezugspunkt der Utilitätsprüfung der Handlungsalternativen abzugeben, sondern die Glückbedürfnisse und Interessen aller, wobei gilt, daß das Interesse keines Individuums einen Vorrang besitzt vor dem Interesse eines anderen.

Faßt man die Teilbestimmungen der utilitaristischen Ethik zusammen, das Konsequenzenprinzip, die empirisch-demokratische Glücksorientierung und die Ausrichtung auf die Allgemeinheit, dann ergibt sich folgende moralische Erkenntnisregel: »Diejenige Handlung ist moralisch richtig, deren Folgen für das Glück und das Wohlergehen aller (Betroffenen) optimal sind«; oder als Handlungsmaxime formuliert: »Handle so, daß die Folgen deiner Handlungen für das Glück und Wohlergehen aller (Betroffenen) optimal sind«, und das heißt im einzelnen: »Wähle unter den dir von der Situation zur Verfügung gestellten Handlungsmöglichkeiten die aus, die für das Glück und Wohlergehen aller (Betroffenen) am förderlichsten ist.«

Der Utilitarismus instrumentalisiert die Handlung; allein ihre Zweckdienlichkeit und ihre Folgenträchtigkeit zählen. Handlungen haben keinen intrinsischen, sondern nur einen konsequentiellen Wert. Aufgrund dieses Werkzeugcharakters kann es für den Utilitarismus keine Handlung geben, die von vornherein und für sich selbst moralisch falsch wäre. Die von der traditionellen Moralphilosophie mit Entrüstung abgelehnte jesuitische Maxime vom Zweck, der die Mittel heiligt, ist für den Utilitarismus eine Selbstverständlichkeit. Der Zweck heiligt die Mittel, und seien diese auch Lüge, Betrug, Vertrauensbruch, Folter, Mord etc. Sollte sich jemand unter Berufung auf seine moralische Integrität, auf andersgeartete moralische Grundüberzeugungen entziehen wollen, wenn der Utilitarismus beispielsweise die Ausführung von Folter und Tötungshandlungen von ihm verlangt, und den Gesichtspunkt der Zweckdienlichkeit für moralisch irrelevant erklären, dann wird der Utilitarismus das nicht gelten lassen; für ihn ist jeder ein Funktionär des Allgemeinwohls und auch in schrecklichsten Situationen verpflichtet, seine Kosten-Nutzen-Rechnung anzustellen; eine derartige rationale Situationsbehandlung ist für den Utilitarismus immer möglich. Für ihn gibt es immer eine eindeutig bessere und eindeutig schlechtere Entscheidung.

Eine weitere Schwäche des Konsequentialismus ist die folgende: Als empirische Ethik leidet der Utilitarismus unter der Einschränkung der Erfahrungserkenntnis. Jede Handlung ist mit einer prinzipiell unendlichen Folgensequenz verbunden, die der Mensch jedoch aufgrund der kognitiven Unverfügbarkeit des Zukünftigen nicht auszumessen in der Lage ist.[46] Ein vollständiges Konsequenzenwissen wäre allein Gott möglich. Menschen können sich nur an ihrer Erfahrung orientieren, und die ist unterschiedlich. Insofern hängt das moralische Urteil des Utilitarismus notwendig vom Erfahrungsstand des Urteilenden ab. Darüber hinaus gilt, daß sich die Folgeneinschätzung als falsch erweisen kann, wenn nicht aus dem Blickwinkel der unmittelbar Betroffenen heraus, so doch vielleicht aufgrund der Interessenlage einer späteren Generation, so daß der Utilitarismus notwendig die Richtigkeit des moralischen Urteils als relativ in Hinblick auf den Beurteilungszeitpunkt betrachten muß. Die einzuschätzenden Handlungsfolgen sind immer die Handlungsfolgen von gestern, und die Zukunft, auf die die utilitaristische Ethik ausgerichtet ist, kann von dieser nur als induktive Verlängerung der Vergangenheit bewältigt werden. Der Utilitarismus muß von einer hypothetischen Fortdauer der Gültigkeit vergangener Erfahrungen ausgehen. Diese kognitive Barriere führt dazu, daß die greifbaren Betroffenen stets die noch nicht anwesenden Betroffenen, die möglicherweise in wesentlich fundamentalerer Hinsicht betroffen sein werden, majorisieren. Wird die Folgenwirksamkeit der Handlungen durch den Erfahrungshorizont bestimmt, dann wird die Bedürfnis- und Interessenlage der Gegenwärtigen kritiklos ausgezeichnet.

Der Begründer des Utilitarismus, Jeremy Bentham, hat das Ziel verfolgt, die Methode der Mathematik und Naturwissenschaft auf den Bereich der Moral und Politik zu übertragen und zu diesem Zweck einen hedonistischen Kalkül entwickelt, der die eindeutige Anwendbarkeit der utilitaristischen Maxime in jeder Situation gestattet. Dieser Kalkül begründet ein Verfahren der rationalen Wahl und bestimmt das moralisch verbindliche Ziel, den kollektiven Gesamtnutzen, als Summe der individuellen Nutzenmengen. Auf der Basis von Informationen über die Bedürfnisse und Interessen der Betroffenen ist die Befriedigung resp. Frustration, die eine Handlung hervorruft, für Bentham nach sieben Kriterien zu berechnen: nach ihrer Intensität, ihrer Dauer, dem Gewißheitsgrad der Befriedigungs- resp. Frustrationserwartung, der Eintrittsnähe, der Folgenträchtigkeit und

Reinheit (Problem der Sekundärfolgen) und schließlich nach dem quantitativen Wirkungsradius (Anzahl der Betroffenen). Sind nun Befriedigung (B) und Frustration (F) für den einzelnen bestimmt, wird durch einfache Subtraktion der F-Menge von der B-Menge die individuelle, positiv oder negativ ausfallende B-Bilanz erstellt und durch Addition der individuellen B-Bilanzen der Betroffenen die kollektive B-Bilanz errechnet. Der soziale Nutzwert einer Handlung bemißt sich nach der mathematisch gleicherweise einfach wie exakt kalkulierbaren Nettomenge an Befriedigung. Als gesellschaftlicher Nutzen gilt nichts anderes als die arithmetische Summe des Wohlbefindens aller einzelnen.

Der Utilitarismus verallgemeinert das Verfahren privater Entscheidungsfindung und versucht, durch Verwissenschaftlichung der einzelnen Verfahrenselemente ein Maximum an Rationalität zu erzielen. Aber die Voraussetzungen der Verwissenschaftlichung sind es gerade, die ihn in große Schwierigkeiten stürzen. Der Utilitarismus muß die Meßbarkeit und Vergleichbarkeit aller Befriedigungswerte postulieren und die Gleichwertigkeit aller Interessen fordern. Auch wenn Benthams Annahme einer kardinalen Quantifizierbarkeit aller Befriedigungswerte, in der sich der ungetrübte Wissenschaftsoptimismus der bürgerlichen Frühzeit artikuliert, bald aufgegeben wurde und der Traum von einem hedonistischen Urmeter für immer zu den Akten gelegt wurde, muß der Utilitarismus doch an dem Meßbarkeits- und Vergleichbarkeitspostulat festhalten. Politik wird sich nicht zur Lustquantenzählung verwissenschaftlichen lassen; mehr als eine ordinale Messung, mehr als ein Aufstellen von Präferenzskalen und Wert- und Interessenhierarchien wird sich nicht erreichen lassen. Aber wenn der Utilitarismus mit seinen szientistischen Illusionen nicht auch sich selbst preisgeben will, darf er die Möglichkeit eines interpersonellen Nutzenvergleichs nicht in Frage stellen. Doch wie sollen, wenn sich die Quantifizierung als Chimäre erweist, die Vergnügungen von Besuchern einer avantgardistischen Theatervorstellung mit den Vergnügungen einer Preisskatrunde verglichen, wie die Frustrationen wegrationalisierter Arbeitsloser mit der Freude der Empfänger höherer Dividenden verrechnet werden?

Die größte unter den zahlreichen Schwächen des Utilitarismus ist seine Indifferenz gegenüber Gerechtigkeitsüberlegungen. Die Orientierung an dem kollektiven Gesamtnutzen berücksichtigt nicht dessen Verteilung. Die Betroffenengleichheit des Utilitarismus ist durchaus mit gerechtigkeitswiderstreitender Ungleichverteilung vereinbar. Wenn jemand sich über zwei Äpfel doppelt freut, ist der kollektive Gesamtnutzen genauso groß wie bei einer Verteilung dieser beiden Äpfel auf zwei Personen. Wenn von zwei möglichen Handlungen, die denselben kollektiven Gesamtnutzen hervorbringen, die eine den Nutzen auf eine kleine Zahl von Personen, die andere ihn hingegen auf viele oder alle verteilt, so sind utilitaristisch gesehen beide Handlungen gleichwertig, jedoch würden wir nach unserer Gerechtigkeitsüberzeugung die eine Handlung als ungerecht und die andere als gerecht beurteilen. Will der Utilitarismus diese Schwäche vermeiden, muß er sein Kardinalprinzip der Nützlichkeit nach Maßgabe übergeordneter Gerechtigkeits- und Fairneßgrundsätze relativieren.

In seiner sozialethischen Ausprägung verlangt der Utilitarismus, eine Gesellschaft so zu ordnen, daß ihre Institutionen und Regelsysteme dafür sorgen, daß sie die größte Summe der Befriedigung für die Gesamtheit ihrer Mitglieder hervorbringen. So wie wir uns bei unserer rationalen Lebensgestaltung aus unserer Gegenwartsverhaftetheit reflexiv und imaginativ lösen und gegenwärtige und zukünftige Gewinne und Verluste gegeneinander aufrechnen können, so kann eine Gesellschaft aus utilitaristischer Perspektive Wohl und Wehe ihrer verschiedenen Mitglieder gegeneinander aufrechnen. Der Utilitarismus impliziert die Position eines unparteiischen Betrachters und unterstellt, daß prinzipiell jeder diese Position einnehmen kann, von der aus Befriedigungen und Enttäuschungen miteinander verrechnet werden, von der aus die Glücks- und Unglücksprofile der einzelnen Individuen miteinander verglichen werden können. Der Utilitarismus dehnt also das Kosten-Nutzen-Abwägungsprinzip, das die Entscheidungen der Einzelmenschen bei ihrer Lebensplanung rationalisiert, auf die Gesamtgesellschaft aus, betrachtet damit die Gesamtgesellschaft als Aggregat von Interesseneinheiten, deren Wohlbefinden aus der Perspektive des unparteiischen Beobachters maximiert werden soll.

Der Utilitarismus ist mit unseren intuitiven Vorstellungen von persönlicher Integrität, Selbstbestimmung und Eigenrecht nicht vereinbar: Wir können für uns bei der Entscheidung zwischen Handlungsalternativen Nachteile und Vorteile gegeneinander abwägen, d.h., wir können unsere Vorteile und unsere Nachteile gegeneinander aufrechnen; aber es ist nicht vertretbar, die Vorteile und Nachteile verschiedener Menschen miteinander zu verrechnen und die Nachteile des einen durch die Vorteile des anderen zu kompensieren oder die Besserstellung des einen durch die Schlechterstellung des anderen zu bezahlen. Der Utilitarismus betrachtet – das insbesondere wirft ihm Rawls vor – die Gesellschaft nach dem Modell des Einzelmenschen; er konzipiert die Gesellschaft als großformatigen nutzenmaximierenden Egoisten und kann daher die Verschiedenheit der Individuen moralisch und rechtlich nicht ernst nehmen. Der individuelle Mensch erscheint ihm nicht als ein mit unveräußerlichen Rechten begabtes Wesen, sondern als ein Glückscontainer, als Träger verrechenbarer Befriedigungs- und Enttäuschungseinheiten.

Der sozialethische Utilitarismus besitzt drei große Mängel: 1. Er ist indifferent und zeigt gegenüber der Verteilungsweise der zu maximierenden Nutzensummen damit eine Gleichgültigkeit gegenüber Ungerechtigkeiten. 2. Außerdem ist er indifferent gegenüber der inhaltlichen Ausrichtung der individuellen Bedürfnisse. Damit erhebt er jedes Bedürfnis als solches zu einem Wert an sich und ist unfähig, zwischen sozialschädlichen und sozialfreundlichen Interessen und Bedürfnissen zu unterscheiden; er stellt, pointiert gesprochen, den Menschenquäler und den Sozialarbeiter auf die gleiche Anspruchsstufe. Konsequenz dieser Indifferenz ist die Annahme der Vergleichbarkeit aller Bedürfnisse und Interessen, damit die Annahme der Anwendbarkeit eines Vergleichsmaßstabs auf alle verschiedenen individuellen Glücksstrategien. 3. Der Utilitarismus entwürdigt das Individuum zu einem Träger verrechenbarer Glücks- und Leideinheiten; das führt letztlich zu einer moralischen und rechtlichen Entindividualisierung des Individuums, zur Einebnung der qualitativen Differenz der Individuen.

Diese drei Schwächen spiegeln sich in der utilitaristischen Gesellschaftskonzeption, die die Gesellschaft als überdimensionierten Einzelmenschen betrachtet, als selbständiges Bedürfnissystem, dessen Befriedigung der unparteiische Beobachter durch den wirkungsvollen Einsatz der gesellschaftlichen Hilfsmittel zu maximieren sucht. Grund dieser drei Schwächen ist die Nachordnung des Rechten nach dem Glück und der Wohlfahrt und damit die Unterwerfung von Recht, Gerechtigkeit und Menschenwürde unter befriedigungsmaximierende Nützlichkeitserwägungen.

Utilitarismuskritik und egalitäre Gerechtigkeit

Rawls' kontraktualistische Gerechtigkeitstheorie gehört zur Familie der deontologischen Ethiken. Sie ist mit jeder teleologischen Ethik unvereinbar, nicht nur mit dem sich an den menschlichen Bedürfnissen orientierenden Utilitarismus, auch mit dem sich an menschlichen Idealen orientierenden Perfektionismus. Eine perfektionistische Gerechtigkeitstheorie würde von den Institutionen der Gesellschaft bestimmte Vervollkommnungsleistungen verlangen, würde sie in den Dienst der Förderung des Ideals stellen. Dieses mag letztlich aussehen, wie es will: Es kann in der Hervorbringung kultureller oder wissenschaftlicher Gipfelleistungen bestehen, in der Beförderung exzellenten Menschentums, in der Sicherung und Pflege einer bestimmten Lebensform. Der Einwand, den Rawls gegen perfektionistische Gerechtigkeitstheorien, gegen idealorientierte Gesellschaftsordnungen richtet, wiederholt eine Einsicht Kants: Es ist nicht zu erwarten, daß die Menschen eine gemeinsame Vorstellung des Guten besitzen und sich auf ein Ideal, auf Ziel- und Zweckorientierungen einigen können, an denen sich die Perfektionspolitik der gesellschaftlichen Grundordnung ausrichten könnte. Der in modernen Gesellschaften zumindest herrschende Pluralismus des Guten, der Ideale, Zwecke und Ziele macht den Perfektionismus zu einer überaus problematischen gerechtigkeitstheoretischen und sozialethischen Grundlage.

Der antiutilitaristische Grundzug der Rawlsschen politischen Philosophie wird besonders deutlich im Umkreis des ersten Gerechtigkeitsprinzips und der von ihm geforderten Freiheitsstrukturen und Rechtsinstitutionen. Das zweite Gerechtigkeitsprinzip hingegen zeigt dieses klare antiutilitaristische Profil nicht. Zumindest in seiner egalitaristischen Deutung, als Grundprinzip der demokratischen Gleichheit, zeigt das Differenzprinzip Eigenschaften, die auch dem Utilitarismus anhaften. Mehr noch, gerade Rawls' Haupteinwand gegen den Utilitarismus, daß dieser den Einzelmenschen nicht ernst nehme und ihn zu einer Verrechnungseinheit innerhalb einer kollektivistischen Gesamtrechnung mache, scheint mit gleichem Recht auch auf seine egalitaristische Lesart des Differenzprinzips zuzutreffen. Denn das Differenzprinzip bedeutet

»faktisch, daß man die Verteilung der natürlichen Gaben in gewisser Hinsicht als Gemeinschaftssache betrachtet [...]. Wer von der Natur begünstigt ist, sei es, wer es wolle, der darf sich der Früchte nur so weit erfreuen, wie das auch die Lage der Benachteiligten verbessert. Die von der Natur Bevorzugten dürfen keine Vorteile haben, bloß weil sie begabter sind, sondern nur zur Deckung der Kosten ihrer Ausbildung und zu solcher Ausbildung und zu solcher Verwendung ihrer Gaben, daß auch den weniger Begünstigten geholfen wird. Niemand hat seine besseren natürlichen Fähigkeiten oder einen besseren Startplatz in der Gesellschaft verdient. Doch das ist natürlich kein Grund, diese Unterschiede zu übersehen oder gar zu beseitigen. Vielmehr läßt sich die Grundstruktur so gestalten, daß diese Unterschiede auch den am wenigsten Begünstigten zugute kommen. Man wird also auf das Unterschiedsprinzip geführt, wenn man das Gesellschaftssystem so gestalten möchte, daß niemand von seinem zufälligen Platz in der Verteilung der natürlichen Gaben oder seiner Ausgangsposition in der Gesellschaft Vor- oder Nachteile hat, ohne Ausgleich zu geben oder zu empfangen.« (TG 123)

Die Gerechtigkeitskonzeption des egalitaristischen Differenzprinzips läuft somit auf eine Art Konfiszierung der natürlichen Talente, Fähigkeiten und Anlagen hinaus, auf eine rektifizierende Begabungsbewirtschaftung, die die natürlichen Kapazitäten und Leistungsdispositionen in Produktivitätshaftung nimmt. Das Individuum mit günstigen natürlichen und sozialen Ausgangsbedingungen wird vor das egalitaristische Tribunal gezogen und dann auf den Markt geschickt, um ein hohes Einkommen zu erzielen, damit es seine unverdiente Bevorzugung durch eine hohe Steuer- und Abgabenquote abarbeiten und sich durch derartige Gemeinnützigkeit ihrer würdig erweisen kann. Man muß mit seinen natürlichen Pfunden wuchern und die erzielten Zinsen den weniger Begünstigten zukommen lassen. Die Gesellschaft wird zur Treuhandgesellschaft, die die Talente wie ein Wertdepot verwaltet und auf günstige kompensationspolitische Verwertungsbedingungen bedacht ist.

Die Idee, die natürlichen Eigenschaften der Menschen in einen Talentpool zu geben und als »Gemeinschaftssache« zu betrachten, sie kollektiv zu bewirtschaften und gesamtgesellschaftlich zu investieren, damit ein möglichst großer Umverteilungsertrag erzielt werden kann, durch den die Besserstellung der natürlich und familiär Benachteiligten finanziert werden kann, setzt sich der Kritik aus, daß sich hier das egalitaristische Engagement weit über die Voraussetzungen des normativen Individualismus hinwegsetzt. Es ist nicht zu übersehen, daß hinter der Idee der gesellschaftlichen Bewirtschaftung der natürlichen Begabungsausstattungen genau dieselbe mangelhafte Individualitätskonzeption steckt, die Rawls dem Utilitarismus vorgeworfen hat und die zu korrigieren erklärtermaßen ein zentrales Motiv der deontologischen Gerechtigkeitsphilosophie Rawls' ist. Jedoch ist Rawls' immer wieder herausgestellter Kantianismus nicht mit seinem egalitaristischen Differenzprinzip vereinbar.

Müssen nicht die Bevorzugten den Eindruck gewinnen, von dem gesellschaftlichen Verteilungsarrangement nur als Mittel, nämlich im Wortsinn: als Produktionsmittel für eine kompensatorische Umverteilungswirtschaft, behandelt zu werden? Jemand, der die natürlichen Fähigkeiten der Individuen in einen gesellschaftlich zu bewirtschaftenden Pool gibt und das Prinzip des Privatbesitzes an den eigenen natürlichen Produktionsmitteln aufhebt, nimmt wirklich nicht die Eigenständigkeit und Distinktheit der Personen ernst, sondern reduziert sie auf einen kontingenten Behälter kollektiv besessener Eigenschaften.

3. Die philosophische Begründung der Gerechtigkeitsprinzipien

Vertrag und Gerechtigkeit

Rawls bezeichnet seine Theorie ausdrücklich als moderne Version der klassischen Vertragslehre, die versuche, »die herkömmlichen Theorien des Gesellschaftsvertrags [...] zu verallgemeinern und auf eine höhere Abstraktionsstufe zu heben«, und die »dabei zu einer klareren Erkenntnis der Hauptstrukturen des Gerechtigkeitsbegriffs im Sinne der Lehre vom Gesellschaftsvertrag« führen soll. (TG 12) Allerdings weicht dieser moderne Kontraktualismus beträchtlich von dem Vertragskonzept der frühen Neuzeit, insbesondere Hobbes' und Lockes, ab. Bei Rawls und den anderen »neo-contractarians« Nozick, Buchanan und Gauthier[47] dient der Kontraktualismus ausschließlich der prinzipientheoretischen Grundlegung sozialer und politischer Gerechtigkeit. Es ist ein rechtfertigungstheoretischer Kontraktualismus, der ein Rechtfertigungsverfahren für moralische, soziale und politische Prinzipien darstellt. Das Vertragsmodell wird hier mit einer politisch-ethischen Problemstellung konfrontiert, die dem klassischen Kontraktualismus gänzlich fremd war. Bei Hobbes und Locke dient der Vertrag der Legitimation staatlicher Herrschaft. Diese Beziehung zur legitimationstheoretischen Problemstellung fehlt dem modernen Kontraktualismus jedoch völlig. Herrschaftslegitimation im prinzipiellen Sinne, also Rechtfertigung der Herrschaft von Menschen über Menschen überhaupt, gehört nicht zu den Themen der gegenwärtigen politischen Philosophie.[48]

Die politische Philosophie der Gegenwart ist vornehmlich politische Ethik; an der genuin staatsphilosophischen Aufgabe, die Errichtung staatlicher Herrschaft als rational begründete Handlung zu beweisen, hat sie kein besonderes Interesse. Doch stützt sich auch ihr Programm der kontraktualistischen Entwicklung und Rechtfertigung politikethischer und sozialethischer Prinzipien auf dasselbe Strukturmoment der Vertragsfigur, das für den revolutionären Charakter der neuzeitlichen kontraktualistischen Legitimation staatlicher Herrschaft verantwortlich ist, auf das Moment der Geltungsstiftung durch die autonome Zustimmung aller. In diesem Konsensualismus gründet die legitimationstheoretische Attraktivität des klassischen Kontraktualismus, in ihm gründet auch die rechtfertigungstheoretische Attraktivität des modernen Kontraktualismus.[49]

Die vertragstheoretische Rechtfertigung staatlicher Herrschaft beruht auf der Rückführung der freiheitseinschränkenden politischen Ordnung auf die Zustimmung und freiwillige Selbsteinschränkung der Herrschaftsunterworfenen. Um das protagonistische unendlich freie Individuum zu der legitimitätsstiftenden Selbsteinschränkung und Herrschaftsbilligung, zur Aufgabe seiner natürlichen Freiheit also, zu motivieren und damit das Theorieziel gerechtfertigter Herrschaft zu erreichen, entwickelt die Vertragstheorie das Naturzustandstheorem. Es hat den Nachweis zu liefern, daß ein Zustand, in dem alle staatlichen Ordnungs- und Sicherungsleistungen fehlen und jeder seine Interessen auf eigene Faust und mit allen ihm geeignet erscheinenden und verfügbaren Mitteln verfolgt, zu einem virtuellen Krieg eines jeden mit einem jeden führen müßte und daher für jedermann untragbar sein würde. Das e contrario arbeitende Naturzustandsargument zeigt folglich, daß es in jedermanns Eigeninteresse liegt, den anarchischen, vorstaatlichen Zustand zu verlassen, die sich als aporetisch erweisende absolute Freiheit aufzugeben und eine Koexistenz verbürgende politische, machtbewehrte Ordnung zu etablieren. Die zur Einrichtung des staatlichen Zustands notwendige individuelle Freiheitseinschränkung ist nur unter der Rationalitätsbedingung der Wechselseitigkeit zumutbar, ist also nur möglich auf der Basis eines Vertrags, in dem die Naturzustandsbewohner sich wechselseitig zur Aufgabe der natürlichen Freiheit und zu politischem Gehorsam verpflichten. Der die naturzustandstheoretische Einsicht – »exeundum e statu naturali«, »der Naturzustand muß verlassen werden« – verwirklichende Vertrag der Individuen untereinander ist uno actu Gesellschafts- und Herrschaftsvertrag: Vergesellschaftung, und das meint ganz unemphatisch: Koexistenz von rationalen Egoisten, ist nur möglich bei gleichzeitiger Etablierung einer gesellschaftsbeaufsichtigenden, mit unwiderstehlichen Machtmitteln ausgestatteten Herrschaftsordnung.

Grundlinien kontraktualistischer Prinzipienrechtfertigung

Das kontraktualistische Motto lautet: »volenti non fit iniuria«, »dem willentlich Zustimmenden kann aus dem, dem er zustimmt, kein Unrecht erwachsen«. Wenn jemand mit anderen eine vertragliche Vereinbarung trifft, gibt er seine Zustimmung zu den Pflichten und Rechten, die ihm und den anderen aufgrund dieser Vereinbarung zugeteilt werden. Sofern seine Zustimmung freiwillig erfolgt ist und faire Vertragsverhandlungen stattgefunden haben – erpreßte Zustimmungen sind sittenwidrig –, hat er kein Recht, sich über die aus dieser vertraglichen Vereinbarung folgenden normativen Konsequenzen zu beklagen, und muß sie als verbindlich akzeptieren. Die Rechtfertigung von Rechten und Pflichten durch vertragliche Zustimmung stützt sich auf die Annahme, daß jemand, der freiwillig, also ungezwungen und nicht erpreßt, einen Vertrag schließt, seine wohlbedachten Interessen wahrt und sich auf nichts einläßt, was ihm zum Schaden gereichen könnte. Diese Annahme impliziert neben der Freiwilligkeitsbedingung auch die Voraussetzung, daß die Vertragspartner einander als gleichberechtigte Personen respektieren und ihre Übereinkunft unter Bedingungen herbeiführen, die fair sind und jede Übervorteilung des einen durch den anderen ausschließen.

Wie der staatsphilosophische Kontraktualismus die Autorität des Staates auf eine Zustimmung aller Herrschaftsunterworfenen zurückführen möchte, so will der rechtfertigungstheoretische Kontraktualismus die Verbindlichkeit der gesellschaftlichen und politischen Institutionen im Konsens aller Gesellschaftsmitglieder begründen. Wie ein Vertrag zwischen zwei Personen unter der Bedingung ihrer beiderseitigen Freiheit und Gleichberechtigung die wechselseitige Verbindlichkeit der vereinbarten Rechte und Pflichten begründet, so könnte eine vertragliche Übereinkunft, in der sich alle Gesellschaftsmitglieder unter der Voraussetzung gleicher Freiheit und fairer Vertragsbedingungen einmütig auf eine institutionelle Ordnung ihres Zusammenlebens einigen würden, die allgemeine Verbindlichkeit dieser Verfassungsordnung begründen. Denn über eine solche Verfassung, die durch den Vertrag aller Gesellschaftsmitglieder zustande gekommen wäre, der also jedermann freiwillig und in seinem wohlerwogenen Eigeninteresse zugestimmt hat, könnte sich niemand beklagen, denn – »volenti non fit iniuria«. Eine solche Gesellschaftsordnung könnte somit zu Recht den Anspruch erheben, mit dem Willen eines jeden übereinzustimmen und für alle gleichermaßen verbindlich zu sein.

Die kontraktualistische Konzeption der Legitimation einer institutionellen Grundordnung beruht auf der Autonomie des neuzeitlichen Menschen. Autonomie besagt, daß jede Person frei ist, die Prinzipien und Ziele ihres Handelns selbst zu bestimmen.

Da die oberste gesetzgebende göttliche Autorität der Tradition in unseren säkularisierten Zeiten keine akzeptable Berufungsinstanz mehr ist und den Erfordernissen einer rationalen Verbindlichkeitsbegründung nicht genügen kann, muß es jedem einzelnen anheimgestellt werden, welche Grundsätze er als verbindliche Handlungsregeln anerkennt. Das autonome Individuum ist der uneingeschränkte Herr seiner Verbindlichkeiten: Nur das kann eine rechtmäßige Freiheitseinschränkung seines Handelns sein, was es selbst als eine Freiheitseinschränkung seines Handelns will. Daher kann eine unter dieser Autonomiebedingung akzeptable Normenrechtfertigung nur eine solche sein, die von der Autonomie der Person ausgeht, für die diese Normen gelten sollen. Das besagt jedoch, daß eine Rechtfertigung von Grundsätzen des gesellschaftlichen Zusammenlebens und von gesellschaftsgestaltenden ethischen Prinzipien die Zustimmung und Billigung aller Beteiligten verlangt. Das läuft darauf hinaus, daß der Rechtfertigungsnachweis auf dem Nachweis der allgemeinen Zustimmungsfähigkeit beruht. Sofern eine Gesellschaft Regeln des Handelns und der Güterverteilung braucht, sofern diese Regeln allgemein gelten und verbindlich sein sollen, muß die Rechtfertigung dieser Regeln darauf abzielen, ihre allgemeine Zustimmungsfähigkeit zu erweisen. Und umgekehrt gilt: Nur solche Normen sind allgemeingültig und verbindlich, denen alle zustimmen können.[50] Aber was bedeutet diese allgemeine Zustimmungsfähigkeit?

Schon Hume hat darauf aufmerksam gemacht, daß menschliche Gesellschaften sich noch nie durch eine vertragliche Übereinkunft und einmütige Einigung auf eine institutionelle Grundordnung konstituiert haben. Auch wenn eine Gesellschaft auf der Basis einer vertraglichen Einigung eine neue Verfassung erhalten sollte, würde natürlich angesichts der vorhandenen sozioökonomischen Ungleichheiten und Machtverhältnisse nie eine faire Übereinkunft zustande kommen können – außerdem dürfte von einer solchen Übereinkunft nicht die geringste Verpflichtungswirkung auf alle nicht am Vertrag beteiligten Personen erwartet werden. Ein empirischer Kontraktualismus erlebt in den heranwachsenden und nachfolgenden Generationen seine natürliche Grenze. Das heißt also: Ebensowenig wie der klassische Kontraktualismus eine realistische Konzeption des Vertrags vertreten hat, kann der rechtfertigungstheoretische Kontraktualismus von wirklichen Übereinkünften ausgehen – anderenfalls müßte durch eine tägliche Verbindlichkeitsdemoskopie die Autoritätsreichweite der gesellschaftlichen und politischen Institutionen ermittelt werden. Auch die gegenwärtigen Anhänger der Vertragstheorie begreifen den Vertrag nicht als etwas Wirkliches oder als etwas, was zu verwirklichen wäre, sondern nur als hypothetische Konstruktion, als eine regulative Idee, als ein Gedankenexperiment.

Die Verträge des Kontraktualismus finden nur in den Köpfen der Philosophen statt. Wie aber, so lautet jetzt die entscheidende Frage, können hypothetische Verträge wirkliche Verbindlichkeiten erzeugen, denn »ein hypothetischer Vertrag ist nicht einfach eine blasse Form eines wirklichen Vertrags; er ist überhaupt kein Vertrag«[51]? Wie können Verträge, die sich allein in Gedanken ereignen, Auskunft geben über die Berechtigung des Gerechtigkeitsanspruchs wirklicher Gesellschaftsordnungen? Wir können doch nicht die Rechte und Pflichten, die wir aufgrund gerechtfertigter Prinzipien haben, ermitteln, indem wir uns fragen, welche Rechte und Pflichten wir haben würden, wenn wir uns mit allen anderen in einer eingebildeten Situation auf bestimmte normative Gerechtigkeitsgrundsätze geeinigt hätten? Wir können doch auch keine Restaurantrechnung mit hypothetischen, gedachten 100 DM bezahlen?

In der Tat erhebt sich die Frage, weshalb der Konzeption des

Gesellschaftsvertrags die Funktion eines Gerechtigkeitskriteriums zukommen kann, wenn der Gesellschaftsvertrag nur eine reine Konstruktion, ein Gedankenexperiment ist. Warum sollten sich Menschen durch Grundsätze gebunden fühlen, auf die sie sich möglicherweise im Rahmen einer bloß vorgestellten Situation mit ganz bestimmten Merkmalen geeinigt hätten, denen sie aber in Wirklichkeit niemals ihre Zustimmung gegeben haben? Die rechtfertigungstheoretische Attraktivität des Kontraktualismus wird deutlich, sobald man die Aufmerksamkeit von dem Zustimmungsereignis abzieht und sich auf die möglichen Zustimmungsmotive der hypothetischen Vertragsparteien konzentriert. Nicht darum kann die Vorstellung eines hypothetischen Vertrages als Modell der Rechtfertigung von sozialen und politischen Verfassungsprinzipien dienen, weil die Verbindlichkeit dieser Grundsätze durch eine vertragliche Übereinkunft aller Betroffenen begründet werden könnte, sondern darum, weil es gute Gründe für die Behauptung gibt, daß die beteiligten Parteien eine derartige Vereinbarung vernünftigerweise hätten treffen sollen und daß sie daher die aus dieser Übereinkunft hervorgehenden Grundsätze so betrachten sollten, als hätten sie ihnen zugestimmt.

Der Rechtfertigungszweck der kontraktualistischen Begründungstheorie hat nichts mit der Bindewirkung von Verträgen zu tun, die sich wie bei Versprechen immer nur im Fall wirklich vollzogener Selbstverpflichtungen einstellt; die Verträgen eigentümliche Normativität spielt bei der kontraktualistischen Rechtfertigung nicht die geringste Rolle.[52] Vielmehr geht es um die Gründe, die die Theorie für den Vertragsschluß anführt. Der Vertrag ist ein Kriterium, ein, wie Kant sagt, politikethischer »Probierstein«; mit seiner Hilfe lassen sich allgemein verbindliche Gerechtigkeitsprinzipien finden. Denn eben die Prinzipien sind allgemein verbindlich, auf die sich Menschen unter bestimmten fairen Bedingungen einigen würden, oder anders formuliert: die von jedermann gegenüber jedermann öffentlich begründet werden können.

Bei der kontraktualistischen Begründung geht es nicht um den Vertrag als Verpflichtungsgrund von Individuen und Verbindlichkeitsgrund von Grundsätzen, denn beides könnte ein Vertrag nur dann sein, wenn er wirklich geschlossen worden wäre, sondern es geht hier um die Gründe, die jedermann hat, sich mit anderen auf eine Gesellschaftsordnung vertraglich zu einigen. Diese Gründe sind aber genau die Gründe, die jedermann die Gesellschaftsordnung, auf die er sich mit den anderen einigen würde, als vorzugswürdig gegenüber jeder anderen Gesellschaftsordnung erscheinen lassen; und die Qualität der Gründe, die für die Gesellschaftsordnung als Gegenstand einer möglichen vertraglichen Einigung sprechen, ist gänzlich unabhängig von der Frage, ob nun ein solcher Vertrag wirklich geschlossen wird oder nicht. Der Vertrag ist also ein moralepistemologisches Kriterium; nicht um individuelle Verpflichtungswirkungen geht es, sondern um die Ermittlung universalistischer, und das meint: öffentlich von jedermann gegenüber jedermann begründbarer, normativer Prinzipien.

Die Unterstellung eines hypothetischen Aktes vertraglicher Einigung erweist sich damit im Rahmen einer kontraktualistischen Begründung sozialer und politischer Normen als entbehrliche Voraussetzung. Worauf es ankommt, das sind die Gründe, die eine einmütige Einigung aller Parteien auf diese Normen als vernünftig erscheinen lassen. Die guten Gründe, die eine Einigung als vernünftig erscheinen lassen, hängen offensichtlich eng mit der Situation zusammen, in der die gedachte Übereinkunft getroffen werden soll. In der Vertragssituation sind die Gründe in Gestalt der Situationsmerkmale zu finden. Für jede Version einer kontraktualistischen Prinzipienrechtfertigung gilt daher folgende Formel: *Hätte die Ausgangssituation nicht die Merkmale M_1, M_2, ..., M_n, dann gäbe es auch keine guten Gründe, sich auf die Prinzipien P_1, P_2, ..., P_n mit den Eigenschaften E_1, E_2, ..., E_n zu einigen.* Diese Formel zeigt deutlich, daß die Ausgangssituation in den Mittelpunkt der kontraktualistischen Begründungstheorie rückt. Ihre Gestaltung bestimmt darüber, ob das sich auf sie stützende Rechtfertigungsargument überzeugt, daher muß sie ihrerseits allgemeine Zustimmung finden. Die in sie eingehenden, von ihr interpretierten deskriptiven und normativen Voraussetzungen müssen unstrittig sein, anderenfalls bietet sie keine tragfähige Basis für eine Prinzipienbegründung, anderenfalls wird sie als arbiträre und rechtfertigungstheoretisch unfruchtbare Konstruktion verworfen werden müssen. Eine kontraktualistische Rechtfertigungstheorie hat daher immer zweierlei zu leisten: Sie muß einmal eine allgemein akzeptable Ausgangssituation entwerfen und dann die Prinzipien bestimmen, auf die sich alle Parteien auf der Grundlage dieser angenommenen Ausgangssituation einigen würden.

Rawls' Kontraktualismus

In Rawls' Kontraktualismus verbirgt sich hinter der vertraglichen Einkleidung eine Sozialwahlentscheidung, eine gemeinschaftliche Entscheidungsfindung auf der Grundlage idealisierter Bedingungen, die die Fairneß des Entscheidungsverfahrens gewährleisten und eine einmütige Entscheidung aller Parteien dadurch ermöglichen, daß sie die unterschiedlichen Interessenlagen ausblenden und so die entscheidungsvorbereitenden Überlegungen aller zusammenfallen, auf ein von jedermann zu jeder Zeit nachvollziehbares Argument zusammenschnurren lassen.

Die Gründe, die diese Idealisierung der Vertragssituation notwendig machen, sind zweifach. Die einen ergeben sich aus dem

Bemühen, ein kontraktualistisches Argument zu entwickeln, das mit unseren moralischen Überzeugungen übereinstimmt. Nur ein mit den grundlegenden Forderungen unserer Moralanschauungen kohärierender Entwurf einer hypothetischen Vertragssituation kann dem Anspruch gerecht werden, eine zustimmungsfähige Begründung sozialer und politischer Prinzipien zu liefern und als normativer Probierstein und kritische Instanz für die vorhandenen politischen und sozialen Institutionen zu fungieren.

Die anderen Gründe hängen mit der vom Vertragsmodell geforderten Einmütigkeit der Entscheidung und inhaltlichen Übereinstimmung der Parteien zusammen. Die das Entscheidungsverhalten konstituierenden Bedingungen müssen von der Theorie so arrangiert werden, daß Einstimmigkeit gewährleistet ist. Zu diesem Zweck muß die Spannung, die zwischen der Einstimmigkeitsbedingung und der Unterschiedlichkeit der individuellen Interessenlagen besteht, aufgelöst werden.

Im klassischen Kontraktualismus, der sich ja vor dasselbe Problem gestellt sah, wurde diese Einmütigkeitsbedingung aufgrund des Grenzsituationscharakters des Naturzustandes erfüllt. Das Naturzustandsarrangement konfrontiert die Individuen mit der grundlegenden, die fundamentale Voraussetzung aller Interessenverfolgung überhaupt thematisierenden Alternative Sicherheit oder Unsicherheit, Leben oder Tod, Frieden oder Krieg, und führt so zu einer inhaltlichen Gleichgerichtetheit der verschiedenen individuellen Interessenlagen, indem es alles Handeln und Denken der Individuen auf das eine und gleiche Interesse der Selbsterhaltung ausrichtet. Nur unter normalen Umständen, in Zeiten der Sicherheit und des Wohlstandes diversifizieren die menschlichen Interessen, prosperiert die Partikularität. Hängt man jedoch mitten auf dem Ozean an der sprichwörtlichen Planke des Carneades, ist die ganze Mannigfaltigkeit der alltäglichen Interessen- und Neigungslandschaft dahin, und man ist nur noch von einem einzigen Interesse erfüllt: zu überleben. Dasselbe gilt für jeden Mitschiffbrüchigen, der einem den Platz auf der Planke streitig machen möchte.

Der rechtfertigungstheoretische Kontraktualismus hingegen, an der Ableitung des Staates aus der Selbsterhaltungsnot der Naturzustandsbewohner uninteressiert, kann nicht auf existentielle Grenzsituationsarrangements zurückgreifen. Aber auch er braucht einen Situationsentwurf, der die die Einmütigkeit verhindernde Unterschiedlichkeit der individuellen Interessenlagen unwirksam macht. Da er die allgemeine Zustimmungsfähigkeit als Kriterium praktischer Wahrheit behauptet und über den Nachweis der allgemeinen Zustimmungsfähigkeit eines Systems von Verteilungsprinzipien deren Wahrheit – und das heißt: deren Gerechtigkeit – erweisen will, muß er, um einen derartigen Konsens überhaupt zu ermöglichen, eine Ausgangssituation konstruieren, die die Verschiedenheit der individuellen Interessenlagen und die sozioökonomischen Ungleichheiten auf ein einmütigkeitsförderliches Maß reduziert. Dabei ist darauf zu achten, daß die Einstimmigkeitsgarantie der Urzustandssituation mit den Gründen ihrer Akzeptanz als einer rechtfertigungstheoretischen Ausgangssituation in Übereinstimmung stehen muß. Die Gründe, warum der Urzustand als rechtfertigungstheoretischer Ausgang überzeugt und mit unseren normativen Überzeugungen zusammenpaßt, und die Gründe, warum der Urzustand eine einstimmige Entscheidung produziert, müssen einander stützen und stärken.

Um der Aufgabe der Normenbegründung gerecht werden zu können, muß der Urzustandsentwurf universalistische Züge besitzen, muß er Bedingungen enthalten, die zur Herstellung einer unparteilichen Beurteilungsbasis für moralische Probleme dienen. Bei Rawls übernimmt hauptsächlich der Schleier der Unwissenheit diese Entindividualisierungsfunktion: Um zu prüfen, welchen normativen Grundsätzen alle Beteiligten zustimmen können, verhülle man sie in einem Gedankenexperiment mit einem Schleier der Unwissenheit über sich selbst und versetze sie so in eine Position, von der aus sie notgedrungen nur mit einem unparteilichen Blick auf Interessenkonflikte schauen können. Dann lasse man sie Regelungen wählen, die jedem die für ihn besten zu sein scheinen. Ermöglicht wird eine Einigung auf normative Grundsätze dadurch, daß aus der Warte, aus der die gemeinsame Entscheidung stattfindet, für jeden die Wahrscheinlichkeit, daß er innerhalb der gesellschaftlichen Konfliktkonstellation eine bestimmte Position innehat, gleich groß ist. Aus diesem Grund kann die Überlegung, die die hypothetische Prinzipienwahl motiviert, auch von nur einer einzigen Person durchgeführt werden (und kann der Leser allein an seinem Schreibtisch die Rawlssche Argumentation überprüfen), denn es ist eine repräsentative Überlegung, eine Überlegung, die unter den gegebenen Umständen bei jedermann gleich ist. Es geht um die Überlegung, welchen Verteilungsgrundsätzen man zustimmen würde, wenn man mit gleicher Wahrscheinlichkeit irgendeine der gesellschaftlichen Konfliktparteien wäre.

In der kontraktualistischen Rechtfertigungstheorie machen universalistisch konzipierte Ausgangssituationen die Beteiligten gleich, fassen sie gleichsam zu einer einzigen Person zusammen, die stellvertretend für alle steht und daher mit ihrer Entscheidung dem gemeinsamen Interesse aller gerecht wird, die also über eine repräsentative Beurteilungskompetenz verfügt. Von einem Abwägen unterschiedlicher Interessen, von einer Kompromißerzielung, von einem vertraglichen Aushandeln der sozialen und politischen Grundsätze kann hier nicht die Rede sein: Die »Bargaining«-Komponente, die normalerweise eine Vertragssituation bestimmt, fehlt hier völlig. Geblieben ist von dem Vertragsmotiv in der kontraktualistischen Rechtfertigungstheorie der Gegenwart allein der Gedanke, daß eine intersubjektiv gültige Rechtfertigung normativer Prinzipien den Nachweis ihrer allgemeinen Zustimmungsfähigkeit durch alle Beteiligten unter der Bedingung ihrer wechselseitigen Anerkennung als freie und gleiche Personen führen muß.

Dieses Anerkennungsverfahren kann jedoch nicht realisiert werden; vielmehr geht es darum, sich einen kontrafaktischen, real unmöglichen Zustand zu denken, in dem die Bedingungen der Freiheit, Gleichheit und Allgemeinheit erfüllt sind. Und wenn nun ein solcher fiktiver Zustand nach der Überzeugung mancher Philosophen als geeigneter Ausgangspunkt für eine Rechtfertigung normativer Grundsätze angesehen werden kann, so liegt das allein daran, daß die kontrafaktischen Zustandsmerkmale weitgehend unserer Auffassung von einem fairen Verfahren und einer unparteilichen Wahl, also weitgehend unseren Fairneß- und Gerechtigkeitsvorstellungen entsprechen. Das besagt letztlich, daß der Urzustand uns dann und darum als rechtfertigungstheoretisch angemessener Ausgangspunkt überzeugt, wenn und weil er eine Modifikation des moralischen Standpunktes darstellt. Und daraus folgt abermals die Entbehrlichkeit des Vertrags: Rechtfertigungspolitisch sollte man auf ihn als überflüssigen Zierat verzichten und allein mit dem moralischen Standpunkt operieren können. Denn die Prämissen, die durch diese Konzeption gerechtfertigt werden, sind nicht darum gerechtfertigt, weil die Parteien in dem Gedankenexperiment sich auf sie geeinigt haben; vielmehr haben sie sich auf sie geeinigt, weil sie sich unter bestimmten moralischen, mit unseren Gerechtigkeits- und Fairneßauffassungen übereinstimmenden Verfahrensbedingungen entschieden haben. Somit sind es diese Bedingungen und nicht der vertragliche Einigungsakt, in denen die allgemeine Zustimmungsfähigkeit begründet ist. Die Rechtfertigung anzeigende Zustimmungsfähigkeit expliziert nur den in die Situationsmerkmale des Urzustandes eingebetteten moralischen, unpersönlichen und unparteilichen Standpunkt.

Urzustand und rationale Verfassungswahl

Rawls' Urzustand ist eine sozialethische und politikethische Version des moralischen Standpunktes. Der moralische Standpunkt ist nach unserem intuitiven Verständnis eine Perspektive, die wir einnehmen müssen, wenn wir moralische Urteile mit dem Anspruch intersubjektiver Gültigkeit fällen wollen. Das hervorstechende Merkmal dieser moralischen Perspektive ist die Unparteilichkeit: Um den moralischen Standpunkt einzunehmen, müssen wir von unserem eigenen Interesse absehen und dürfen für niemanden Partei ergreifen, dürfen wir weder zu unseren Gunsten noch zugunsten anderer entscheiden. Das Urzustandskonzept transformiert die im Modell des moralischen Standpunktes wirksamen Merkmale der Allgemeinheit und Unparteilichkeit in faire Verfahrensbedingungen für eine hypothetische gemeinsame Entscheidungsfindung, für das Erreichen eines hypothetischen Konsenses über allgemein verbindliche Gerechtigkeitsregeln. Daher kann der Urzustand auch als verfahrensethische Version des moralischen Standpunktes bezeichnet werden, in der durch allgemein akzeptierte prozedurale Bedingungen alle zum Konsens aufgerufenen Parteien in eine überindividuelle Position versetzt werden und sich deshalb ohne Schwierigkeiten auf allgemein verbindliche Verfassungsgrundsätze einigen können.

Nun hat Rawls aber die Einigung auf allgemein verbindliche Verteilungsregeln als rationale Wahl charakterisiert und die Begründung der Gerechtigkeitsprinzipien mit dem Instrumentarium der normativen Entscheidungstheorie expliziert. Damit entdeckt sich sein kontraktualistisches Rechtfertigungsargument jedoch als höchst spannungsvolles Gebilde, denn die in ihm zusammengebundenen Modifikationen der klassischen Theoreme des Naturzustands und des Gesellschaftsvertrags, der durch bedeutsame ethische Merkmale charakterisierte Urzustand und die rationale Verfassungswahl, widerstreiten einander. Der Urzustand ist eine eindeutige moralphilosophische Konstruktion; die Verfassungswahl hingegen ist als Klugheitswahl vom Standpunkt des Selbstinteresses konzipiert. Die Entscheidungstheorie dient der Systematisierung und Optimierung individueller Nutzenkalkulationen. Eine entscheidungstheoretische Präzisierung einer Wahlentscheidung ist eine rationale Kosten-Nutzen-Analyse der Wahlalternativen auf der Basis des individuellen Interesses; und insofern eine solche Wahl eine Wahl von Gerechtigkeitsprinzipien sein soll, müssen die Gerechtigkeitsgrundsätze notgedrungen als Derivate individueller Nutzenkalkulationen entwickelt werden – genau das wäre von einer entscheidungstheoretischen Begründung von Gerechtigkeitsprinzipien zu erwarten. Wenn sich das Akzeptieren von Gerechtigkeitsnormen als Konsequenz rationaler egoistischer Interessenverfolgung ergeben könnte, wäre eine explikatorische Anwendung der entscheidungstheoretischen Mittel angebracht.

Eine derartige Gerechtigkeitsbegründung hat Rawls allerdings gerade nicht im Sinn, operiert er doch mit einer Konstruktion des Urzustandes, die das individuelle Selbstinteresse gezielt außer Kraft setzt. Zwar sagt er ausdrücklich, daß die Parteien im Urzustand sich an ihren eigenen Interessen orientieren und keinesfalls moralisch motiviert entscheiden, aber der Schleier der Unwissenheit blendet eben auch jede Individualität aus und läßt die Individuen so über ihre individuellen Interessen und Begabungen im unklaren. Damit stellt sich der Schleier des Nichtwissens als Kunstgriff dar, durch den die Individuen von vornherein als allgemeine Subjekte gesetzt werden – insofern ist es auch kein Wunder, daß ihre entscheidungsmotivierenden Überlegungen den Charakter einer repräsentativen, allgemein nachvollziehbaren Argumentation haben. Ist die Einnahme des moralischen Standpunktes ein moralisches Verfahren einer intendierten, autonomen und selbst zu vollziehenden Verallgemeinerung, einer bewußten Selbsttranszendierung, so führt der Schleier der Unwissenheit samt den anderen Urzustandsmerkmalen zu einer unintendierten, von außen aufgenötigten Verallgemeinerung, zu einer Moralisierung der entscheidungstheoretischen Egoisten wider Willen. Im einen Fall handelt es sich um einen inneren Standpunkt- und Perspektivenwechsel, im anderen Fall haben wir eine gezielte Änderung äußerer Umstände vor uns, aber beides zieht den gleichen Entindividualisierungs- und Verallgemeinerungseffekt nach sich.

Mit der Verallgemeinerung des rationalen Egoisten im Rawlsschen Urzustand verliert die normative Entscheidungstheorie ihren Protagonisten. Von einer genuinen rationalen Wahl kann bei Rawls nicht die Rede sein. Seine Gerechtigkeitsprinzipien sind nicht das Ergebnis einer entscheidungstheoretisch belehrten individuellen Nutzenkalkulation. Letztlich spielt die rationale Wahl im Rahmen des Rawlsschen Rechtfertigungsarguments keine Rolle. Denn bei Licht betrachtet sind die Gerechtigkeitsprinzipien nichts anderes als die Explikate der ethisch bedeutsamen Merkmale, die durch Definition dem Urzustand beigelegt worden sind – anderenfalls könnte Rawls auch nicht hoffen, daß die Zustimmung, die der Urzustandskonzeption zuteil wird, sich auf die Wahlergebnisse überträgt. Das kontraktualistische Rechtfertigungsargument ist einem Syllogismus vergleichbar: Die Gerechtigkeitsprinzipien explizieren qua Konklusionen die Fairneß- und Gerechtigkeitsbedingungen, die in die Urzustandsbestimmungen qua Prämissen eingegangen sind. Die entscheidungstheoretische Rekonstruktion der Wahl von Gerechtigkeitsprinzipien wird nicht durch die ökonomische Rationalität dominiert, sondern liefert eine prinzipienlogische Ausmünzung der Fairneß- und Gerechtigkeitsüberzeugungen, die in der Gestalt des Urzustandstheorems eine dem moralischen Standpunkt affine philosophische Darstellung gefunden haben. Als Voraussetzungen des kontraktualistischen Rechtfertigungsarguments können sie durch dieses selbst freilich nicht begründet werden.

Aber diese Voraussetzungen sind wichtig, sie tragen die gesamte gerechtigkeitstheoretische Rechtfertigungslast, denn nicht die Entscheidung unter gegebenen Bedingungen stellt das für die Rechtfertigung wesentliche Argument dar, sondern die im Rahmen des Kontraktualismus weder begründbare noch explizierbare Entscheidung für diese Entscheidungsbedingungen selbst, also für eine bestimmte Interpretation des Anfangszustandes. Die Begründung der Gerechtigkeitsprinzipien findet somit gar nicht innerhalb der Situation der Verfassungswahl statt, erst recht nicht durch die entscheidungstheoretisch präzisierte Verfassungswahl selbst. Sie ist vielmehr bereits im Entwurf des Urzustandes angelegt – und für diesen bietet Rawls' Theorie keine kontraktualistische, auch keine entscheidungstheoretische Rechtfertigung, sondern eine kohärenztheoretische: Gerechtfertigt ist die Urzustandskonstruktion, insofern die ihr definitorisch beigelegten, ethisch bedeutsamen Merkmale mit unseren wohlerwogenen Fairneß- und Gerechtigkeitsurteilen übereinstimmen.

Dieser begründungstheoretische Dualismus ist keine Eigentümlichkeit der Rawlsschen Theoriebildung, er hat seine Ursache in einer unbehebbaren Strukturschwäche des Kontraktualismus. Die begründungstheoretische Leistungsfähigkeit des Vertrages ist prinzipiell begrenzt; die Vertragstheorie vermag nicht auf eigenen Füßen zu stehen und bedarf immer fremden systematischen Beistandes. Der Grund liegt in der mangelnden obligationstheoretischen Autarkie des Vertrages selbst. Die Verbindlichkeitswirkung von Verträgen hängt von vertragsexternen normativen Bedingungen ab, die als Grundsätze der Vertragsmoral bezeichnet werden können.[53] Werden diese Grundsätze verletzt, gilt der Vertrag als unsittlich und damit als unwirksam. Die Vertragsverpflichtung kommt also nur dann zustande, wenn der Vertrag den vertragsexternen Bedingungen der Vertragsmoral genügt; der Vertrag ist folglich verpflichtungstheoretisch sekundär. Diese verpflichtungstheoretische Nachrangigkeit des Vertrages ist verantwortlich für die prinzipielle begründungstheoretische Begrenztheit des Kontraktualismus. Denn hinsichtlich der gedachten Verträge der Theorie gilt dasselbe, was hinsichtlich der wirklichen Verträge des Rechtslebens gilt: Sie können die ihnen zugedachte Funktion nur wahrnehmen, sofern bestimmte vertragsexterne Bedingungen erfüllt sind. Diese können aber ihrerseits nicht Gegenstand einer vertraglichen Einigung sein.

Der Kontraktualismus ist grundsätzlich nicht in der Lage, die normativen Grundsätze zu begründen, die die Bedingungen anerkennungsfähiger Vertragsschlüsse formulieren. Der Kontraktualismus muß mithin immer mit einem zweiten, nichtkontraktualistischen Begründungsargument verbunden werden, das für die Rechtfertigung der normativen Rahmenbedingungen des kontraktualistischen Arguments sorgt. Es ist ein Zeichen der philosophischen Qualität der Theorie Rawls', daß sie sich wie keine kontraktualistische Konzeption vor ihr und nach ihr dieser prinzipiellen begründungstheoretischen Begrenztheit des Vertragsmodells bewußt ist und sich um ein zweites, nichtkontraktualistisches rechtfertigungstheoretisches Standbein für ihr zentrales gerechtigkeitstheoretisches Argument bemüht.

Versuchen wir, diese Argumentation metakontraktualistisch zu verallgemeinern und die Gelingens- und Mißlingensbedingungen kontraktualistischer Rechtfertigungsbemühungen überhaupt zu formulieren. Alles hängt also vom Naturzustand ab; der Vertrag ist der unwichtigste Teil des Kontraktualismus. Der Naturzustand muß erstens hinreichend bestimmt sein, damit sich ein bestimmter Vertragsinhalt ergibt und wir diesen im Sinne der generellen rechtfertigungstheoretischen Intention des Kontraktualismus als normatives Auszeichnungskriterium verwenden können. Das ist die notwendige metakontraktualistische Bedingung N. Der Naturzustand muß zweitens solche Entstehungsbedingungen des Vertrags verkörpern, welche sicherstellen, daß der Vertrag zur Erzeugung allgemein zustimmungsfähiger Normen und Grundsätze dient. Dies ist die hinreichende metakontraktualistische Bedingung H. Das logische Verhältnis zwischen beiden ist klar: H impliziert N, N impliziert aber nicht H.

Diese beiden metakontraktualistischen Bedingungen – Bedingungen, die jeder Kontraktualismus erfüllen muß, wenn er eine Antwort auf die rechtfertigungstheoretische Grundfrage geben will: Wie sind gesellschaftliche Institutionen mit Hilfe der Idee allseitigen Einvernehmens und allgemeiner Zustimmung zu rechtfertigen? – machen die prinzipielle Begrenztheit des Vertragsmodells deutlich. Denn da N noch nicht H impliziert, H jedoch bestimmte Fairneßbedingungen und andere Bedingungen moralischer Zulässigkeit beinhaltet, die den Vertrag als Produzenten einer Einigung auf allgemein zustimmungsfähige Regeln sicherstellen (und die hier als »Bedingung B« bezeichnet werden sollen), ist die Rechtfertigungsleistung des Vertrages also immer eine Rechtfertigung relativ zu diesen Fairneßbedingungen, zu dieser Bedingung B, die ihrerseits natürlich nicht durch diesen Vertrag begründet werden kann. Da aus dem Vertragsschluß als solchem überhaupt nichts folgt, ist das kontraktualistische Argument gar kein genuin rechtfertigungstheoretisches Argument; es ist vielmehr ein Explikationsmedium für die in den Naturzustand eingegangenen und die Ausgangssituation normativ definierenden Bedingungen. Eine gesellschaftliche Ordnung ist gerecht, wenn ihre Institutionen als aus einem Vertrag hervorgegangen gedacht werden können, der unter der Bedingung B zustande gekommen ist. An dieser durch kein kontraktualistisches Argument zu erreichenden Bedingung B hängt rechtfertigungstheoretisch alles.

Für die Bedingung B, die die moralische Zulässigkeit der Vertragssituation sichert, gilt des näheren: 1. Es gibt keine kontraktualistische Begründung für B. 2. Wenn es eine Begründung für B gibt, muß diese extrakontraktualistisch sein – wie zum Beispiel Rawls' kohärenztheoretische Begründung der Fairneß- und prozeduralen Gerechtigkeitsvorstellungen, die seiner Urzustandskonzeption zugrunde liegen und in das Lehrstück vom Schleier der Unwissenheit eingegangen sind. 3. Damit ist das Gesamtargument nur für den überzeugend, der die durch B repräsentierten moralischen Vorstellungen teilt. Jemanden von B zu überzeugen kann also nicht in der Macht der Theorie liegen. 4. Eine normativ-kontraktualistische politische Philosophie kann darum nicht den Anspruch erheben, letztbegründete und objektiv gültige Grundsätze zu entwickeln. Sie muß sich damit begnügen, die Gerechtigkeitsvorstellungen ihrer Zeit in Gedanken zu fassen. In ihrer explikatorischen Leistung untersteht sie stets der Kontrolle durch die Common-sense-Moralität. Nur insoweit die von ihr an die Wirklichkeit herangetragenen normativen Grundsätze mit unseren fundamentalen moralischen Überzeugungen harmonieren, vermag die politische Philosophie zu überzeugen.

Kohärenz und Überlegungsgleichgewicht

Die Analyse der Rawlsschen Version des kontraktualistischen Rechtfertigungsarguments hat ergeben, daß es allein keine hinreichende Begründung der Gerechtigkeitsprinzipien liefern kann. Der in ihm zur Anwendung kommende entscheidungstheoretische Rationalismus kann zwar eine klare Darstellung der Prinzipienwahl selbst geben, jedoch nicht die ungewöhnlichen Bedingungen begründen, unter denen diese Prinzipienwahl stattfindet und die natürlich für den Wahlausgang eine schlechthin entscheidende Bedeutung besitzen. Aus der Perspektive der den herkömmlichen Vertrag ersetzenden Entscheidungsprozedur müssen die Voraussetzungen der Prinzipienwahl als arbiträr gelten. Sie bilden den Rahmen, innerhalb dessen sich die Rationalität der Entscheidungstheorie entfalten kann, der aber von dieser entscheidungstheoretischen Rationalität selbst nicht erfaßt wird und erhellt werden kann. Wenn wir einmal unterstellen, daß das kontraktualistische Argument logisch korrekt und in sich schlüssig ist, daß sich die beiden Gerechtigkeitsprinzipien also wirklich aus den angegebenen Bedingungen des Urzustandes auf dem Wege des beschriebenen Verfahrens ableiten lassen – nämlich durch rationale Wahl auf der Grundlage der Grundgütertheorie und des Maximin-Prinzips –, ist damit hinsichtlich der Gültigkeit dieser Prinzipien noch nichts erreicht, da eben die Urzustandsbedingungen selbst in hohem Maße rechtfertigungsbedürftig sind.

Rawls' Gerechtigkeitstheorie muß daher das kontraktualistische Rechtfertigungsargument in einen größeren Argumentationskontext einbetten, in dem für die noch ausstehende Begründung des Urzustandes, des normativen Profils der Entscheidungssituation, gesorgt werden kann. Näherhin gilt es ein Argument dafür beizubringen, daß Rawls' Urzustand einen akzeptablen Ausgangspunkt darstellt, daß die ihn definierenden und den Entscheidungsausgang präjudizierenden Merkmale keine willkürlichen, sondern allgemein zustimmungsfähige Merkmale sind. Rawls verschafft sich nun diese Beglaubigung für seine Urzustandsversion, indem er darauf hinweist, daß die Bestimmungen des Urzustandes aus einer Explikation unserer allgemeinen Gerechtigkeits- und Fairneßüberzeugungen hervorgegangen sind und die der Ausgangssituation definitorisch beigelegten ethisch bedeutsamen Prädikate deshalb mit unseren moralischen Anschauungen weitgehend übereinstimmen. Ein solches Argument gehört zur Familie kohärenztheoretischer Begründungsargumente. Freilich durchläuft Rawls diesen Explikationsprozeß nicht selbst, er hält ihn wohl für prinzipiell durchführbar und rekonstruierbar. Da er jedoch nun immer mit Explikationsergebnissen arbeitet, aber nie auch nur kleine Wegstrecken ihrer behaupteten reflexiven Ermittelbarkeit andeutet, entsteht häufig der Eindruck, daß er sich bei ihrer Formulierung rhapsodisch aus seinem Fundus moralischer Intuitionen bedient hat.

Das Kohärenzmodell läßt sich folgendermaßen beschreiben: Um zu gerechtfertigten moralischen Prinzipien zu kommen, müssen wir erstens von unseren moralischen Alltagsurteilen ausgehen. Dann müssen wir zweitens durch die Anwendung allgemeiner, für die Urteilstätigkeit überhaupt geltender Rationalitätskriterien aus unseren moralischen Alltagsurteilen die unvernünftigen, emotional verzerrten und vorurteilsgeprägten Urteile herausfiltern. Drittens müssen wir aus den inhaltlichen Übereinstimmungen und formalen Gemeinsamkeiten unserer rational überprüften moralischen Alltagsurteile sowie aus den ihnen zugrundeliegenden allgemeinen Vorstellungen durch Abstraktion und Explikation normative Prinzipien ableiten, um dann schließlich viertens unsere wohlüberlegten moralischen Alltagsurteile mittels der aus ihnen gewonnenen Explikationsprinzipien in einen systematischen, in sich widerspruchsfreien Zusammenhang zu bringen. Als gerechtfertigt können moralische Prinzipien nach den begründungstheoretischen Vorstellungen des Kohärenzmodells dann gelten, wenn sie unseren wohlbedachten, nach reiflicher Überlegung gefällten moralischen Alltagsurteilen Kohärenz verleihen.

Die Version der kohärenztheoretischen Begründung, von der Rawls' Methodologie Gebrauch macht, zeichnet sich dadurch aus, daß sie das im Kohärenzmodell thematisierte Verhältnis zwischen der Ebene der Moralurteile und der Ebene der Explikationsprinzipien dynamisiert und in eine dialektische Spannung bringt. Denn Rawls behandelt unsere moralischen Alltagsurteile keinesfalls als feste und unrevidierbare Basis; entsprechend erschöpft sich für ihn die Aufgabe der Prinzipien auch nicht in der Systematisierung der gereinigten moralischen Alltagsurteile. Einzelurteile und Prinzipien stehen vielmehr in einem Wechselverhältnis und korrigieren sich gegenseitig. Die wohlüberlegten Urteile bilden nicht nur das Systematisierungsmaterial der Prinzipien, sie befinden sich auch unter der kritischen Aufsicht der Grundsätze; und umgekehrt dienen die Grundsätze nicht nur der Kohärenzstiftung, sie sind auch an den Einzelurteilen zu messen und von den Einzelurteilen her kritisierbar. Prinzipiell also sind sowohl die Explikationsprinzipien als auch unsere wohlüberlegten moralischen Urteile im Licht der jeweils anderen Instanz kritisierbar und revidierbar.

Rawls' dynamisiertes Kohärenzmodell verwickelt die wohlüberlegten Gerechtigkeitsurteile des Common sense und die philosophische, prinzipienlogische Explikation der ihnen zugrundeliegenden formalen und materialen moralischen Vorstellung gleichermaßen in einen Lernprozeß, in dem Common sense und philosophische Ethik sich in ihrer wechselseitigen Verwiesenheit aufeinander aneinander abarbeiten, bis ein Zustand erreicht ist, gleichsam ein Waffenstillstand, in dem die normative Theorie vom moralischen Common sense als Explikation seiner Grundanschauungen akzeptiert wird und der moralische Common sense durch die Explikationsprinzipien geordnet und zu einer disziplinierten Urteilstätigkeit veranlaßt wird. Einen solchen Zustand der Angleichung von moralischen Einzelurteilen und Explikationsprinzipien nennt Rawls »Überlegungsgleichgewicht« (reflective equilibrium).[54] Ihn zu erreichen ist das methodologische Ziel jeder wissenschaftlich-philosophischen Begründung von moralischen Prinzipien, und Rawls' Theorie der Gerechtigkeit versteht sich ausdrücklich als Darstellung eines derartigen Überlegungsgleichgewichts. Er zieht daraus die Gewißheit, eine Konzeption entwickelt zu haben, die sowohl eine Normenrechtfertigung liefert als auch eine philosophische Explikation unserer intuitiven Gerechtigkeitsanschauungen bietet.[55] Viele Philosophen verwerfen diese kohärenztheoretische Strategie und sprechen ihr jede Begründungsleistung ab, sehen in ihr einen inakzeptablen Subjektivismus und Konventionalismus am Werk, der die kontingenten Gegebenheiten der subjektiven moralischen Überzeugungen unzulässigerweise in den Rang eines moralischen Rechtfertigungsgrundes erhebe. Wenn wir dieser Kritik folgen, müssen wir jedoch eine völlige Entfremdung der Moralphilosophie vom moralischen Leben und damit ihre Bedeutungslosigkeit in Kauf nehmen. »Wenn die Moraltheorie nicht Gefahr laufen soll, in ein Wolkenkuckucksheim aprioristischer Moralkonstruktionen zu entschweben, die mit unserem Alltagsverständnis von Moral nichts zu tun haben, bleibt sie darauf angewiesen, die Prinzipien, die unser moralisches Urteilen intuitiv bestimmen, aus diesem mühsam zu rekonstruieren.«[56]

Es ist darauf zu achten, daß sich das Überlegungsgleichgewicht nicht methodisch operationalisieren läßt. Der von ihm bezeichnete Lern- und Ausgleichsprozeß läßt sich nicht zu einer objektiven Gebrauchsanweisung machen. Wie die Ausgleichs- und Korrekturprozesse verlaufen, ob in einem Konfliktfall zwischen Einzelurteilen und Prinzipien widerstreitende Einzelurteile gemäß den Explikationsprinzipien geändert werden oder ob sich die Einzelurteile als kritikimmun erweisen und ihrerseits nach einer Revision der Prinzipien verlangen, ist nicht durch allgemeine Kriterien zu entscheiden. Das hängt vielmehr von dem philosophischen Autor ab, von dem konkreten Subjekt, das den Reflexionsprozeß mit seinen Phasen der explikativen Prinzipiengewinnung und der Herstellung des Überlegungsgleichgewichts zwischen Einzelurteilen und Grundsätzen vollzieht. Als heimlicher Protagonist der methodologischen Konzeption des Überlegungsgleichgewichts erweist sich damit der Intuitionismus der moralischen Urteilskraft.

Ebenfalls ist festzuhalten, daß ein Überlegungsgleichgewicht immer nur einen vorläufigen Abschluß eines Reflexionsprozesses bilden kann. Neue Erfahrungen sowie neue Überlegungen und Argumente können die hergestellte Übereinstimmung zwischen dem moralischen Normalbewußtsein und der ethischen Theorie ins Wanken bringen, erneute Reflexionsprozesse provozieren und ein neues Überlegungsgleichgewicht notwendig machen. Dieser Vorläufigkeitsvorbehalt trifft auch Rawls' Theorie selbst. Rawls darf seine Konzeption konsequenterweise nur als Beitrag in einer prinzipiell nicht abschließbaren Diskussion betrachten. Er hat die Common-sense-Moralität ausdrücklich auch als theoriekritische Instanz etabliert und die Philosophen aufgefordert, angemessenere und überzeugendere philosophische Explikationsprinzipien unserer Gerechtigkeitsintuitionen zu entwickeln.

Indem Rawls das Kohärenzmodell dynamisiert, setzt er sich einem Einwand aus, der gegen das sich mit prinzipienlogischer Systematisierung bescheidende Kohärenzmodell nicht erhoben werden kann. Wenn den überlegten Urteilen in den aus ihnen explikativ gewonnenen Prinzipien eine kritische Instanz mit Revisionsanspruch erwachsen soll, dann scheint der Vorwurf der Widersprüchlichkeit unvermeidbar. Denn Rawls' Konzeption scheint zwei inkompatible Thesen zugleich vertreten zu müssen.

Einmal vertritt sie die These von der erkenntnistheoretischen Priorität der überlegten moralischen Alltagsurteile gegenüber den Grundsätzen, denn die Alltagsurteile bilden die Explikationsbasis der Prinzipien und genießen daher logischen Vorrang. Zum anderen nimmt sie aber auch eine Priorität der Grundsätze gegenüber den Einzelurteilen an, denn wenn die Prinzipien gegenüber den Einzelurteilen eine normativ-kritische Funktion wahrnehmen, dann impliziert das deren logische Vorrangigkeit. Aber dieser Anschein von Zirkularität verfliegt, sobald man bedenkt, daß den Prinzipien nur ein bedingter normativer Vorrang zukommt. Nur bedingt ist der Prinzipienvorrang eben darum, weil die überlegten Einzelurteile keinesfalls den ihnen widerstreitenden Prinzipien weichen müssen; es ist nach der Methodologie des Überlegungsgleichgewichts ebenso legitim, wenn die Einzelurteile im Konfliktfall aufrechterhalten werden und der widerstreitende Grundsatz modifiziert wird. Denn Prinzipienebene und Urteilsebene sind beweglich gegeneinander und haben einander logisch nichts voraus: Hinsichtlich der Herstellung des Überlegungsgleichgewichts besteht zwischen beiden erkenntnistheoretische Gleichrangigkeit.[57]

Wohlüberlegte Gerechtigkeitsurteile

Den Ausgangspunkt der Rechtfertigung moralischer Prinzipien bilden nach Rawls unsere wohlerwogenen, nach reiflicher Überlegung gefällten moralischen Urteile. Der englische Text spricht von »considered judgments«. Sie zeichnen sich dadurch aus, daß sich in ihnen

»unsere moralischen Fähigkeiten am ehesten unverfälscht entfalten. Man kann also vernünftig entscheiden, welche unserer Urteile wir in Betracht ziehen sollen und welche nicht. Man könnte zum Beispiel Urteile weglassen, die zögernd oder mit wenig Vertrauen gefällt werden, ebenso diejenigen, die unter Verwirrung oder Angst oder im Hinblick auf eigene Vorteile und Nachteile zustande kommen. Bei allen diesen Urteilen besteht die Gefahr des Irrtums oder des ungebührlichen Einflusses unserer eigenen Interessen. Wohlabgewogene Urteile sind einfach solche, die unter Bedingungen gefällt werden, die den Gerechtigkeitssinn zur Geltung kommen lassen, unter denen also die gewöhnlicheren Entschuldigungen und Erklärungen für Irrtümer nicht gelten [...]. Des weiteren sind die Grundsätze, die diese Urteile bestimmen, nicht willkürlich. Vielmehr sind sie von derselben Art wie die Kriterien eines jeden wohlabgewogenen Urteils.« (TG 67)

Zu wohlbedachten Urteilen gelangt man demnach, indem man aus der Menge unserer moralischen Alltagsurteile überhaupt diejenigen herausfiltert, die nur einen verzerrten Ausdruck unserer moralischen Überzeugungen und Intuitionen liefern. Dies wird durch die Anwendung allgemeiner Rationalitätskriterien erreicht, die für jede Art von Urteilstätigkeit gleichermaßen gelten, die die Äußerungen des Gerechtigkeitssinns ebenso rationalisieren wie die Äußerungen des Wahrheitssinns. Personen, deren moralische Urteilstätigkeit weder durch logische oder psychologische Schwächen getrübt noch durch egoistische Interessen verzerrt ist, nennt Rawls »kompetente Moralbeurteiler«; sie sind die Partner der Philosophen bei der Herstellung des Überlegungsgleichgewichts. Kompetente Moralbeurteiler zeichnen sich durch folgende Fähigkeiten und Eigenschaften aus: 1. hinreichende Intelligenz, 2. durchschnittliche allgemeine Lebenserfahrung, 3. Kenntnis der entscheidenden Faktoren des zu beurteilenden Falles, 4. Fähigkeit und Bereitschaft zur Anwendung der Regeln der deduktiven und der induktiven Logik, 5. Bereitschaft, in einer Entscheidungssituation die verschiedenen Handlungsmöglichkeiten rational abzuwägen, 6. Fähigkeit, eine einmal gebildete Meinung im Lichte neuer Tatsachen und Argumente zu überprüfen, 7. eine distanzierend-selbstkritische Einstellung den persönlichen Neigungen, Vorurteilen und Präferenzen gegenüber sowie 8. die Fähigkeit und Bereitschaft, sich in alle involvierten Interessenlagen zu versetzen und ihre Wertstellung nicht nach dem Maßstab der persönlichen Vorlieben festzulegen.

Indem Rawls von den wohlerwogenen moralischen Alltagsurteilen ausgeht, setzt er für seine Theorie Menschen mit moralischen Überzeugungen und Auffassungen, mit Gerechtigkeitsempfinden und Sinn für Fairneß voraus. Seine Theorie versucht nicht, egoistische Hardliner von der moralischen Notwendigkeit einer gerechten Güterverteilung zu überzeugen, liefert keine gerechtigkeitstheoretische Begründung, die ihren Ausgang von einem moralitätsexternen Standpunkt nimmt. Eine solche Begründungsargumentation, die aus nichtmoralischen Trauben einen moralischen Wein keltern möchte, aus moralfreien Prämissen moralische Konklusionen ziehen möchte, ist auch zum Scheitern verurteilt. Kein ethisches Argument kann überzeugen, wenn es nicht auf eine immer schon vorhandene Bereitschaft, moralisch zu handeln, auf einen immer schon vorhandenen Sinn für Gerechtigkeit und moralische Pflicht stößt. Rawls' Theorie versucht, mit den Mitteln der Philosophie faktischen, vorausgesetzten Gerechtigkeitssinn aufzuklären. Insofern ist die Ausgangsvoraussetzung des Kohärenzmodells – Menschen mit Gerechtigkeitssinn, Common-sense-Moralität – nicht identisch mit der Ausgangslage des Vertrags-Entscheidungsmodells, wonach Menschen im Licht der eigenen Interessen entscheiden. Daß letztere zu Ergebnissen kommen, die für erstere akzeptabel sind, liegt daran, daß letztere unter dem Schleier der Unwissenheit entscheiden, der wiederum ein theoretischer Ausdruck, ein philosophisches Interpretament der alltäglichen Fairneßüberzeugungen der ersteren ist.

Um die Funktion der wohlerwogenen Urteile im Zusammenhang der gerechtigkeitstheoretischen Prinzipienbegründung Rawls' richtig einzuschätzen, muß man beachten, daß Rawls zwei Klassen von wohlerwogenen Urteilen unterscheidet. Die Klasse der fall-, personen-, handlungs- oder institutionenbezogenen Einzelwerturteile enthält materiale Bewertungen der Form »X ist gut/gerecht«. Zum anderen gibt es die Klasse formaler, abstrakter Urteile, die die Akzeptanzbedingungen moralischer Grundsätze formulieren; Urteile dieser Sorte haben die Form »Das in die Diskussion eingebrachte Prinzip P genügt/genügt nicht den Kriterien K_1, K_2, ..., K_n und ist daher akzeptabel/nicht akzeptabel«. In dieser Klasse sind also die moralischen Urteile versammelt, in denen sich das formale Prinzipienwissen und Begründungswissen des rational aufgeklärten Common sense artikuliert, gleichsam die vorphilosophische Ethik des moralischen Normalbewußtseins. Um nun die Bedeutung dieser beiden Urteilsklassen im Kontext des gesamten komplexen Begründungsarguments der Rawlsschen Theorie zu erkennen, schauen wir uns den § 23 der *Theorie der Gerechtigkeit* an. Hier behandelt Rawls die »formalen Bedingungen für den Begriff des Rechten« (the formal constraints of the concept of right). Der Begriff des Rechten ist hier im Sinne des praktisch-normativ Richtigen zu verstehen.

Die formalen Bedingungen des Praktisch-Richtigen

Das, was Rawls als »formal constraints of the concept of right« bezeichnet, sind die einschränkenden Bedingungen, die die Wahlsituation des Urzustandes definieren, aus denen sich also der Filter zusammensetzt, der die zustimmungsfähigen normativen Grundsätze von den nichtzustimmungsfähigen Grundsätzen scheidet. Diese Selektionskriterien gelten für jede Wahl ethischer Prinzipien, nicht nur für die von Rawls thematisierte Auszeichnung der Gerechtigkeitsprinzipien. Die besagten Bedingungen benennen also Eigenschaften, die die gewählten Grundsätze erfüllen; es sind Eigenschaften, die moralischen Grundsätzen in wesentlicher Hinsicht, d.h. derart zukommen, daß, wenn einem Grundsatz eine derartige Eigenschaft fehlt, diesem Grundsatz auch nicht das fundamentale Prädikat des Moralischen zukommt. Man sollte meinen, daß Rawls seine »formal constraints« daher auf dem Wege einer Begriffsanalyse gewonnen hätte, denn gilt, daß der Urzustand der Rawlsschen Gerechtigkeitstheorie Bestimmungen aufweisen muß, die in jeder nur denkbaren Wahlsituation moralischer Grundsätze überhaupt anzutreffen sind, gilt also, daß moralische Grundsätze sich von nichtmoralischen Grundsätzen dadurch unterscheiden, daß sie die durch diese Bedingungen konstituierten Eigenschaften besitzen, und will man wissen, welche Eigenschaften resp. Bedingungen dies nun sind, dann wird man doch den Weg einer begriffsanalytischen Ausmessung des Konzepts des Moralischen beschreiten wollen.

Rawls hat diesen bedeutungsanalytischen Weg jedoch nicht nur nicht eingeschlagen, er ist darüber hinaus ausdrücklich von dem Verfahren der semantischen Analyse abgerückt, da er der Sprachanalyse hinsichtlich der Klärung moralphilosophischer Probleme nichts zutraut. Rawls greift diese »formal constraints« – rhapsodisch, wie es scheint – auf und pocht auf ihre evidente Angemessenheit für das Vorhaben der Wahl zustimmungsfähiger und darum allgemein verbindlicher Gerechtigkeitsgrundsätze. Erinnern wir uns jedoch an den oben aufgehellten Hintergrund der kohärenztheoretischen Begründungsargumentation, dann wird deutlich, daß die die Wahlsituation determinierenden und zustimmungsfähige Ergebnisse garantierenden »formalen Bedingungen des Rechten« mit der Klasse der abstrakten und formalen wohlerwogenen Urteile zusammenfallen. Das »rhapsodische Aufgreifen« ist bei näherer Betrachtung das Resultat der kritischen, sich mit Rationalitätskriterien bewaffnenden Sichtung unserer grundlegenden moralischen Überzeugungen.

Diese formalen Bedingungen sind nun 1. Allgemeinheit (Generalität), 2. uneingeschränkte Anwendbarkeit (Universalität), 3. Öffentlichkeit, 4. Geordnetheit (hierarchischer Charakter eines Prinzipienpluralismus) und 5. Letztinstanzlichkeit.

Ad 1: Nur generelle Regeln, Regeln also, die keine singulären Terme, keine Demonstrativpronomina, keine Eigennamen, keine definiten Deskriptionen, also keine sprachlichen Ausdrücke enthalten, die sich auf individuelle Gegenstände beziehen, sind überhaupt allgemein zustimmungsfähig. Es ist klar, daß diese Generalitätsbedingung durch den Schleier der Unwissenheit sichergestellt wird. Da niemand etwas Bestimmtes weiß, können nur allgemeine Regeln gewählt werden.

Ad 2: Gemeint ist hier die uneingeschränkte Anwendbarkeit im Sinne universeller Geltung. Gerechtigkeitsprinzipien erfüllen dann diese Universalitätsbedingung, wenn die durch sie definierten Recht-Pflicht-Positionen prinzipiell von jedermann eingenommen werden können. Die Universalitätsbedingung zielt also auf die Ausschaltung von Privilegierung und Diskriminierung. Es ist klar, daß diese Universalitätsbedingung ebenfalls durch den Schleier der Unwissenheit operational wirksam wird.

Ad 3: Die Öffentlichkeitsbedingung ist, wie leicht zu sehen ist, nur eine Variation von Generalität und Universalität. Sie wird durch den kollektiven, alle einbeziehenden Charakter der Prinzipienwahl erfüllt. Es ist dies nicht die empirische Öffentlichkeit eines faktischen Wahlganges, sondern die repräsentative Öffentlichkeit einer vernünftigen, von jedermann geteilten und daher alle vertretenden Wahlentscheidung. Hier wäre an Kants »Princip der Publicität« zu erinnern, mit dessen Hilfe ein Vernunftmaßstab für Recht und Politik gewonnen werden kann. Kant hat damit die die gesamte Aufklärung belebende Einsicht auf den Begriff gebracht: Die Vernunft ist öffentlich; eine private Vernunft ist ein Unding; das, was sich verbergen muß und das Licht der Öffentlichkeit nicht erträgt, kann nicht vernünftig, kann nicht moralisch gut sein. Nicht ohne Grund spricht die Theorie der pragmatischen, auf Machterhaltung ausgerichteten Staatsräson von den »arcana imperii«, den Herrschaftsgeheimnissen und der Geheimlehre der Herrschaftsbehauptung.

Ad 4: Die vierte Bedingung gilt im Fall einer Prinzipienpluralität. Sollte die Verfassungswahl mehrere Prinzipien etablieren, ist es erforderlich, daß diese Prinzipien in einer eindeutigen Rangordnung stehen. Anderenfalls befürchtet Rawls ein Anwendungschaos durch die Willkür der Urteilskraft, das letztlich den prinzipiellen Zweck der Prinzipieneinrichtung, Regeln der Konfliktlösung bereitzustellen, sabotieren würde.

Ad 5: Als fünfte Bedingung führt Rawls die Letztinstanzlichkeit ein. Sie folgt analytisch aus dem Begriff »Grundsatz«. Grundsätze, Prinzipien, Grundnormen sind Sätze, mit deren Hilfe Entscheidungsprobleme gelöst werden, die Begründungsargumentationen fundieren. Diese Funktion können sie nur erfüllen, wenn man sich letztinstanzlich auf sie beziehen kann, wenn man sie als außer Geltungszweifel stehend betrachten kann und sicher ist, daß sie ihre Geltung nicht derivativ von anderen übergeordneten Prinzipien empfangen. Das heißt hinsichtlich der Wahlsituation: Jedes zu wählende Prinzip ist daraufhin zu betrachten, ob es als letztinstanzliches Prinzip taugt.

Die Funktion dieser formalen Grundbedingungen des praktisch Richtigen ist nicht in einer positiven Auszeichnungsleistung zu erblicken, sondern in einer negativen. Sie formulieren die Bedingungen für normativ-praktische Grundsätze überhaupt, d.h., die Rawlsschen Gerechtigkeitsgrundsätze müssen unter den Prinzipien zu finden sein, die diese Bedingungen erfüllen. Die Leistung der formalen Bedingungen besteht also darin, daß sie notwendige Bedingungen ethischer Prinzipien formulieren. Positionen, die diese Bedingungen nicht erfüllen, werden also zur Konkurrenz der ethischen Prinzipien erst gar nicht zugelassen. Angesichts der Ableitung dieser notwendigen Bedingungen aus dem ethischen Überzeugungsfundus des Common sense überrascht es nicht, daß wir die Positionen, die explizit eine oder mehrere der besagten Bedingungen negieren, intuitiv ablehnen und die sie artikulierenden Prinzipien nicht als moralische Grundsätze akzeptieren. Gemeint sind etwa alle Spielarten der egoistischen Position, der krude Egoismus, der Exzeptionismus, der Parasitismus, der Rassismus, der Klassen-, Volksgruppen- oder Konfessionsegoismus etc.

Die Textur des den Unsicherheitscharakter der Verfassungswahl im Urzustand definierenden Schleiers der Unwissenheit ist wesentlich aus diesen formalen Grundbedingungen gewebt. Oder anders formuliert: Die Konzeption des Urzustands ist die philosophische Interpretation der allgemeinen ethischen und prozeduralen gerechtigkeitstheoretischen Überzeugungen des Common sense. In ihnen gründet das Urzustandskonzept und damit »die philosophisch bevorzugte Interpretation dieser anfänglichen Entscheidungssituation für die Zwecke einer Theorie der Gerechtigkeit« (TG 35). Aufgrund der in seine Textur eingeflochtenen formalen notwendigen Bedingungen für normativ-praktische Grundsätze überhaupt vermag der Schleier der Unwissenheit dafür zu sorgen, daß bei der Wahl und bei den gewählten Prinzipien die folgenden Merkmale gelten:

1. Unparteilichkeit. Da keiner weiß, wessen Selbstinteresse er verfolgen soll und für welche gesellschaftliche Position er Vorteile anhäufen soll, wird sich niemand durch die Prinzipienwahl einen Vorteil verschaffen können, wird niemand die Prinzipienwahl instrumentalisieren können. Es kann kein Entscheidungsargument geben, das nicht auch das Entscheidungsargument von jedermann wäre. Durch die Verschleierung der Individualität wird das Subjekt extern auf seinen allgemeinheitsfähigen Deliberationsprozeß reduziert, wird es vernünftig. Generalitäts-, Universalitäts- und Öffentlichkeitsbedingung sind so durch die Individualitätsverschleierung erfüllt: Insofern wurde oben davon gesprochen, daß der Schleier der Unwissenheit die formalen Bedingungen des praktisch Richtigen operationalisiert.

2. Einmütigkeit. Da die Individualität verschleiert ist, das individuelle Interesse damit im Wortsinn gegenstandslos geworden ist, können eben keine Interessenverschiedenheiten den Einigungsprozeß stören. Oder genauer: Ist das Entscheidungsargument notwendig das von jedermann, dann ist es allgemeingültig, dann ist die Einmütigkeit der Entscheidung strukturell verbürgt. Diese konstitutionelle Einmütigkeit führt zwar zu Regeln der Behandlung von Interessenkonflikten, aber da keiner weiß, welche Position er in einem möglichen Fall kollidierender Interessen einnehmen wird, wird er bei der Wahl konfliktregulierender Regeln alle möglichen gesellschaftlichen Konfliktsituationen im Licht aller möglichen involvierten Positionen betrachten und insofern eben zu repräsentativ-unparteilichen Ergebnissen kommen. Es ist für das Verständnis des Rawlsschen Begründungsverfahrens wichtig, sich immer daran zu erinnern, daß die in ihm geschilderten kollektiven Wahlentscheidungen Darstellungen von Argumentationen sind, die einer allein anstellen kann. Auch wenn nur einer unter dem Schleier der Unwissenheit stände und sich für die Grundsätze zur gerechten Gestaltung der gesellschaftlichen Grundstruktur aus eigenem Interesse entscheiden müßte, würde er zu keinen anderen Ergebnissen kommen, als wenn sich alle gemeinsam entscheiden würden. Daher kann man die gerechtigkeitsverbürgenden Bedingungen dieses Entscheidungsverfahrens auch dadurch charakterisieren, daß sie es gleichgültig machen, ob einer oder die Gesamtheit die Prinzipien wählt: Die Vernunft ist nicht teilbar. Worauf es allein ankommt, ist, die Vernunftbedingungen zu sichern.

Diese Rekonstruktion der normativen Verfassung der Ursprungssituation erhellt noch einmal die Merkwürdigkeit des Rawlsschen Kontraktualismus, mittels einer rationalen Wahl die Gerechtigkeitsprinzipien ermitteln zu wollen. Nicht, daß die Verbindung zwischen Vertragslehre und rationaler Wahl abwegig wäre. Der Vertrag der politischen Philosophie ist in der Regel[58] ein Unternehmen der strategischen Rationalität, die das Eigeninteresse angesichts der Pluralität gleichermaßen selbstzentrierter Wesen optimal zur Geltung bringen möchte. Und die Theorie der rationalen Wahl ist nichts anderes als die wissenschaftliche Präzisierung der alltäglichen strategischen Rationalität. Nur findet sich in den Argumentationskontexten des klassischen Kontraktualismus immer auch ein hinreichend empirisch bestimmtes Vertragssubjekt mit einer hinreichend empirisch bestimmten Interessenlage. Hier kann wirklich ein rationales Argument für die Zweckdienlichkeit des Vertrages vorgetragen werden, hier läßt sich nachvollziehen, wie jeder dem Vertrag aus eigenem Interesse beitritt. Aber genau dieses Subjekt mit einer hinreichenden empirischen Bestimmtheit, an dem sich das Kriterium des Eigeninteresses festmachen läßt, das die Rationalwahl braucht, um verläßlich operieren zu können, wird bei Rawls aus dem Argumentationskontext eskamotiert, und es bleibt ein postempirisches und postsoziales Allgemeinheitswesen übrig, ein universalistisches Gespenst, das zwar als Symbolisierung der moralischen Beurteilungsperspektive von einem moralischen Standpunkt aus taugt, aber eben nicht als Protagonist eines entscheidungstheoretischen Arguments.

Wenn Rawls schreibt: »Die Theorie der Gerechtigkeit ist – vielleicht der wichtigste – Teil der Theorie der rationalen Entscheidung« (TG 33), dann kommt darin ein gravierendes Selbstmißverständnis zum Ausdruck. Nicht nur grundsätzlich ist zu bezweifeln, daß sich eine Gerechtigkeitstheorie auf die Schultern der rationalen Wahl stellen läßt, auch bei Rawls selbst stützt sie sich nicht auf die rationale Wahl; die rationale Wahl und damit das kontraktualistische Argument sind logisch völlig unselbständig und explizieren nur die anderenorts, mit der Gestaltung der normativen Physiognomie des Urzustandes festgelegten Gerechtigkeits- und Fairneßüberzeugungen. Systematisch sind sie entbehrlich; Rawls hat auch in den späteren Fassungen seiner Gerechtigkeit-als-Fairneß-Theorie auf diese Idee des entscheidungstheoretischen Kontraktualismus verzichtet und die normative Verfassung der Ausgangssituation immer mehr in den Vordergrund gerückt.

Die Illusion des Archimedischen Punktes

Der Schleier der Unwissenheit sorgt dafür, so meint Rawls, daß so etwas wie ein Archimedischer Punkt erreicht werden kann. Ein Punkt, der nicht innerhalb eines bestimmten institutionellen Profils einer bestimmten Gesellschaft liegt, sondern der sich außerhalb einer jeden Gesellschaft, einer jeden geschichtlichen Formation von Gesellschaft, also außerhalb der Geschichte befindet, der aber zu jedem Zeitpunkt eingenommen werden kann und von dem aus man jede geschichtliche Gesellschaftsgestalt gleichermaßen objektiv auf den in ihr anzutreffenden Gerechtigkeitsgehalt hin befragen kann. Aufgrund der Allgemeingültigkeit der ausgewählten Gerechtigkeitsprinzipien hieße eine geschichtliche Gesellschaftsgestalt im Lichte dieser Prinzipien aus dem Urzustand zu beurteilen, sie sub specie aeternitatis zu betrachten.

»Der wesentliche Punkt ist der, daß trotz der individualistischen Ausrichtung der Theorie der Gerechtigkeit als Fairneß die beiden Gerechtigkeitsgrundsätze nicht von bestehenden Bedürfnissen oder gesellschaftlichen Verhältnissen abhängen. Daher läßt sich eine Vorstellung von einer gerechten Grundstruktur herleiten sowie ein mit ihr verträgliches Ideal vom Menschen, das als Maßstab zur Beurteilung von Institutionen und zur allgemeinen Ausrichtung des sozialen Wandels dienen kann. Um einen archimedischen Punkt zu finden, braucht man sich nicht auf apriorische und perfektionistische Grundsätze zu berufen. Man setzt bestimmte allgemeine Bedürfnisse wie die nach gesellschaftlichen Grundgütern voraus und nimmt als Grundlage die Vereinbarungen, die in einer passend definierten Ausgangssituation getroffen würden; so erreicht man die notwendige Unabhängigkeit von den bestehenden Verhältnissen.« (TG 296) – »Zum Schluß wollen wir nicht vergessen, daß der fiktive Charakter des Urzustands die Frage herausfordert, warum er moralisch oder sonstwie überhaupt von irgendeinem Interesse sein sollte. Erinnern wir uns an die Antwort: Die Bedingungen, die diesen Zustand bestimmen, werden tatsächlich akzeptiert [...]. Jede Seite des Urzustands läßt sich erklären und begründen. Es wird also in einen Begriff die Gesamtheit der Bedingungen zusammengefaßt, die man bei angemessener Überlegung für unser Verhalten gegeneinander als vernünftig anzuerkennen bereit ist. Hat man diese Vorstellung einmal erfaßt, so kann man die soziale Welt jederzeit unter dem notwendigen Blickwinkel betrachten [...]. Unsere Stellung in der Gesellschaft unter diesem Blickwinkel sehen heißt also sie sub specie aeternitatis sehen: Es bedeutet, daß die Situation des Menschen nicht nur unter allen gesellschaftlichen Gesichtspunkten, sondern von allen Zeiten her gesehen wird.« (TG 637)

Hier ist ein kritischer Einwand angebracht: Gegen diesen Allgemeingültigkeits- und Letztbegründungsanspruch der Rawlsschen Theorie ist der konventionalistische Charakter der kohärenztheoretischen Rechtfertigung geltend zu machen. Was aus der Binnenperspektive des Rechtfertigungsarguments als Archimedischer Punkt erscheint, entdeckt sich äußerer, kritischer Betrachtung als Resultat einer philosophischen Abstraktion, das wie jedes Abstraktionsprodukt die Spuren seiner Herkunft an sich trägt. Das heißt: Die philosophische Interpretation der ethischen Überzeugungen des Common sense kann das ihm anhaftende Konventionalistische, Geschichtliche und Zeitbedingte nicht abschütteln. Mit der Wahl des Kohärenzmodells für philosophische Rechtfertigungszwecke ist strukturell Verzicht auf Letztbegründung und zeitlose Gültigkeit geleistet worden. Mehr als eine philosophische Explikation des geschichtlich gewordenen Gerechtigkeitssinns der zeitgenössischen westlichen Industriegesellschaften ist auf dem von Rawls eingeschlagenen Wege prinzipiell nicht zu erreichen.

Aber das ist nicht wenig. Mehr als ihre Zeit, in Gedanken erfaßt, kann Moralphilosophie ohnehin nicht sein. Und gerade darum ist Rawls zu loben, weil er explikativ an die vorfindliche Common-sense-Auffassung von Fairneß und Gerechtigkeit anknüpft. Wenn er gleichwohl die Allgemeingültigkeit seiner Ergebnisse behauptet und den methodologischen Charakter seiner Philosophie verkennt, ihr die Einlösung eines Letztbegründungsanspruchs zutraut, dann muß ihm entschieden widersprochen werden. Gleich an zwei Stellen bricht die Geschichte in die Rawlsschen Vernunftformationen ein, macht sich unauflöslich Historisches und Empirisches bemerkbar. Wie erinnerlich, zeigte sich bereits bei der Zusammenstellung der Grundgüterliste, daß ihr die erforderliche moralische Neutralität nicht zukommen kann, daß sie vielmehr notwendig die Abbreviatur einer bestimmten und keinesfalls allgemein zumutbaren Konzeption eines guten, gelingenden Lebens sein muß, also zwangsläufig teleologisch parteilich sein muß. Und auch der Rawlsschen Ursprungskonzeption kann mit guten Gründen ein Vorwurf gemacht werden, den Rousseau seinerzeit schon gegen den Hobbesschen Naturzustand gerichtet hat, nämlich nur ein Destillat der eigenen Zeit zu sein und keinesfalls ein Argumentationsplateau von zeitloser Allgemeingültigkeit darzustellen. Doch wie schon gesagt, ein Vorwurf kann dieser Hinweis nur sein, wenn der Philosoph sich Illusionen über den begründungstheoretischen Status dieser kohärenztheoretisch-explikativ ermittelten Ursprungssituation macht.

Schematische Darstellung des gesamten Rechtfertigungsarguments

1. Allgemeine Voraussetzung: Menschen mit moralischem Bewußtsein und einer Gerechtigkeitsauffassung. Das bedeutet, daß unvermeidlicherweise die gegenwärtige, historisch entwickelte und gesellschaftlich vermittelte Moralauffassung, oder noch genauer, eine dem Verfasser intuitiv einleuchtende Interpretation des gegenwärtigen Moralbewußtseins zum Ausgangspunkt des philosophischen Begründungsunternehmens gewählt wird.

2. Ausgangspunkt des Rechtfertigungsarguments: die wohlerwogenen Gerechtigkeitsurteile kompetenter Moralbeurteiler. Sie werden durch Anwendung allgemeiner Rationalitätsstandards auf die alltägliche moralische Urteilspraxis ermittelt.

3. Aufspaltung der Klasse der wohlerwogenen Gerechtigkeitsurteile in die Teilklasse der materialen Einzelurteile und in die Teilklasse der abstrakten, formalen und allgemeinen Urteile, in denen sich die formalen und prozeduralen Grundauffassungen des alltäglichen Gerechtigkeitssinns aussprechen.

4. Gewinnung der formalen Grundbedingungen des normativ-praktisch Richtigen überhaupt (Generalität, Universalität, Öffentlichkeit, Geordnetheit, Letztinstanzlichkeit) durch Abstraktion aus der Teilklasse der formalen und allgemeinen wohlerwogenen Urteile.

5. Interpretative und operationalisierende Verarbeitung dieser formalen Grundbedingungen des praktisch Richtigen zur Konzeption des Urzustandes und zur Konzeption des Schleiers der

Unwissenheit. Ergebnis dieser philosophischen Interpretation unserer allgemeinen Vorstellungen fairer Verfahrensbedingungen ist ein Zustand, in dem unter folgenden Bedingungen agiert wird: a) unter der Bedingung der Abwesenheit allen bevorteilungs- und diskriminierungsrelevanten empirischen Wissens (Schleier des Nichtwissens), b) unter der Bedingung der Gleichheit, c) unter der Bedingung der Rationalität, d) unter der Bedingung des gegenseitigen Desinteresses, e) unter der Bedingung der Verbindlichkeit und Vertragstreue (Gerechtigkeitssinn).

6. Der Urzustand ist eine Verfassungswahlsituation. Das traditionelle kontraktualistische Argument wird entscheidungstheoretisch rekonstruiert; der Vertrag wird abgelöst durch eine rationale, dem Eigeninteresse folgende Wahl von Verteilungsprinzipien, die das institutionelle Profil der Gesellschaft bestimmen sollen. Gewählt werden Gerechtigkeitsprinzipien unter spezifischen, durch den Schleier der Unwissenheit verursachten Unsicherheitsbedingungen; als Entscheidungsregel wird das Maximin-Prinzip benutzt; als Entscheidungsgrundlage gilt eine Grundgüterliste, die mit Anspruch auf Allgemeingültigkeit aufgestellt ist.

7. Wahl der beiden Gerechtigkeitsprinzipien; Gleichverteilung von Rechten und Freiheiten; faire Chancengleichheit; Differenzprinzip.

8. Herstellung des Überlegungsgleichgewichts zwischen den gewählten Prinzipien und der Teilklasse der wohlerwogenen materialen Einzelurteile.

Zu beachten ist bei diesem Schema folgendes:

Das Schema besteht aus drei Teilen: kohärenztheoretisches Argument I (1-5), kontraktualistisches Argument (6-7) und kohärenztheoretisches Argument II (8). Das kontraktualistische Argument ist also in ein umfassendes, zweigliedriges kohärenztheoretisches Argument eingelassen.

Die Bedingungen der den traditionellen Kontraktualismus entscheidungstheoretisch rekonstruierenden Verfassungsprinzipienwahl werden außerhalb des kontraktualistischen Arguments durch das kohärenztheoretische Argument I festgelegt. Das kohärenztheoretische Argument expliziert die Bestimmungen prozeduraler Vernünftigkeit, die die Wahlsituation und das Wahlergebnis determinieren. Das entscheidungstheoretisch-kontraktualistische Argument entdeckt sich damit als ein wahrheitskonservierendes, vernünftigkeitstransformierendes deduktives Argument: Es überträgt die externe Vernünftigkeit der Entscheidungssituation, der die Entscheidungssituation determinierenden prozeduralen Bestimmungen auf die Wahlergebnisse und stellt so die Vernünftigkeit, d.h. die allseitige Zustimmungsfähigkeit der gewählten Verteilungsprinzipien sicher.

Die Methode des Überlegungsgleichgewichts kommt in diesem Schema an zwei Stellen zur Anwendung. Damit gibt es in der Theorie Rawls' zwei prinzipielle Revisionssituationen: Einmal ist das Überlegungsgleichgewicht herzustellen zwischen den gewählten Prinzipien und den materialen Einzelurteilen mit der bereits bekannten Konsequenz, daß entweder die Prinzipienebene von den anderslautenden Einzelurteilen zur Revision aufgefordert wird oder die anderslautenden Einzelurteile sich von den Prinzipien belehren lassen müssen. Zum anderen ist das Überlegungsgleichgewicht aber auch zwischen der anderen Teilklasse der wohlerwogenen Gerechtigkeitsurteile und der ihr zugeordneten Prinzipienebene bzw. der sie philosophisch interpretierenden Urzustandskonzeption herzustellen, was besagt, daß im Gesamtrahmen dieser Argumentation die abstrakten wohlerwogenen Urteile in nicht minderem Maße als prinzipiell revisionsfähig und revisionsbedürftig angesehen werden können als die materialen Einzelurteile. Auch die philosophische Interpretation dieser abstrakten wohlerwogenen Urteile, die sich in einem bestimmten Bild vom Ausgangszustand niederschlägt, muß sich dem Kritik- und Revisionsprozeß stellen und ist keinesfalls immun gegenüber den an anderem Ort erfolgten Einschätzungsveränderungen entweder hinsichtlich der Einzelurteile oder der gewählten Prinzipien. Denn wenn die Prinzipien von den anderslautenden Einzelurteilen zur Revision gezwungen werden, dann müßten sich aufgrund des deduktiven Charakters des kontraktualistischen Arguments auch die Ausgangsbedingungen der Prinzipienwahl, die Bestimmungen der Urzustandskonzeption, ändern. Das besagt, daß eine andere philosophische Interpretation der formalen Grundbedingungen des praktisch Richtigen und der abstrakten wohlerwogenen Urteile vonnöten ist und ausprobiert werden muß. Und letztlich sind auch die formalen und abstrakten wohlerwogenen Urteile nicht dagegen gefeit, sich zu ändern, wenn sie durch eine zufriedenstellende, da akzeptable Prinzipien erzeugende Verfassungswahl und Urzustandskonzeption nicht mehr repräsentiert werden.

4. Gerechtigkeit zwischen den Generationen

Ein zentrales Problem der ökologischen Ethik, das gegenwärtig intensiv diskutiert wird, betrifft die Gerechtigkeit zwischen den Generationen. Die Diskussion bewegt sich dabei vornehmlich in Bahnen, die durch Rawls' wegweisende kontraktualistische Argumentation gezogen worden sind. Rawls kommt das Verdienst zu, seine gerechtigkeitstheoretischen Bemühungen auf den Problembereich der intergenerativen Gerechtigkeit ausgedehnt zu haben und auch hinsichtlich der Frage einer gerechten Behandlung der Interessen und Rechte zukünftiger Generationen durch die gegenwärtige Generation die gerechtigkeitstheoretische Fruchtbarkeit der Urzustandsperspektive erwiesen zu haben. Um die Regeln eines fairen intergenerativen Umgangs zu ermitteln, stelle man sich nur vor, der Schleier der Unwissenheit würde auch das Wissen um die Generationszugehörigkeit und die eigene Gegenwärtigkeit zudecken und damit die Zeitpräferenz neutralisieren.

Rawls' Überlegungen zur intergenerativen Gerechtigkeit sind nun nicht unmittelbar ökologieethisch motiviert, sondern gelten vornehmlich dem ökonomischen und sozialen Schicksal zukünftiger Generationen, gelten den Bedingungen, die erfüllt sein müssen, damit sich eine gerechte gesellschaftliche Grundordnung für kommende Generationen konservieren läßt. Jedoch enthalten sie auch ökologische Implikationen und sind ohne Schwierigkeiten ökologieethisch ausmünzbar. Rawls' gerechter Spargrundsatz, der all die Maßnahmen beinhaltet, die hinsichtlich einer fairen und gerechten Behandlung kommender Generationen unerläßlich sind, umfaßt auch eine faire Sparrate, die sich auf die Umweltqualität, die Naturressourcen und die Langzeitrisiken der Etablierung bestimmter Großtechnologien bezieht.

Die Grundidee ist bekannt: Um einen allgemein zustimmungsfähigen Grundsatz intergenerativer Gerechtigkeit zu ermitteln, stelle man sich vor, daß sich Menschen auf einen Grundsatz der Behandlung der Bedürfnisse, Interessen und Rechte zukünftiger Generationen einigen müßten, ohne dabei zu wissen, welcher Generation sie selbst angehören. Um den Urzustand auch zu einer Stätte der gerechtigkeitstheoretischen Behandlung intergenerativer Gerechtigkeitsprobleme zu machen, vergrößere man nur den Schleier der Unwissenheit, so daß die von ihm verhüllten Individuen nicht nur nicht wissen, welche sozioökonomischen Positionen sie einnehmen, sondern auch nicht wissen, welcher Generation sie angehören, also weder ihren sozialen Ort noch ihren zeitlichen Ort kennen. Denn insofern aufgrund der prinzipiellen Knappheit der zu verteilenden Güter nicht nur das Wissen um die eigene Person und um den eigenen sozialen Standort, sondern auch das Wissen um die Zugehörigkeit zu einer bestimmten Generation bei der Wahl allgemeiner Verteilungsregeln Vorteile bringen und die Strategie einer parteilichen Interessenförderung begünstigen kann, muß im Interesse der Fairneß und Gerechtigkeit eben nicht nur der eigene soziale Standort mitsamt der ganzen Persönlichkeitsstruktur, sondern auch die eigene Generationszugehörigkeit kognitiv unzugänglich gemacht werden. Und genau das ist ja die Aufgabe des Unwissenheitsschleiers: alle für eine Strategie konkreter Vorteilssuche notwendigen Informationen kognitiv unzugänglich zu machen. Hinsichtlich des Bereichs intergenerativer Gerechtigkeit besagt das, daß der Unwissenheitsschleier die Zeitpräferenz zu neutralisieren hat.

»Die Beteiligten haben keinen Grund, der bloßen Stellung in der Zeit irgendein Gewicht zu geben. Sie müssen eine Sparrate für jeden Entwicklungsstand der Zivilisation festsetzen. Wenn sie einen Unterschied zwischen früheren und späteren Zeitabschnitten machen, etwa in dem Sinne, daß Späteres jetzt weniger wichtig sei, dann wird die gegenwärtige Zeit in der Zukunft weniger wichtig sein. Jede Entscheidung muß jetzt fallen, doch es gibt keinen Grund dafür, die heutige Diskontierung der Zukunft anstelle der zukünftigen Diskontierung des Heute anzuwenden. Die Situation ist symmetrisch, und die eine Wahl ist so willkürlich wie die andere. Da sich die Menschen im Urzustand auf den Standpunkt jedes Zeitabschnittes stellen [wie sie ja auch aus der Perspektive jeder möglichen sozioökonomischen Position und jeder möglichen natürlichen Begabungsausstattung entscheiden], indem sie dem Schleier des Nichtwissens unterworfen sind, ist ihnen diese Symmetrie deutlich, und sie werden keinem Grundsatz zustimmen, der den näheren Zeitabschnitten ein anderes Gewicht gibt. Nur so können sie eine unter allen Gesichtspunkten brauchbare Übereinkunft erzielen, denn einen Grundsatz der Zeitpräferenz anerkennen hieße Menschen, die zu verschiedenen Zeiten leben, das Recht einräumen, allein wegen dieses zufälligen Umstands ihren Ansprüchen gegeneinander verschiedenes Gewicht zu geben.« (TG 328 f.)

Übertragen wir nun diese Argumentation in einen genuin ökologieethischen Kontext und sehen nach, wie dies Lehrstück der Rawlsschen Gerechtigkeitstheorie zur Lösung, zumindest zur Erhellung umweltethischer Probleme nutzbar gemacht werden kann.

In der ökologischen Ethik geht es näherhin um die Begründung der intuitiv einleuchtenden Pflicht, zukünftigen Generationen eine natürliche Umwelt ohne ökologische Wert- und Funktionseinbußen zu hinterlassen. Wir sind für die Umwelt der künftigen Generationen verantwortlich. So wie die Vernunftethik in ihrem Kernbereich den sozialschädlichen Egoismus von Individuen und Gruppen brandmarkt, so hat sie als ökologisch erweiterte den umweltschädlichen Generationenegoismus zu verurteilen. Und wie wir uns selbst ein Recht auf intakte Lebensgrundlagen einräumen, müssen wir auch zukünftigen Generationen ein solches zusprechen. Wir haben dieses Recht durch eine verantwortliche Behandlung der von uns vorgefundenen Umwelt zu respektieren. Dabei darf man diese Verpflichtung freilich nicht überlebensminimalistisch interpretieren.

Es geht darum, die Natur mit allen in ihr vorgefundenen ökologischen Funktionen und in ihrer ganzen biologischen und ästhetischen Vielfalt zu bewahren. Es gilt also auch artenhegerisch tätig zu werden und die Gefühlsvalenzen der Natur, Natur als Erfahrungs- und Erlebnisraum zu erhalten. Die pragmatischen Konsequenzen dieser Solidarität mit zukünftigen Generationen sind beträchtlich: Sie macht jeder egoistisch-ökonomisch motivierten Naturzerstörung ein Ende und bürdet jedem nichttrivialen Naturveränderungsvorhaben eine schwere Beweislast auf. Es gibt kein einziges Argument dafür, zugunsten von gegenwärtigen ökonomischen Interessen irreversible Naturzerstörungen und damit eine Reduzierung der Lebensqualität wie auch der Erfahrungs- und Erlebnismöglichkeiten der Nachwelt in Kauf zu nehmen bzw. dieser Langzeitfolgen einer gefährlichen Großtechnologie zuzumuten. Grundsätzlich gilt, daß alle Langzeitrisiken strikt zu vermeiden sind. Unsere Risikokalkulationen überschreiten prinzipiell nicht den Horizont der gegenwärtig lebenden Menschen. Jedoch ist die damit verbundene Privilegierung der Zeitgenossen unstatthaft.

Es gibt keinen Grund für die Minderbewertung des Wohlergehens künftiger Generationen, und das rationale Verfahren der Güterabwägung, mit dem seit dem ersten Dämmern des ökologischen Bewußtseins die Fortsetzung der Naturvernutzung in der Regel legitimiert wird, ist hinsichtlich intergenerativer Belange nicht anwendbar. Eine einfache Überlegung zeigt das: Die Plausibilität von Güterabwägungen ist abhängig von der Identität von Nutznießer und Gefährdetem. Droht Patient A zu sterben, wenn nicht eine bestimmte riskante Operation gewagt wird, dann mag das diese bestimmte riskante Operation rechtfertigen – aber natürlich nur bei A, nicht bei B. Wir können Nachteile und Gefahren, die anderen aus einer bestimmten Technik erwachsen, nicht mit Vorteilen verrechnen, welche wir aus ebendieser Technik ziehen.

Der geschichtsphilosophische Fortschrittsglaube des 18. und 19. Jahrhunderts beklagte seinerzeit eine temporal begründete Ungerechtigkeit, die spätere Generationen in die Lage versetze, von der zivilisatorischen Arbeit und den damit verbundenen Entbehrungen, von den Sozialisierungs-, Technisierungs- und auch Moralisierungsanstrengungen früherer Generationen zu profitieren, ohne dafür einen Preis entrichten zu müssen. Heute ist offenkundig von einer umgekehrten Situation auszugehen; im Hinblick auf die gegenwärtige Generation ist an die Stelle der angenommenen Zeitnachteilsungerechtigkeit eine faktische Zeitvorteilsungerechtigkeit getreten. Entsprechend gilt, daß heute hinsichtlich der zukünftigen Generationen die vermutete Zeitvorteilsungerechtigkeit einer faktischen Zeitnachteilsungerechtigkeit gewichen ist. Die geschichtsphilosophische Ungerechtigkeitsklage ist längst obsolet geworden, spätestens seit Anlaß zur sie umkehrenden ökologischen Ungerechtigkeitsklage besteht.

Die Quelle der Ungerechtigkeit ist die Zeitpräferenz. Es geht nicht an, daß die jetzt Lebenden aus ihrer Stellung in der Zeit einen Vorteil derart ziehen, daß die irreversiblen Naturzerstörungen und hochriskanten Technikfolgen, die ihr Naturkonsumismus und ihre Wachstums- und Wohlstandsideologie erzeugen, allein den späteren Generationen das Leben vergällen. Es ist notwendig, die Zeitpräferenz gerechtigkeitstheoretisch zu neutralisieren, ein Verteilungsprinzip für technologische Nutzen und Lasten zu finden, das die Nachkommen von dem Nachteilsautomatismus befreit. Und dabei ist eben Rawls' Urzustandsperspektive hilfreich. Um ein Prinzip gerechter intergenerativer Behandlung zu finden, stelle man sich vor, alle Menschen würden sich vor ihrer Zuteilung zu einer Generation, also unter der Voraussetzung, daß niemand weiß, wann er lebt und welcher Generation er angehört, zu einer gesetzgebenden Versammlung treffen. Es ist offenkundig, daß nur ein Prinzip die Zustimmung aller finden wird, nämlich der Grundsatz, der jede Generation verpflichtet, alle Handlungen zu unterlassen, die irreversible Naturzerstörungsprozesse in Gang setzen, auf alle Techniken zu verzichten, die lebensgefährliche Langzeitrisiken zeitigen, und jede biologische und ästhetische Wertminderung der natürlichen Umwelt zu vermeiden. Denn nur unter der Idealbedingung einer konstanten ökologischen Umweltqualität ist es unter ökologischen Gesichtspunkten gleichgültig, welcher Generation man angehört.

Es ist offensichtlich, daß diese Argumentation ein Spezialfall der Überlegungen ist, die Rawls in seiner einschlägigen gerechtigkeitstheoretischen Argumentation entwickelt hat. Und es ist nicht minder offensichtlich, daß eine faire ökologische Sparrate zum Konzept der Gerechtigkeit als Fairneß gehört. Eine gerecht eingerichtete Gesellschaft verteilt nicht nur Rechte und Freiheiten gleich, befolgt nicht nur hinsichtlich der Verteilung der sozioökonomischen Güter das Differenzprinzip, sorgt nicht nur für eine faire ökonomische Sparrate, die zukünftige Generationen nicht benachteiligt, sondern verfolgt im Namen der Gerechtigkeit auch eine konservative Umweltpolitik, die das Recht künftiger Generationen auf intakte Lebensgrundlagen respektiert und daher alle Technologien mit Langzeitrisiken (z.B. Abfälle der Atomwirtschaft) vermeidet. Rawls lehrt uns, daß eine umfassende Gerechtigkeitsorientierung der Politik neben dem Prinzip der Rechtsstaatlichkeit und dem Prinzip der Sozialstaatlichkeit auch den Grundsatz der Schonung der Umwelt enthält.[59]

5. Verteidigung des bürgerlichen Ungehorsams

Ein weiteres bemerkenswertes Lehrstück der politischen Philosophie Rawls' ist seine Theorie des bürgerlichen Ungehorsams. Sie darf bei einer Vorstellung der grundlegenden Positionen und Argumentationen der Rawlsschen Philosophie nicht übergangen werden und sei, aus Gründen, die noch zu erläutern sind, besonders dem juristischen und politischen Denken hierzulande zur Rezeption empfohlen. Rawls' Verteidigung des bürgerlichen Ungehorsams knüpft an die Bürgerrechtsbewegung an, nimmt die seit den ersten Tagen wirksame bürgerstolze und staatsmißtrauische Tradition der amerikanischen politischen Kultur auf und hat in der juristischen, politologischen und politikphilosophischen Theorie der amerikanischen Gegenwart große Resonanz gefunden. Heute gehört die hierzulande nur recht zögerlich rezipierte Lehre vom bürgerlichen Ungehorsam zum festen Themenkanon der amerikanischen politischen Theorie; sie ist das Medium, in dem die demokratische Kultur ihr Selbstverständnis zum Ausdruck bringt. Sie ist genauso konstitutiv für das normative Profil des amerikanischen politischen Denkens der Gegenwart, wie es die Tyrannis- und Widerstandslehre für den Werthorizont der klassischen Politik war.

Um dieses Lehrstück besser zu konturieren und den Zusammenhang zwischen Ungehorsamsverteidigung, Demokratie und normativer politischer Philosophie deutlich herauszustellen, soll die Theorie des zivilen Ungehorsams mit der für unsere Denktradition maßgeblichen Widerstandslehre des Naturrechts verglichen werden.

Die allen Naturrechtskonzeptionen gemeinsame Struktur, gleichsam die naturrechtliche Syntax, lautet folgendermaßen: Es gibt einen transpositiven, objektiv gültigen und allgemein verpflichtenden, seinerseits nicht begründungsbedürftigen Normbereich, in dem die praktische, rechtlich-sittliche Wahrheit wurzelt und die rechtlich-sittliche Verbindlichkeit begründet ist. Dieser Bereich sei, so die Naturrechtsüberzeugung, der menschlichen Erkenntnis prinzipiell zugänglich; die menschliche Vernunft könne die Forderungen des natürlichen Rechts erkennen und in ihrer evidenten Berechtigung anerkennen. Die transpositiven praktischen Prinzipien bilden ein ungesetztes, unwillkürliches, nichtkonventionalistisches, dem menschlichen Zugriff entzogenes Rechtsgefüge, das der menschlichen Satzung vorgegeben ist und die gesetzgeberische Tätigkeit des herrschenden Willens bedingungslos normiert. Das Naturrecht hat uno actu eine herrschaftslegitimierende und herrschaftslimitierende Funktion: Menschliche Herrschaft ist dann legitime Herrschaft, wenn das hoheitliche Handeln die ihm vom Naturrecht gezogenen Grenzen respektiert und sich den naturrechtlichen Zielen unterwirft.

Vom Naturrechtsdenken ist der Rechtspositivismus zu unterscheiden, der die Existenz eines natürlichen oder gottgegebenen Rechts leugnet und kein dem staatlichen, von Menschen gesetzten, konventionalistischen Recht logisch und normativ vorgeordnetes und vorrangiges Recht anerkennt. Da für ihn erst die staatlichen Gesetze definieren, was als recht und unrecht zu gelten hat, ist die Möglichkeit eines sich in der Gesetzgebung selbst artikulierenden staatlichen Unrechts allein schon aus logischen Gründen nicht gegeben. Die Prädikate »gerecht« und »ungerecht« sind für den Rechtspositivisten leer; der Aussage »Dies ist ein den Vorschriften des Rechtssystems R entsprechend erlassenes Gesetz« wird durch die Gerechtigkeitsqualifikation »ist gerecht«/»ist ungerecht« nichts an verbindlichkeitstheoretisch relevanter Information hinzugefügt. Entsprechend gilt, daß die Aussage »Ein ungerechtes Gesetz hat keinerlei rechtliche Verbindlichkeit« für den Rechtspositivisten eine Contradictio in adjecto darstellt.

Das naturrechtliche Denken hingegen gibt diesem Satz einen guten Sinn, da es die Rechtsverbindlichkeit von der praktischen Richtigkeit des Gesetzes abhängig macht und den Gehorsamsanspruch der staatlichen Autorität dem naturrechtlichen Legitimitätskriterium unterwirft. Das Naturrecht enthält daher die Möglichkeit einer Legitimitätsbeschaffung seitens des Staates wie auch einer Legitimitätsanzweiflung und Illegitimierung der staatlichen Herrschaft durch die Beherrschten. Je nachdem wie sich in der staatlichen Herrschaftsausübung das Naturrecht spiegelt, kann es den Beherrschten Argumente für die Illegitimität der Herrschaft liefern oder allen die Legitimität der Herrschaft anzeigen. Dem naturrechtlich fundierten Legitimitätsentzug entspricht praktisch die Gehorsamsaufkündigung. »Superiori non est oboediendum, quando egreditur fines sui officii« – »Wenn der Oberherr die (Kompetenz-)Grenzen seines Amtes überschreitet, darf ihm nicht gehorcht werden« – so oder ähnlich steht es in allen naturrechtlichen Kompendien. Wenn der »superior« durch Amtsmißbrauch seine Legitimität einbüßt, geht er seiner politischen Funktion verlustig, gilt er »ut privatus« – »als Privatmann«; bleibt er gleichwohl im Amt und setzt zur Machterhaltung die Herrschaftsmittel ein, dann ist der Widerstandsfall gegeben. Selbst für Gott hat der willensbindende Objektivismus des Naturrechts Gültigkeit, auch Gott kann nicht machen, was er will: »Löge zum Beispiel Gott«, so heißt es bei Anselm von Canterbury, »so hörte die Lüge nicht auf, Lüge zu sein, vielmehr hörte Gott auf, Gott zu sein.« Daraus ist zu entnehmen, daß die »Lüge«, »Betrug«, »Mord« und dergleichen definierenden normativen Grundsätze nicht im göttlichen Willen gründen und auch nicht durch göttlichen Willen geändert werden können; vielmehr binden sie den göttlichen Willen genauso wie den menschlichen Willen einschließlich den Willen des staatlichen Gesetzgebers.

Es wäre allerdings verfehlt, die Bestrebungen des Naturrechts gerechtigkeitsmaximalistisch zu interpretieren und ihm einen leichtfertigen Umgang mit den niederrangigen Gütern der Sicherheit und Ordnung nachzusagen. Die Naturrechtslehrer sind weltklug und haben immer eine äußerst gewissenhafte Handhabung der Resistenzbefugnis verlangt. Grundsätzlich besteht eine naturrechtliche Aktivlegitimation zum Widerstand nur gegenüber einem Herrscher oder einem Regime, der oder das sich als Tyrann, als, so die traditionelle Formel, »hostis populi«, d.h. als Feind des Volkes und obrigkeitlicher Terrorist erweist; und immer gilt der Widerstand nur als letzter Ausweg, der auf seine Erfolgschancen vorher sorgfältig zu überprüfen ist. Diesen Charakter eines Auswegs aus der größten Not besitzt auch jene merkwürdige Widerstandsermächtigung nach Art. 20 Abs. IV des Grundgesetzes, die da lautet: »Gegen jeden, der es unternimmt, diese Ordnung zu beseitigen, haben alle Deutschen das Recht zum Widerstand, wenn andere Abhilfe nicht möglich ist.«

Während alle anderen westlichen politischen Kulturen sich seit Beginn der Neuzeit vom Naturrecht verabschiedeten – von der kleinen Gruppe der katholischen Neothomisten einmal abgesehen, die gegen Ende des 19. Jahrhunderts auf Geheiß des Papstes die Lehre des Thomas von Aquin aus dem 13. Jahrhundert erneuerten –, ist die Geschichte der Bundesrepublik bis heute durch naturrechtliche Einflüsse geprägt. Zuerst erlebte das Naturrecht in den Nachkriegsjahren eine breite Renaissance. Statt der westlichen Politik- und Demokratietheorie erwählte sich die Bundesrepublik das Naturrecht als ideologischen Begleiter der Aufbaujahre, als Totalitarismusanalyse und Totalitarismustherapie. Dann kam es mit den großen Protestbewegungen nach der sogenannten Studentenrevolution von 1968 zu einem Wiederaufleben naturrechtlicher Argumentationsstrategien. Gingen anfangs Naturrecht und Staat, insbesondere in Gestalt der höchstrichterlichen Rechtsprechung, ein festes Bündnis ein, so besteht zwischen beiden gegenwärtig, obwohl jetzt schon wieder weniger stark als noch vor einigen Jahren, ein polemisches, höchst konfliktträchtiges Verhältnis.

Auf der einen Seite steht eine breite, gelegentlich sogar massenhaft auftretende, sich aus vielen heterogenen Quellen speisende außerparlamentarische Oppositionsbewegung, eine ökologisch, pazifistisch und menschenrechtlich motivierte vielgliedrige und buntscheckige Resistance, die durch die regierungsamtliche Sicherheitspolitik den Frieden, durch die Wirtschafts-, Industrie-, Verkehrs- und Gesundheitspolitik das eigene Wohlergehen und die Lebensgrundlagen zukünftiger Generationen und durch innenpolitische Überwachungspolitik Demokratie und menschenrechtliche Freiheit gefährdet sieht und insbesondere die Atomwirtschaftspolitik als Kulmination dieser ökologischen und politischen Gefährdungen bekämpft; die darum zunehmend den bürgerlichen Gehorsam aufkündigt und auch Illegalitätsrisiken nicht scheut, um Betroffenheit, Bestürzung und Empörung zu deutlichem Ausdruck zu bringen, und dadurch die Politik zu verbessern hofft; die dabei durchgängig naturrechtlich argumentiert, sich unter Berufung auf Naturrechtsprinzipien der verschiedensten Art zu legitimieren versucht und dabei – und das ist hier entscheidend – ein naturrechtlich radiziertes Widerstandsrecht reklamiert. Und auf der anderen Seite steht der sich hinter die rechtspositivistische Gesetz-ist-Gesetz-Tautologie zurückziehende, auf die formaldemokratische Legitimität der Verantwortungsträger pochende und im aktuellen Konflikt auch einen furchterregenden Legalismus nicht scheuende Staat, der unter Berufung auf die demokratischen Verfahrensweisen der Herrschaftsbestallung und die Verfassungskonformität seiner Politik und die Rechtsstaatlichkeit des Handelns seiner Exekutivorgane jede Widerstandsberechtigung abweist.[60]

Wenn gegenwärtig Politiker und Staatsrechtler den Gegnern von Kernkraft und naturzerstörenden Großprojekten von Staat und Wirtschaft ein naturrechtlich oder grundgesetzlich verankertes Widerstandsrecht absprechen, dann ist ihnen uneingeschränkt zuzustimmen. Ein Widerstandsfall liegt nicht vor. Gegen eine Demokratie kann es kein Widerstandsrecht geben, denn die Demokratie ist geradezu die konstitutive Negation aller Bestimmungen, die die klassische Widerstandssituation definieren. Gleichwohl ist darum nicht Ruhe die erste Bürgerpflicht des Demokraten. Es kann in einer Demokratie durchaus legitimen zivilen Ungehorsam geben.

Als Ahnherr des Rechts auf bürgerlichen Ungehorsam gilt der in der ersten Hälfte des 19. Jahrhunderts lebende, gegen die Sklaverei wie gegen den Mexiko-Krieg seiner Regierung leidenschaftlich protestierende Amerikaner Henry David Thoreau. In seinem Essay *Über die Pflicht zum Ungehorsam gegenüber dem Staat* kann man viel Vortreffliches und Hochgestimmtes über die charakter- und überzeugungsstarke Unbotmäßigkeit des Bürgers erfahren. Nüchterner und durchdachter plädieren zeitgenössische amerikanische und englische Moral- und Rechtsphilosophen, Politologen und Juristen für einen qualifizierten bürgerlichen Ungehorsam. Es wäre wünschenswert, wenn hierzulande sowohl in der Diskussion um den aktiven politischen Nonkonformismus wie auch in seiner Selbstdarstellung die Orientierung am Paradigma der naturrechtlichen Widerstandssituation durch die Orientierung am Paradigma des bürgerlichen und demokratisch integrierbaren Ungehorsams ersetzt werden könnte, wenn die eifernde Widerstandsrhetorik einer ernsthaften Auseinandersetzung über die moralische Möglichkeit des bürgerlichen Ungehorsams und die Modalitäten seiner politischen Verantwortbarkeit Platz machen würde.

Rawls definiert zivilen Ungehorsam als eine »öffentliche, gewaltlose, gewissensbestimmte, aber politisch gesetzwidrige Handlung, die gewöhnlich eine Änderung der Gesetze oder der Regierungspolitik herbeiführen soll« (TG 401). Er betrachtet diesen bürgerlichen Ungehorsam und die Möglichkeit seiner Begründung »nur für den Spezialfall einer fast gerechten Gesellschaft, die also größtenteils wohlgeordnet ist, in der aber doch einige ernsthafte Gerechtigkeitsverletzungen vorkommen. Ein fast gerechter Zustand setzt [...] eine demokratische Regierungsform voraus; damit bezieht sich die Theorie auf die Rolle und Angemessenheit des zivilen Ungehorsams gegenüber einer rechtmäßigen demokratischen Gewalt.« (TG 399) Verteidigbar ist die aktive Aufkündigung der bürgerlichen Loyalität, wenn der Widerstand sich gegen wohlbestimmte Fälle gravierenden Unrechts und erheblicher Gefährdung richtet, wenn sich alle Rechtswege zuvor als Sackgasse erwiesen haben und wenn durch die illegalen Handlungen die Verfassungsordnung nicht bedroht wird. Ziviler Ungehorsam ist ein moralisch, und zwar nicht primär individualmoralisch, sondern gerechtigkeitsethisch begründeter Protest, der eine appellative Funktion hat. Durch Ungehorsamshandlungen »wendet man sich an den Gerechtigkeitssinn der Mehrheit der Gesellschaft und erklärt, nach eigener wohlüberlegter Ansicht seien die Grundsätze der gesellschaftlichen Zusammenarbeit zwischen freien und gleichen Menschen nicht beachtet worden« (TG 401).

Weder das Eigeninteresse noch die private Wertüberzeugung dürfen sich mit dem Recht des bürgerlichen Ungehorsams bewaffnen. Es geht nicht um die Erlösung der Welt, sondern um die unkonventionelle Erweiterung der Basis demokratischer Willensbildung. Die wohlüberlegte Unbotmäßigkeit des Bürgers ist als demokratisches Engagement ernst zu nehmen und darf weder psychologisch noch moralisch herabgesetzt werden; selbstverständlich verbietet sich eine Kriminalisierung. Das Bemühen um intersubjektive Begründung des oppositiv zum Ausdruck gebrachten Anliegens bildet die Zugangsschwelle zum Ungehorsam. Nur die Verallgemeinerungsfähigkeit der Ziele und die Objektivierbarkeit der Situationseinschätzung machen die Illegalität zu einem verteidigbaren Ausdrucks- und Appellationsmittel.

Der gesetzwidrige Protest ist grundsätzlich gewaltfrei; wobei, das versteht sich von selbst, der hier verwandte Gewaltbegriff auf der Ebene des Common-sense-Verständnisses von Gewalt angesiedelt ist und nicht im mindesten bereit sein kann, sich juristischen Definitionssubtilitäten zu beugen. Eine weitere Legitimitätsbedingung bürgerlichen Ungehorsams liegt in der strikten Anerkennung der demokratischen Grundprinzipien und der geltenden demokratischen Verfassungsordnung. Der Ungehorsame agiert als Bürger, nicht als Umstürzler; Demokratie- und Politikverbesserung hat er im Sinn, nicht Systemveränderung. Außerdem verlangt der bürgerliche Ungehorsam, für die rechtlichen und politischen Folgen der Gesetzesverletzungen einzustehen: Kostenlose Illegalität zu fordern ist moralisch unerträglich und bringt die Institution des bürgerlichen Ungehorsams um ihren moralisch-politischen Kredit. Nicht zuletzt in der Bestrafungsbereitschaft wurzelt die Glaubwürdigkeit des Gesetzesuntreuen: Der Kriminelle, der eigennützige, Illegalität versilbernde Rechtsbrecher versucht ebenso den Rechtsfolgen zu entgehen wie der militante Systemveränderer.

Die Theorie des zivilen Ungehorsams ist »Teil der Theorie des freiheitlichen Regierungssystems« (TG 423) und Probierstein der moralischen Grundlagen der Demokratie. Der bürgerliche Ungehorsam ist eine kluge und vernünftige Artikulation des politischen Dissenses; er bereichert den vielgestaltigen Prozeß demokratischer Willensbildung um eine unkonventionelle Facette und konfirmiert letztlich das Gemeinwesen. »Eine allgemeine Bereitschaft zu gerechtfertigtem zivilen Ungehorsam bringt einer wohlgeordneten oder fast gerechten Gesellschaft Stabilität.« (TG 421) Rawls hält also nicht nur gerechtfertigten bürgerlichen Ungehorsam für möglich, er fordert auch ein möglichst verbreitetes Engagement für den bürgerlichen Ungehorsam.

Damit der bürgerliche Ungehorsam diese demokratiebelebende Rolle spielen kann, bedarf es beträchtlicher demokratieethischer Einsichtigkeit, einer allseitigen und vor allen Dingen staatlich-politischen Akzeptanz des bürgerlichen Ungehorsams. Der Staat darf sich nicht obrigkeitlich versteifen und sicherheitspolitisch verkrampfen; er braucht Innenminister, die im bürgerlichen Ungehorsam keinen Anschlag auf die Verfassung wittern, sondern in ihm ein demokratisches Belebungselement erkennen. Und die Ungehorsamsbereiten müssen sich den genannten Rationalisierungsbedingungen ihres Protestes strikt unterwerfen. Der Ungehorsam ist keine in düsteres »In-tyrannos«-Pathos zu kleidende Heldentat. Wichtig ist, daß der Ungehorsam weder moralisch überhitzt wird noch vom sich leviathanisch gerierenden Staat zerstört wird. Der zivile Ungehorsam darf weder in die Hände des repressiven Moralismus einer naturrechtlichen Resistance fallen noch unter die Füße des repressiven Legalismus des sich rechtspositivistisch verhärtenden Staates geraten. Er ist ein Probierstein demokratischer Selbstsicherheit. In der Einstellung der Bürger wie der staatlichen Stellen gegenüber dem zivilen Ungehorsam zeigt sich das Maß der demokratischen Reife eines Gemeinwesens. Und es wird demokratische Festigkeit besitzen, wenn der folgende Rawlssche Satz, er sei noch einmal zitiert, fester Bestandteil seiner politischen Kultur geworden ist: »Eine allgemeine Bereitschaft zu gerechtfertigtem zivilen Ungehorsam bringt einer wohlgeordneten oder fast gerechten Gesellschaft Stabilität.«[61]

B. Fairneßgerechtigkeit, politischer Liberalismus und öffentlicher Vernunftgebrauch

In einer Fülle von Aufsätzen hat Rawls seit 1971 sein Theoriegebäude ausgebaut und der Fairneßgerechtigkeit eine erweiterte Fassung und einen neuen Anstrich gegeben. Er hat Unklarheiten zu beseitigen versucht, Korrekturen vorgenommen und die Aufgabenbeschreibung für die politische Philosophie modifiziert. Diese Änderungen haben mehr Irritation ausgelöst als Beifall gefunden. Viele haben Rawls ein unziemliches Nachgeben gegenüber kommunitaristischer Kritik vorgeworfen. Auch könnte man ihm, zumindest in der letzten Entwicklungsphase seiner Revision der ingeniösen Theorie von 1971, eine ärgerliche Anpassung an diskursethische Konzeptionen vorwerfen.[62]

Rawls' Weiterentwicklungen seiner Theorie lassen sich in einer groben Einteilung drei Motivbereichen zuweisen. Da ist zum einen das besonders in den *John Dewey Lectures* von 1980 wirksame Motiv der Kantianisierung der Theorie der Fairneßgerechtigkeit. Rawls will die »kantischen Wurzeln« (L 80) seiner Gerechtigkeitstheorie freilegen und mit den von ihm entwickelten begrifflichen Mitteln die von Kant vertretene Auffassung von moralphilosophischer und politikphilosophischer Begründung, den »kantischen Konstruktivismus« (L 256, Anm.) präzisieren. Und da ist zum anderen das besonders in den letzten Aufsätzen immer deutlicher werdende Motiv einer Politisierung der Gerechtigkeitskonzeption, das auf wahrheitsunabhängige und daher pluralismuskompatible Gründe für die Anerkennung der Gerechtigkeitskonzeption als einer gesellschaftlich geltenden Grundlage öffentlicher Rechtfertigungspraxis gerichtet ist. Der Dreh- und Angelpunkt dieser Politisierung ist die Einsicht, daß moderne Gesellschaften aufgrund der Prozesse der Individualisierung und Pluralisierung spezifische Rechtfertigungsverfahren benötigen, die sich von den Voraussetzungen substantieller metaphysischer Theorien über Gott, Natur und Mensch unabhängig machen.

Dieser Gedanke ist so neu nicht. Auch Rawls' revidierte Theorie ist der Tradition verpflichtet; sie kreist um ein Motiv, das für die gesamte neuzeitliche politische Philosophie konstitutiv ist. Denn das Pluralismusproblem ist so alt wie die Moderne. Der philosophische Liberalismus war von Anfang an Pluralismustheorie, hat sich von Anfang an der herausforderungsvollen Aufgabe gestellt, allgemein zustimmungsfähige Prinzipien für moralische und ethische Konfliktsituationen zu formulieren. Hobbes suchte nach einer politischen Rationalität, die eine von religiösen Überzeugungen unabhängige Verbindlichkeit und Wirksamkeit entfalten konnte, und fand sie in der allem Sozialen, Kulturellen und Geschichtlichen vorgelagerten menschlichen Natur. Auch Kant verfolgte das Programm einer Moralbegründung, die angesichts der ethisch-eudämonistischen Vielfalt menschlicher Lebensprojekte Bestand haben konnte. Er fand einen allgemeinen Verbindlichkeitsgrund in der reinen, von allem Sozialen, Kulturellen und Geschichtlichen unabhängigen Vernunft.

Das dritte Motiv nimmt das Konsensproblem angesichts unterschiedlicher Konzeptionen des Guten, Wahren und Sinnvollen auf, betrachtet es aber nicht mehr im Kontext der Gewinnung von Grundprinzipien für eine wohlgeordnete liberale Gesellschaft, sondern vor dem Hintergrund der öffentlichen Rechtfertigung konkreter politischer Entscheidungen. Auch dieser »öffentliche Vernunftgebrauch« (LP 129)[63] ist dem Liberalismus verpflichtet. Denn nichts geringeres behauptet Rawls, als daß sich alle wesentlichen Meinungsverschiedenheiten in pluralistischen Demokratien in Übereinstimmung mit den liberalen Gerechtigkeitsgrundsätzen und Legitimitätsnormen beilegen lassen müssen. Der Liberalismus, insbesondere der in der Gestalt der Rawlsschen Fairneßgerechtigkeit, wird hier mit der Rolle eines gesellschaftlichen Versöhners betraut. Damit dürfte

Rawls die inneren ethischen und religiösen Spannungen moderner, kulturell heterogener Gesellschaften allerdings unterschätzen. Diese auf Versöhnung zielende Vorstellung ist obsolet. Nicht mehr darauf kann es ankommen, einen Konsens zu sichern, sondern mit unauflöslichem Dissens zurechtzukommen. Die substantielle Gerechtigkeitskonzeption des Liberalismus ist nur ein Teilnehmer am kulturellen Diskurs um Sinn, Wahrheit und Richtigkeit.

Bestenfalls als Makler, als verfahrenskompetenter Mittler kann der Liberalismus agieren, nicht jedoch einen Konsens herbeiführen. Daher ist die Aufgabe eines modernitätstauglichen politischen Liberalismus nicht mehr Konsenssuche, sondern Dissensmanagement. Liberale Ordnungskunst erstreckt sich heute darauf, Frieden, Recht und Wohlstand zu sichern angesichts unüberbrückbarer Meinungsverschiedenheiten über das Gute, das Richtige und das Wahre. Daß Rawls einen unrealistischen Optimismus pflegt, seine Fairneßgerechtigkeit keinesfalls der Heilsbringer in pluralistischen Zeiten ist, zeigt sich sofort, wenn wir auf die gesellschaftlichen Diskussionen bio- und medizinethischer Fragen schauen. Es verbietet sich, bei Abtreibungsfragen, bei Problemen der Embryonenforschung, der Präimplantationsdiagnostik und des therapeutischen Klonens politische Hoffnungen auf den Liberalismus zu setzen. Der Liberalismus läßt sich nicht als aussichtsreiche Schlichtungsplattform etablieren. Er ist Partei. Eine realitätstüchtige politische Philosophie muß die Rawlssche Konsensillusion aufgeben. Letztlich sind Rawls' Vorstellungen über einen öffentlichen Vernunftgebrauch, über Streitbeilegung in öffentlichen Diskussionsarenen wenig mehr als Vernunftträumereien. Verglichen mit einem solchen Vernunftbegriff, erweist sich die gesellschaftliche Deliberationsrealität als höchst unvernünftig. Aber vielleicht ist es auch umgekehrt: Vielleicht ist die Realität viel vernünftiger als die träumende

Vernunft der Rawlsschen Theorie, vermag sie doch auch dann Frieden zu halten und eine Fülle friedenserhaltender Einstellungen in den Bürgern zu erzeugen, wenn eine Einigung über die brennenden, oft den Kern des moralisch-kulturellen Selbstverständnisses berührenden Streitsachen sich noch nicht einmal am Horizont abzeichnet.

Die Vorstellung einer liberalen Rationalisierung und Befriedung der kulturellen Selbstverständigung einer modernen Gesellschaft kann nicht aufrechterhalten werden. Dies gilt ebenso für die von Rawls in Nachfolge der Diskursethik vorgenommene Heiligung des Konsenses. Während die Theorie noch die deliberative Gesellschaft auf den liberalen Konsens verpflichten will, ist in der Realität längst eine Modus-vivendi-Toleranz üblich, haben die Menschen längst einen klugen Umgang mit unschlichtbaren Meinungsverschiedenheiten eingeübt. Und wenn es sich dabei um ein Problem handelt, das nach gesetzlicher Normierung verlangt, dann wird politisch entschieden; die unterlegene Minderheit akzeptiert die Entscheidung, ohne ihr zuzustimmen. Genau darin zeigt sich politische Rationalität in modernen Gesellschaften: Die auf einen Konsens zielenden Verfahren des Vertrags sind den Legitimationsszenarien der Theorie vorbehalten; die öffentlichen Argumentationen werden nicht als konsensorientierte und wahrheitsgenerierende Veranstaltungen mißverstanden, sondern als Medien der Meinungsäußerung, als Prozesse des Überprüfens und Lernens begriffen und genutzt.

Rawls irrt sich: Nicht nur ist die liberale Gerechtigkeitskonzeption keine Gerechtigkeitskonzeption für alle Gesellschaften und für alle Zeiten; sie vermag selbst in liberalen Gesellschaften nicht für einen Konsens in allen öffentlichen Streitfragen zu sorgen. Daß Rawls seine neugefaßte, pluralismusfest gemachte Gerechtigkeitskonzeption als politischen Liberalismus bezeichnet, ist ein begrifflicher Fehlgriff. Wir haben es hier mit einem moralischen Liberalismus zu tun, der seine politische Ernüchterung noch vor sich hat. Hat er sein Ernüchterungspensum absolviert, dann wird er die Konsensillusion durchschauen, dann wird er begriffen haben, daß sich hinter der Vorstellung einer allgemein verpflichtenden konsensermöglichenden Vernunft noch das alte hochtrabend-naive metaphysische Begründungsprogramm verbirgt. Um als Konsensplattform dienen zu können, muß der Liberalismus darauf verzichten, als Rawlsscher Gerechtigkeitsliberalismus aufzutreten, muß er sich als dissensfestes Regelwerk, als Dissensmanagement etablieren. Dann zeigt sich seine Attraktivität nicht darin, den Pluralismus durch richtigen Vernunfteinsatz konsenszielig zu überwinden, sondern darin, den Pluralismus auszuhalten, Alteritätsfähigkeit zu entwickeln und die Tugenden zu lernen, die notwendig sind, um die fälligen politischen Entscheidungen auch dann zu akzeptieren, wenn man überstimmt worden ist. – Diese kurze Charakterisierung und Zurückweisung der Rawlsschen Idee von der versöhnenden Wirkung eines liberalismusfundierten öffentlichen Vernunftgebrauchs soll hier genügen.[64] Im folgenden werde ich mich ausschließlich den ersten beiden Revisionen zuwenden, dem kantischen Konstruktivismus und der pluralismusbedingten Verabschiedung einer metaphysischen Gerechtigkeitstheorie.

Rawls' Revisionen lassen den Kern der Botschaft der Gerechtigkeit-als-Fairneß-Konzeption gänzlich unberührt. Weder verändert Rawls die Statik seines Theoriegebäudes noch die prinzipienlogischen Ergebnisse des Begründungsunternehmens: Er hält sowohl an der Grundstruktur des kontraktualistischen Arguments – Personen wählen in einer theoretisch kontrollierten Ursprungssituation Gerechtigkeitsprinzipien – als auch an den beiden Gerechtigkeitsprinzipien selbst fest. Jedoch die inhaltliche Interpretation dieses Entscheidungsverfahrens ändert sich: Die kontraktualistische Syntax bekommt zum einen eine starke kantische Deutung; zum anderen wird die grundsätzliche Aufgabenbeschreibung des ganzen Theorieunternehmens modifiziert. Der Allgemeingültigkeitsanspruch weicht jetzt dem hermeneutischen Ziel kultureller Selbstverständigung. Der Archimedische Punkt ist in weite Ferne gerückt. Jetzt geht es nur noch darum, die latenten Gemeinsamkeiten des kulturellen Bewußtseins der modernen konstitutionellen Demokratien des Westens zu formulieren. Damit tritt die politische Philosophie in den Dienst der Artikulation und Festigung des normativen Grundkonsenses angesichts eines um sich greifenden, modernisierungsbedingten Wertepluralismus. Wir sollten nicht mehr versuchen, so Rawls jetzt,

»eine Gerechtigkeitskonzeption zu finden, die für alle Gesellschaften unabhängig von ihren sozialen und historischen Umständen angemessen ist. Wir wollen eine grundsätzliche Uneinigkeit bezüglich der gerechten Form grundlegender gesellschaftlicher Institutionen innerhalb einer demokratischen Gesellschaft unter modernen Bedingungen beseitigen. Wir betrachten uns selbst und unsere Zukunft und denken über unsere Auseinandersetzungen [...] nach. Daher sollten wir versuchen, untereinander zu einem praktikablen und tragfähigen Einverständnis über die obersten Grundsätze der Gerechtigkeit zu gelangen. Unsere Hoffnung ist, daß es einen allgemeinen Wunsch nach Übereinstimmung gibt und überdies einen ausreichenden Vorrat gemeinsamer Grundbegriffe und stillschweigend für wahr gehaltener Grundsätze, so daß die Bemühungen um ein Einverständnis einen gewissen Ausgangspunkt haben. Das Ziel politischer Philosophie innerhalb der öffentlichen Kultur einer demokratischen Gesellschaft ist es, diese gemeinsamen Begriffe und Grundsätze, von denen angenommen wird, daß sie im Common sense schon latent vorhanden sind, zu artikulieren und explizit zu machen [...]. Die eigentliche Aufgabe besteht darin, die tieferen Grundlagen der Übereinstimmung, von denen man hofft, daß sie im Common sense eingebettet sind, aufzudecken und zu formulieren [...]. Was eine Gerechtigkeitskonzeption rechtfertigt, ist nicht ihr Wahrsein bezüglich einer vorgängigen, uns vorgegebenen Ordnung, sondern ihre Übereinstimmung mit einem tieferen

Verständnis unserer selbst und unserer Bestrebungen, sowie unsere Einsicht, daß diese Lehre in Anbetracht unserer Geschichte und der in unser Leben eingebetteten Traditionen die vernünftigste für uns ist.« (L 83 ff.)

In den Augen der Kommunitaristen folgen die politischen Philosophen des Liberalismus dem berühmten Vorbild aus dem Platonischen Höhlengleichnis: Auf ihrer unseligen Suche nach allgemeingültigen und objektiven Gerechtigkeitsgrundsätzen verlassen sie die gemeinsam bewohnte Höhle, die vertraute Lebenswelt, und begeben sich an einen geschichtslosen, gesellschaftsexternen Ort, um dann als Gerechtigkeitsdesigner, wie Moses mit den Gesetzestafeln unter dem Arm, in ihre Gesellschaft zurückzukommen und sie nach dem Muster ihrer utopischen Blaupausen zu überformen. Mit solch einer aus der Entfremdung geborenen politischen Philosophie sei in einer geschichtlich bestimmten und notwendigerweise partikularistischen politischen Gemeinschaft nichts anzufangen. Politische Philosophie muß in den Augen der Kommunitaristen auf den fundamentalen Wertüberzeugungen der Mitglieder einer gegebenen Gemeinschaft basieren; sie kann nur als Interpretation, Artikulation und Explikation der geteilten Grundorientierungen entwickelt werden. Der politische Philosoph muß immer Teilnehmer des besonderen politischen Diskurses, immer Mitglied der besonderen politischen Gemeinschaft sein.

Die Kommunitaristen dürfen mit der jüngsten Entwicklung der Rawlsschen Theorie zufrieden sein: Rawls ist in seine Höhle zurückgekehrt. Ausdrücklich versteht er politische Philosophie jetzt als Explikation geteilter kontingenter Überzeugungen. Andererseits haben wir oben gesehen, daß auch der Rawls der *Theory of Justice* von 1971 die Höhle nicht gänzlich verlassen hat. Als er sich zu der These verstieg, mit seiner Fairneßgerechtigkeit ein allgemeingültiges Konzept gefunden zu haben, war er einem Selbstmißverständnis aufgesessen. Die Einbettung des vertragstheoretischen Arguments in einen kohärenztheoretischen Rechtfertigungsrahmen muß notwendigerweise die fundamentalen Überzeugungen des zeitgenössischen moralischen Bewußtseins in den Rang eines nicht zu überschreitenden Begründungskontextes erheben. Es ist eine eigentümliche begründungsmethodologische Ironie, daß Rawls ausgerechnet eine seiner innovativsten Ideen ursprünglich im Sinne einer metaphysischen Letztbegründung gedeutet hat. So konnte er dann als Revision ausgeben, was von Anfang an in dem kohärenztheoretischen Begründungsmodell enthalten war, nämlich die Einsicht, durch keine philosophische Anstrengung den vorfindlichen Werthorizont überwinden und den kontingenten Gegebenheiten der eigenen Zeitgenossenschaft entfliehen zu können.

1. Kantischer Konstruktivismus

Rawls erblickt die Bedeutung seiner gewandelten Gerechtigkeitskonzeption nicht zuletzt in ihrem Beitrag zur systematischen Ausformulierung eines Theorie- und Begründungsprogramms, das er auf Kant zurückführt und als »kantischen Konstruktivismus« bezeichnet.[65] Der Leitgedanke des Konstruktivismus ist vertraut; er zielt darauf, »mittels eines Konstruktionsverfahrens eine geeignete Verbindung zwischen einem bestimmten Begriff der Person und obersten Gerechtigkeitsgrundsätzen herzustellen« (L 82). Das, was Rawls jetzt »Konstruktivismus« nennt, hieß 1971 noch »Vertragstheorie«. Es geht nach wie vor um die Wahl von Gerechtigkeitsprinzipien unter bestimmten Bedingungen; nach wie vor ist der Urzustand ein Zustand der »reinen Verfahrensgerechtigkeit« (L 91), die in ihm gewählten Prinzipien sind allein aufgrund des sie erzeugenden Verfahrens als gerecht anzusehen. Was diesen Konstruktivismus nun zu einer eminent kantischen Version der Vertragstheorie machen soll, ist die Neubestimmung des Urzustandspersonals: Die Verfassungswähler treten jetzt nicht mehr als Maximierungsautomaten der Entscheidungstheorie auf; entsprechend orientiert sich ihre Entscheidung auch nicht mehr an den universalen Grundlagen aller nur vorstellbaren individuellen Lebenspläne überhaupt. Sie besitzen jetzt den Status von sich wechselseitig als frei und gleich anerkennenden und als moralische Personen betrachtenden Bürgern; sie argumentieren und agieren im Urzustand als moralische Subjekte.

Dieses Konzept freier und gleicher moralischer Personen verdrängt nicht nur den Homo oeconomicus samt nutzenmaximierender Rationalität, es muß überdies auch – das muß Rawls aufgrund seiner gewandelten Auffassung von dem Ziel einer politischen Philosophie unterstellen – mit dem Kerngehalt des Selbstverständnisses der Bürger unserer westlichen demokratischen Gesellschaften, also mit unserem eigenen Selbstverständnis, identisch sein. Denn wenn es Aufgabe der politischen Philosophie ist, die kategorialen Grundlagen der öffentlichen Kultur dieser Gesellschaften, die Begriffe und Grundsätze unseres politischen Common sense »zu artikulieren und explizit zu machen« (L 84), um einen immer schon anerkannten begrifflichen Rahmen zu formulieren, in dem die Bürger dieser Demokratien ihre Institutionen und Grundsätze gesellschaftlicher Gestaltung voreinander öffentlich rechtfertigen und für jeden von ihnen unabhängig von dessen sozialer Stellung und besonderer Interessenlage als anerkennungswürdig ausweisen können, dann müssen in dem Protagonisten des politischen Konstruktivismus die wesentlichen Bestimmungen des bürgerlichen Selbstverständnisses wiederzuerkennen sein.

Und dieses Selbstverständnis, so Rawls, sei durch kantische Vorstellungen von moralischer Subjektivität und Autonomie geprägt. Damit laufen die beiden neuen Theorieentscheidungen der Einführung eines Konzepts moralischer Persönlichkeit in die Gerechtigkeitstheorie und der Einschränkung ihres Geltungsbereichs auf die gesellschaftliche Welt der modernen Demokratien auf die These eines impliziten Kantianismus in der politischen Kultur moderner demokratischer Gesellschaften hinaus, den es philosophisch auszudeuten und bewußtzumachen gilt. Auch aus interner Perspektive ist ein Konsistenzgewinn zu vermelden. Denn von dem neuen begründungstheoretischen Protagonisten der Rawlsschen Gerechtigkeitstheorie ist immerhin vorstellbar, daß er sich dazu bewegen läßt, für die Ermittlung gerechter gesellschaftlicher Regeln unter den Schleier der Unwissenheit zu treten. Das geschilderte Verhalten des Rationalegoisten der Fassung von 1971 war hingegen zutiefst rätselhaft, denn was nur konnte ihn motiviert haben, sein Entscheidungsprogramm moralischen Rahmenbedingungen zu unterwerfen und sich unter dem Schleier der Unwissenheit zu verlieren?

Aber das heißt keinesfalls, daß Rawls' kantischer Konstruktivismus eine im großen und ganzen gelungene Revision ist. Das zeigt sich, wenn man ins Detail geht. Denn was versteht Rawls näherhin unter einem Bürger als einer »moralischen Person«?

»Wir betrachten Personen als durch zwei moralische Vermögen und zwei ihnen korrespondierende höchstrangige Interessen an der Verwirklichung und Ausübung dieser Vermögen gekennzeichnet. Das erste Vermögen ist die Anlage zu einem wirksamen Gerechtigkeitssinn, d.h. die Fähigkeit, die Gerechtigkeitsgrundsätze zu verstehen, sie anzuwenden und aus ihnen heraus zu handeln (und nicht nur in Übereinstimmung mit ihnen). Das zweite moralische Vermögen ist die Befähigung, eine Konzeption des Guten auszubilden, zu revidieren und rational zu verfolgen. Entsprechend den zwei moralischen Vermögen heißt es von moralischen Personen, daß sie zwei höchstrangige Interessen haben, diese Vermögen zu verwirklichen und auszuüben.« (L 93)

Setzen wir nun dieses neue Subjektmodell in die »Justice-as-fairness«-Formel ein und vergleichen die *Theory of Justice* mit den *Dewey Lectures*. Einmal heißt es: Gerecht sind Güterverteilungsprinzipien, auf die sich Menschen, die an einem günstigen gesellschaftlichen Verwirklichungsklima für ihre privaten Lebenspläne interessiert sind und einen maximalen Anteil an universal nützlichen gesellschaftlichen Grundgütern besitzen möchten, unter (genau festgelegten [Unwissenheitsschleier usf.]) Urzustandsbedingungen einigen würden. Jetzt heißt es: Gerecht sind Güterverteilungsprinzipien, auf die sich Bürger, die sich als moralische Personen betrachten und wechselseitig als frei und gleich anerkennen und die an einem günstigen gesellschaftlichen Verwirklichungsklima für ihre ihnen wesentlichen moralischen Anlagen interessiert sind und einen maximalen Anteil an für die Entwicklung dieser Anlagen nützlichen gesellschaftlichen Grundgütern haben möchten, unter (genau festgelegten [Unwissenheitsschleier usf.] Urzustandsbedingungen einigen würden. Unverständlicherweise ist das Wahlergebnis von dieser Änderung des Einigungsszenarios nicht betroffen: Gleichgültig, ob die Bürger als moralische Personen oder Rationalegoisten der Konzeption von 1971 unter den Schleier der Unwissenheit gesteckt werden, immer werden die gleichen Grundsätze gewählt.

Es ist offensichtlich, daß auch die jetzt zu moralischen Personen erklärten Verfassungswähler als Interessenmaximierer wählen. Ihr Entscheidungsverhalten wird nach wie vor durch die ökonomische Rationalität bestimmt. Nur die zur Entscheidungsorientierung herangezogene Liste der sozialen Grundgüter hat sich geändert. Umfaßten die Grundgüter ursprünglich allgemeine neutrale lebensplanförderliche Bestimmungen und wurde ursprünglich gefragt, welcher der angegebenen Grundsätze die günstigste Verteilung dieser Grundgüter bewirkt, so umfassen die Grundgüter jetzt Bestimmungen, die sich für die Entwicklung und Vervollkommnung der beiden moralischen Kompetenzen der Personen als förderlich ausweisen, und wird jetzt gefragt, welche der angegebenen Grundsätze die effektivste gesellschaftliche Förderung dieser beiden moralischen Fähigkeiten gewährleisten. Rawls' Gerechtigkeitstheorie nimmt damit den Charakter einer moralteleologischen Theorie an: Gerecht ist eine institutionelle Ordnung dann, wenn sie sich als förderlich für die Entwicklung der moralischen Eigenschaften der Bürger erweist. Rawls verankert damit die Gerechtigkeit als Optimierungsmittel in einer Konzeption des Guten. Angesichts des strikten Antiteleologismus der praktischen Philosophie Kants könnte der Abstand des »kantischen Konstruktivismus« zum Rechts- und Moraluniversalismus Kants kaum größer sein.[66]

Rawls' Neuausstattung des Naturzustandspersonals führt zu einer Vernebelung der Entscheidungssituation. War die Kriterienlage ursprünglich klar – alle einigen sich auf die Grundsätze, die eine maximale Verteilung der universal nützlichen Grundgüter versprechen –, so wird sie jetzt undeutlich: Welchen Grundgüterbesitz muß eine an derartiger ethischer Kultivierung interessierte Ordnung verlangen? Obwohl sich das kontraktualistische Personal von der *Theorie der Gerechtigkeit* zum *Politischen Liberalismus* ebenso wie die das Entscheidungsverhalten orientierende Theorie des schwachen Guten beträchtlich geändert hat, bleibt das Wahlresultat ebenso unverändert wie die ihm zugrundeliegende Grundgüterliste. Das rationale, lebensplanbezogene Maximierungsinteresse konzentriert sich auf dieselben Güter wie das moralische, fähigkeitenbezogene Maximierungsinteresse.

Das ist überaus merkwürdig, denn dieser Sachverhalt bedeutet nichts anderes als die personentheoretische Neutralität der Grundgüterliste. Warum hat sich Rawls aber dann zu einer so weitreichenden Neubestimmung des kontraktualistischen Personals veranlaßt gesehen? Und da die Grundgüter das distributive Profil der Grundverfassung bestimmen, ist somit auch die institutionelle Grundstruktur der Gesellschaft neutral gegenüber der doch nicht unerheblichen Differenz zwischen Rationalegoisten einerseits und an der Vervollkommnung ihrer reflexivmoralischen Verfassung interessierten Bürgern andererseits.

Es ist offensichtlich, daß keinerlei plausible Beziehung zwischen der neuen personentheoretischen Statur der Verfassungswähler im kantischen Konstruktivismus und dem alten Differenzprinzip samt der alten Grundgüterliste hergestellt werden kann. Rawls stülpt vielmehr übernommenen Lehrstücken eine neue kantianisierende Subjekttheorie und eine neue Universalteleologie über, ohne nur ein Argument dafür anzubieten, daß dieser begründungstheoretische Personalwechsel mit der in seinem Gefolge erforderlichen Neufassung der schwachen Theorie des Guten nach genau demselben Verteilungsprinzip materialer Güter, nach genau derselben Grundgüterliste verlangt wie das Entscheidungsszenario der Rationalegoisten aus der ersten Fassung des Rawlsschen Kontraktualismus. Dadurch löst sich das Kernargument auf. Mühelos läßt sich eine einsichtige Verbindung zwischen rationaler Lebensplanung, erwünschtem maximalem Grundgüterbesitz und dem Differenzprinzip und der Forderung der Besserstellung der Schlechtestgestellten herstellen. Wo aber ist der sachliche Zusammenhang zwischen diesem letztgenannten Legitimationskriterium für sozioökonomische Ungleichheit und dem um Verbesserung seiner Moralkompetenzen besorgten Bürger? Welche Bedeutung kommt den Schlechtestgestellten zu, wenn es nicht mehr um maximale Grundgüterausstattung rationaler Lebenspläne geht, sondern um eine interne Vervollkommnung moralischer Subjekte?

Das Problem spitzt sich noch zu, wenn wir den anderen Strang des Rawlsschen Konzepts moralischer Subjektivität betrachten und von den gesellschaftlichen Institutionen neben der Unterstützung der Revisionsfähigkeit auch die Beförderung moralischer Kompetenz und Ernsthaftigkeit verlangen. Wie kann die gesellschaftliche Grundstruktur zugleich einen ethischen Experimentalismus und eine ernsthafte, das moralisch Geforderte um seiner selbst willen beachtende Lebensführung begünstigen? Und wie soll diese delikate, das Koordinationsprofil rechtlicher und politischer Institutionen beträchtlich überfordernde neue Aufgabenstellung gerade durch einen Grundgüterbesitz vorangebracht werden können, den lebensplanorientierte Rationalegoisten bei ihrer Suche nach der Befriedigung genereller Präferenzen ausfindig gemacht haben? Fraglos hat das Urzustandsrevirement bedenkliche Auswirkungen auf die Gesamtkonstruktion des kontraktualistischen Arguments. Andererseits erweist es sich sowohl hinsichtlich der Grundgüterliste als auch hinsichtlich der Gerechtigkeitsprinzipien als gänzlich folgenlos. Wenn aber die entscheidungsermöglichende Grundgüterliste beim Personalwechsel erhalten bleibt, diese, so wie eine gute Administration mit jeder Regierung zurechtkommt, sowohl den universellen Präferenzen der Egoisten als auch dem vernünftigen Interesse der Bürger an der Ausbildung ihrer moralischen, ethischen und rationalen Kapazitäten dienlich ist, wenn jedes Grundgut somit moralteleologisch als auch lebensplanrational ausgelegt werden kann, dann ist es zumindest für das Funktionieren des Arguments nicht von Bedeutung, welcher Art das Selbst, welcher Art die Person ist, die unter den einmütigkeitssichernden Schleier gesteckt wird. Aber ist das, was für selbstinteressierte Rationalisten gut ist, immer auch für moralische Personen gut? Sicher nicht, erst recht nicht, wenn die moralische Person von der grundgüterverteilenden Gesellschaft eine Stärkung ihrer moralischen Kapazitäten verlangt.

So willkommen die durch die Auswechslung des Urzustandspersonals ermöglichte semantische Glättung des Arguments ist: Die gerechtigkeitstheoretischen und gesellschaftspolitischen Konsequenzen der Ersetzung eines Volks von Teufeln mit Verstand durch ein Volk von moralischen Bürgern mit Vernunft sind verhängnisvoll, denn entgegen der Rawlsschen Versicherung wird sich die gesamte Gesellschaft ändern, wenn wir von dem System der Koordination und maximalen institutionellen Ermöglichung glückender individueller Lebenskarrieren zu einem System der maximalen institutionellen Ermöglichung der Entwicklung moralischer Kapazitäten übergehen. Gesellschaftlich maximale Grundgüterverteilung bietet die Kooperation der Egoisten wie die Kooperation der moralischen Bürger. Während sich aber die erste, wie es sich für Rechts- und Gerechtigkeitsordnungen gehört, auf den Bereich des äußeren Handelns und der äußeren Güterversorgung beschränkt, muß sich die zweite dem ethisch-moralischen Anspruchsprofil der Bürger anpassen und die Grundgüterverteilung dem erzieherischen Ziel der moralischen und ethischen Fähigkeitsverbesserung unterwerfen. Rawls hat hier die Perspektiven des Rechts und der Moralität konfundiert und mit der Verwischung von Handlung und Vermögen, Erfolg und moralpsychologischer Kapazität die für Gerechtigkeitsuntersuchungen lebenswichtige Grenze zwischen Innen und Außen, zwischen der Außenwelt des Handelns und der Innenwelt der Zwecke überschritten.

Rawls offenbart hier einen deutlichen – und dezidiert unkantischen – Hang zum Perfektionismus. Es kann gerechtigkeitspolitisch nicht gut ausgehen, wenn das Urzustandspersonal aus der rechtfertigungstheoretischen Retorte die gerechtigkeitsethisch maßgeblichen Interessen bestimmt. Die Kosten dieses moralischen Elitarismus zeigen sich in einer völligen Verkehrung des Grundgütergedankens. Während Grundgüter ursprünglich allgemein nützliche soziale Hintergrundbedingungen moralisch ungewichteter Lebenspläne sind und vernünftigerweise die Bentham-Bedingung der Gleichberechtigung aller Präferenzen erfüllen, also ein Pushpin-Leben genauso begünstigen wie ein Poetry-Leben, verwandeln sie sich jetzt – in der sie legitimierenden Interpretation, nicht in der materialen Gestalt: die ändert sich ja bemerkenswerterweise nicht – zu moralischen Exzellenzbedingungen, die aus der Warte gewöhnlicher Daseinsfristung nicht angemessen begriffen und genutzt werden können.

»Würden die Parteien nur durch ein niederrangiges Interesse z.B. an Essen oder Trinken oder durch ihre affektionsbestimmte Zugehörigkeit zu dieser oder jener Personengruppe, Vereinigung oder Gemeinschaft bewegt, dann würden wir sie als heteronom bestimmt und nicht als autonom ansehen. Jedoch entspringt der Wunsch nach Grundgütern den höchstrangigen Interessen moralischer Personalität und dem Bedürfnis, die jeweilige Konzeption des Guten (worin auch immer sie bestehen mag) abzusichern. Die Parteien versuchen also nur die erforderlichen Bedingungen für die Ausübung der Vermögen, die sie als moralische Personen auszeichnen, zu gewährleisten und zu verbessern. Diese Motivation ist sicherlich weder heteronom noch egoistisch: wir erwarten und verlangen auch von den Menschen, daß sie ihre Freiheiten und Chancen für die Verwirklichung dieser moralischen Vermögen wichtig nehmen, und wir glauben, daß es ein Zeichen mangelnder Selbstachtung und charakterlicher Schwäche wäre, dies nicht zu tun.« (L 96 f.)

Hier ist offenkundig die Bentham-Bedingung außer Kraft gesetzt worden. Rawls hält es mehr mit Mill, dem unglücklichen Sokrates und der Vorzugswürdigkeit bestimmter, um moralische Kompetenz bemühter Lebensformen, die sich autonomiebewußt über die in den seelischen und gesellschaftlichen Niederungen gehegten Wünsche hinwegsetzen. Nur dann scheint hier eine maximale Grundgütersicherung legitim, wenn sie der Begünstigung der moralischen Lebensgestaltung dient, wenn sie zugleich moralische Kompetenz festigt und einem Experimentalismus ethischer Lebensentwürfe entgegenkommt.

Ich habe in der ersten Fassung dieser Einführung eine wohlmeinende Interpretation der Neubestimmung der Fairneßgerechtigkeit skizziert, die dem Begriff der moralischen Person eine sinnvolle argumentative Funktion geben kann, freilich auf Kosten auch des letzten Restes des kontraktualistischen Arguments und der Verfassungswahlfiktion. Hier bleibt von dem Gedanken einer sich an der Optimierung moralischer Kapazitäten ausrichtenden rationalen Wahlentscheidung nichts mehr übrig. Im Lichte dieser Interpretation wird das ganze aufwendige Begriffsszenario der Fairneßgerechtigkeit zu einer überaus umständlichen Illustrierung eines demokratischen öffentlichen Rechtfertigungsverfahrens von gesellschaftlichen Institutionen. Derartige Rechtfertigungsverfahren haben zum einen eine bestimmte Struktur, die ihren demokratischen Charakter bestimmt: Die in ihnen erzeugten Rechtfertigungen basieren auf allgemein anerkannten Gründen; für die in ihnen ermittelten allgemein anerkennungsfähigen Grundsätze wird allen gegenüber in aller Öffentlichkeit mit für alle gleichen Gründen auf vernünftige Weise argumentiert. Zum anderen besitzen die Subjekte dieses Rechtfertigungsverfahrens eine komplexe praktische Vernunft; sie verfügen sowohl über die nutzenmaximierende Rationalität als auch über eine deliberierende Vernunft, die sie in die Lage versetzt, die Ebene nutzenmaximierender Rationalität zu transzendieren und neben dem Interesse an der erfolgreichen Verwirklichung der eigenen Interessen und der eigenen Konzeption eines guten, sinnvollen Lebens ein anderes und im Konfliktfall vorrangiges Interesse an einer Vernunftbestimmung des Handelns und an vernunftbestimmtem Handeln selbst auszubilden.

Die Vernunftbestimmung des Handelns gründet in Prinzipien, auf die sich Personen, die sich selbst wie auch den anderen gegenüber den Anspruch erheben, sich nur allgemeingültigen, in gemeinsam gestalteten Rechtfertigungsverfahren ermittelten Prinzipien zu unterwerfen, einigen. In der Tat unterstellen wir uns wechselseitig diese Art von Vernunft, können wir gar nicht anders, als uns selbst und anderen die Fähigkeit zuzuschreiben, auch aus Vernunftgründen handeln und durch vernünftige Einsicht und erkannte Verbindlichkeit motiviert werden zu können und nicht nur interessengeleitet agieren zu müssen. Es fällt uns nicht ein, uns mit den Retortengeschöpfen der wirtschaftswissenschaftlichen Entscheidungstheorie zu verwechseln, uns als ungehemmte Nutzenmaximierer zu betrachten, die Kooperationsregeln nur im Rahmen eines generalisierten Egoismus akzeptieren und sich über diese immer noch hinwegsetzen, wenn es ihnen zum Vorteil ausschlägt. Wir haben es hier also mit einem Rechtfertigungsmodell zu tun, das durch die Proceduralisierung einer praktischen Vernunft kantischen Zuschnitts den Rahmen für die öffentlichen Rechtfertigungsprozesse einer deliberativen Demokratie bereitstellt und dem gegenüber den faktischen Ergebnissen gesellschaftlich-politischer Einigungen eine regulative Funktion zukommt.[67]

Diese Interpretation nimmt genau die Wendung der Rawlsschen Theorie vorweg, die Rawls dann mit seiner Konzeption des öffentlichen Vernunftgebrauchs eingeschlagen hat. Freilich, dazu ist eingangs dieses Kapitels das Nötige bereits gesagt worden, geht seine Abschwächung nicht so weit, daß er die für theoretische Legitimationsszenarien unverzichtbare, in der demokratischen Realität jedoch deplazierte Konsensorientierung verabschiedet hätte. Im Gegenteil, er hat ausdrücklich an ihr festgehalten und das in der Theorie durch geeignete Idealisierung garantierte Einmütigkeits- und Konsensszenario auch zum Kerngehalt öffentlicher Diskursvernunft erklärt. Dadurch wird die faktische Leistung deliberierender Vernunft verfehlt, diese nur als in die Wirklichkeit und nichtideale Welt entlassene Rechtfertigungsvernunft angesehen. Die deliberative Selbstverständigung einer pluralistischen Gesellschaft ist jedoch nicht mit der Rechtfertigungsargumentation philosophischer Theorie zu verwechseln.

2. Politische Philosophie angesichts des Pluralismus

In seinen letzten Aufsätzen hat Rawls sein Konzept der Fairneßgerechtigkeit abermals verändert. Stand im Mittelpunkt der Konzeption der *Theory of Justice* eine rationale, auf Nutzenmaximierung ausgerichtete Wahlentscheidung, ging es in den *Dewey Lectures* aufgrund der Kantianisierung des Urzustandspersonals um gesellschaftliche Grundstrukturen, die der Sicherung und Steigerung personenkonstitutiver moralischer Kapazitäten dienen sollten, so geht es bei der Fairneßkonzeption jetzt darum, angesichts des »Faktums des Pluralismus« (L 334) allgemein zustimmungsfähige Grundsätze zu formulieren, die eine stabile gesellschaftliche Einheit garantieren und den sozialen Frieden retten. Hat sich die Gerechtigkeitskonzeption der *Dewey Lectures* von dem hohen Ton Kantischer Philosophie inspirieren lassen, so zeigt die jüngste Gestalt der Rawlsschen Philosophie einen nüchternen Pragmatismus hobbesschen Geistes. Rawls bettet jetzt die philosophische Aufgabe der Prinzipienrechtfertigung in ein politisches Programm republikanischhobbesschen Zuschnitts.

Rawls' neues Verständnis der politischen Philosophie knüpft zum einen an das Hobbessche Thema der Sicherung der sozialen Einheit bei gleichzeitiger Anerkennung des Prinzips der individuellen Autonomie an und greift zum anderen das republikanische Programm unter den erschwerten Bedingungen der kulturellen Moderne wieder auf, das Programm der Sicherung einer generationenübergreifenden Kontinuität der politischen

Gemeinschaft vor Ermattungs- und Verschleißerscheinungen, vor innerem Zerfall und ideologischer Fragmentierung durch Herbeiführung einer affirmativen Einstellung der Bürger zu ihren modernen politischen Lebens- und Denkbedingungen. Indem diese beiden Programmbereiche sich ergänzen und unterstützen, kann an die Stelle der repressiven Einheitssicherung durch den staatlichen Leviathan eine von einer öffentlichen Vernunft belebte Gerechtigkeitsgemeinschaft treten.

Rawls' neue Fassung seiner Gerechtigkeitskonzeption ist durch die modernitätstypische Pluralismusproblematik motiviert, die auf der Grundlage von »vier allgemeinen Tatsachen« (L 334) behandelt werden muß. Da ist erstens das »Faktum des Pluralismus«: Die Existenz einer Vielfalt umfassender religiöser, philosophischer und moralischer Überzeugungen ist ein strukturelles Merkmal der öffentlichen Kultur von Demokratien, und es besteht kein Grund, eine Abschwächung dieses Pluralismus umfassender Wertsysteme zu erwarten. Der Pluralismus macht es unwahrscheinlich, daß sich ein dauerhaftes und gesellschaftsweites Einverständnis in religiösen, philosophischen und moralischen Fragen ergeben kann; Einigkeit wird, das ist die zweite Tatsache, unter den Bedingungen des Pluralismus nur durch staatliche Gewalt möglich sein. Auf Gewehrläufe läßt sich jedoch keine politische Gemeinschaft gründen, zumindest keine demokratische. Es ist außerdem drittens eine

»allgemeingültige Tatsache [...], daß ein dauerhafter und sicherer demokratischer Staat, der nicht in einander bekämpfende doktrinäre Konfessionen und in feindliche soziale Klassen geteilt ist, bereitwillig und frei von zumindest einer beachtlichen Mehrheit seiner politisch aktiven Bürger unterstützt werden muß [...]. [Dies bedeutet in Hinblick auf das Faktum des Pluralismus], daß eine Gerechtigkeitskonzeption, die als öffentliche Grundlage der Rechtfertigung in einem Verfassungsstaat dienen soll, so formuliert sein muß, daß ihr auf der Grundlage sehr verschiedener und sogar inkommensurabler umfassender Lehren zugestimmt werden kann. Anders wäre der Staat nicht dauerhaft und sicher.« (L 335)

Anderenfalls würde, so befürchtet Rawls, auch ein ideologischer Bürgerkrieg ausbrechen, in dem die einzelnen umfassenden Doktrinen um die kulturelle Vorherrschaft kämpfen. Und als vierte Tatsache führt Rawls an, »daß die politische Kultur einer demokratischen Gesellschaft, welche einigermaßen gut über einen beachtlichen Zeitraum gearbeitet hat, normalerweise zumindest implizit bestimmte grundlegende intuitive Gedanken enthält, von denen aus es möglich ist, eine für einen Verfassungsstaat geeignete politische Gerechtigkeitskonzeption auszuarbeiten« (L 335).

Liefern die ersten beiden Tatsachen den Hintergrund des Problems, so bezeichnet die dritte Tatsache das Theorieziel, das überhaupt erreichen zu können die vierte Tatsache Hoffnungen weckt. Das Theorieziel, eine Gerechtigkeitskonzeption, die weitgehend anerkannt ist und daher dem Gemeinwesen interne Stabilität und Kontinuität zu bescheren vermag, kann unter den gegebenen gesellschaftlichen und kulturellen Bedingungen nur erreicht werden, wenn eine »politische Gerechtigkeitskonzeption« (L 335) entwickelt wird.

Rawls unterscheidet eine metaphysische und eine politische Gerechtigkeitskonzeption. Dabei ist der Begriff der metaphysischen Gerechtigkeitskonzeption bei ihm unklar, da Rawls den Unterschied zwischen metaphysischen Rechtfertigungen und nachmetaphysischen Rechtfertigungen, zwischen einer in der Natur oder in Gott begründeten Wahrheit und einer sich über die allgemeine Zustimmungsfähigkeit definierenden Wahrheit verwischt. Die politische Gerechtigkeitskonzeption besitzt allerdings klare Konturen: Eine politische Gerechtigkeitskonzeption ist keine wahre, sondern eine geeignete, brauchbare, dem politischen Zweck der stabilitätsfördernden Konsenssicherung dienende Gerechtigkeitskonzeption.

Die Gerechtigkeitstheorie wird nicht mehr argumentativ gerechtfertigt, sie rechtfertigt sich selbst durch ihre politische Leistungsfähigkeit. Sie ist dann gerechtfertigt, wenn sie funktioniert und einen die Sprengkraft des Pluralismus mildernden öffentlichen Konsens über die Verfassung des Gemeinwesens und das Verfahren einer öffentlichen Rechtfertigung herbeiführt. Im Zentrum der Rawlsschen politischen Philosophie steht also jetzt ein pragmatisches, technisches Programm: Wie können die »grundlegenden intuitiven Gedanken [...], die in der öffentlichen Kultur einer demokratischen Gesellschaft implizit oder latent vorhanden sind« (L 272, Anm. 19), zu einem allgemein zustimmungsfähigen Gerechtigkeitskonzept ausgearbeitet werden, das eine allgemein anerkannte und leistungsfähige Praxis öffentlicher Rechtfertigung begründen kann?

Das wichtigste Werkzeug des vom politischen Philosophen zum Konsensherstellungstechniker gewandelten, von Kant zu Hobbes übergegangenen Gerechtigkeitstheoretikers ist die »Methode der Vermeidung« (L 265). Politische Philosophen sollen Friedensstifter im Kulturkampf sein, sie sollen als Schlichter tätig werden und Positionen formulieren, auf die sich die Parteien als Basis für weitere Kooperation einigen können. Sie müssen daher alles Trennende, Strittige, Konfliktträchtige ausklammern, auch alle starken und tiefen Begründungen vermeiden, denn diese werden sich nie auf allgemein geteilte Voraussetzungen stützen können. Einigungen gibt es in einer demokratisch-pluralistischen Kultur nur an der Oberfläche. Dort, wo es unterschiedliche und inkommensurable Vorstellungen eines guten und sinnvollen Lebens gibt, kann man Grundsätze, die eine öffentliche Rechtfertigungspraxis ermöglichen sollen, nicht auf Konzepte des Guten stützen.

Existieren unterschiedliche metaphysische Anschauungen, unvereinbare Moralkonzeptionen, einander ausschließende religiöse Überzeugungen, muß eine öffentlich wirksame Gerechtigkeitsverfassung eine neutrale Position gegenüber allen metaphysischen Wahrheiten, moralischen Überzeugungen und religiösen Konzeptionen einnehmen. Sie nimmt die Haltung des pyrrhonischen Skeptikers ein, der gegenüber These und Antithese gleichermaßen auf Distanz geht. »Wenn wir der Methode der Vermeidung [...] folgen, versuchen wir, so weit wie möglich religiöse, philosophische oder moralische Theorien und die mit ihnen verbundenen philosophischen Konzeptionen der Wahrheit und des Status von Werten weder zu bejahen noch zu verneinen.« (L 312)

Es ist zu beachten, daß die politische Gerechtigkeitskonzeption Rawls' eine Antwort auf einen doppelten Pluralismus darstellt. Es geht nicht nur um den Pluralismus der individuellen Glücksstrategien und Konzeptionen eines gelingenden Lebens; dieser verlegt zwar der Möglichkeit den Weg, eine Gerechtigkeitskonzeption auf den Begriff des Guten zu gründen, und besiegelt damit die Priorität der Gerechtigkeit gegenüber dem Guten, aber er ist gleichwohl mit einer metaphysischen, wahrheitsorientierten und rechtsbegründeten Gerechtigkeitskonzeption vereinbar. Es geht zusätzlich um einen Pluralismus umfassender philosophischer, moralischer und religiöser Theorien, die zwar einerseits bestimmte Konzepte sinnvoller Lebensführung beinhalten, andererseits aber auch als Theorien wahrheitsorientierter Begründungsverfahren diese selbst mit dem Gift des Pluralismus impfen, so daß eine konsensorientierte Gerechtigkeitstheorie auf Begründungsverfahren dieser Art verzichten muß.

Schlichter im moralischen Streit setzen auf die Klugheit der Parteien; es ist nützlich, sich auf einen Modus vivendi zu einigen. Somit liegt die Vermutung nahe, daß Rawls' Gerechtigkeitstheorie den Parteien einen Modus vivendi vorschlagen will. Rawls weist diese hobbesianische Lösung des Stabilitätsproblems jedoch zurück. Trotz aller Metaphysikferne und Wahrheitsabstinenz bleibt auch die Konzeption der politischen Gerechtigkeit eine moralische Theorie; der moralische Diskurs wird nicht durch einen Rekurs auf moralexterne gemeinsame Interessen verlassen; wir haben es hier nicht mit dem konfliktregulierenden Schiedsrichtermodell zu tun, nicht mit der Suche identischer Basisinteressen. Ein derartiger empirischer Reduktionismus würde die moralischen Diskurse unterlaufen, in denen die gesellschaftliche Öffentlichkeit über Gerechtigkeitsfragen diskutiert.

Die politische Philosophie ist der Anwalt der zwischen die konkurrierenden Großtheorien und divergierenden privaten Konzeptionen des Guten tretenden öffentlichen Mitte. Ihre Aufgabe besteht darin, die Grundlagen der durch Fragmentierung bedrohten öffentlichen politischen Kultur darzustellen und so zu interpretieren, daß ihre innere Zusammengehörigkeit kenntlich wird und sich ein kohärentes anerkennungsfähiges öffentliches Überzeugungssystem ergibt, das mit allen maßgeblichen umfassenden metaphysisch-religiösen Theorien vereinbar ist und daher von ihnen getragen werden kann. Sie kann diese Aufgabe nur erfüllen, wenn sie eine normative Theorie mit einem hinreichend umfassenden Themenrepertoire und hinreichend ausdifferenzierter Grundbegrifflichkeit ist; sie muß konsistenter Ausdruck bestimmter personen- und gesellschaftstheoretischer Vorstellungen sein und Gleichheits-, Freiheits- und Fairneßkonzepte enthalten.

So sehr diese Aufgabenbeschreibung auch der praktischen Hermeneutik der Kommunitaristen gleicht, die Durchführung dieser Aufgabe kann sich angesichts des Pluralismus nicht mit der kommunitaristischen Lösung der kulturellen Selbstbesinnung allein begnügen. Die stabilisierende und kontinuitätssichernde

Wirkung des politischen Gerechtigkeitskonzepts basiert nach Rawls auf einer Art Schnittmengenkonsens (overlapping consensus): Die Gerechtigkeitsprinzipien samt den aus ihnen abzuleitenden wesentlichen Verfassungsinhalten werden als Teile oder anschlußfähige Zusätze der umfassenden metaphysisch-religiösen und moralischen Theorien ausgewiesen; sie sind die Schnittmenge der divergierenden Doktrinen, die miteinander konkurrieren und je eigene Begründungsargumente und Rechtfertigungsmethoden entwickeln. Der »overlapping consensus«, der der politischen Gerechtigkeit zu politischer Wirksamkeit verhilft, soll dadurch zustande kommen, daß die Konzeption der politischen Gerechtigkeit so beschaffen ist, daß alle Bürger »sie als wahr oder vernünftig vom Standpunkt ihrer eigenen umfassenden moralischen, philosophischen oder religiösen Überzeugungen aus annehmen können, wie immer diese auch aussehen mögen«[68].

Damit zehrt die politische Gerechtigkeit, die keine eigene Wahrheit besitzt, parasitär von den vielen Wahrheiten der umfassenden metaphysischen und moralischen Lehren. Der politische Philosoph Rawls arbeitet hier als Rechtfertigungspolitiker, er delegiert die Rechtfertigungsaufgabe an die internen Begründungsstandards der bestehenden Überzeugungssysteme und verteilt so die Rechtfertigungslast auf viele Schultern. Rawls bemüht sich jedoch vergeblich, seine Gerechtigkeitskonzeption vom Verdacht des Hobbesianismus freizuhalten. Obschon sie keinen Modus vivendi der Klugheit vorschlägt, so formuliert sie doch einen Modus vivendi der Moral, deren Verbindlichkeit von der politischen Philosophie als geschichtliches Faktum vorausgesetzt und deren Bewahrheitung privatisiert wird. Aus je eigenen Gründen stimmen die Anhänger der umfassenden moralischen und metaphysischen Theorien dem konstruktiven Vorschlag des Philosophen zu.

Hält man sich die Gelingens- und Mißlingensbedingungen des von Rawls skizzierten Schnittmengenkonsenses vor Augen, stellt sich schnell ein Zirkularitätsverdacht ein: Die politische Gerechtigkeit kann nur dann eine tragfähige Grundlage öffentlicher Rechtfertigungspraxis sein und die ihr abverlangten Stabilitätsleistungen erbringen, wenn die umfassenden metaphysischen und moralischen Theorien sowie die divergierenden Konzeptionen des Guten bereits intern durch die Bestimmungen geprägt sind, die für das gerechtigkeitstheoretische Neutralisierungsprogramm charakteristisch sind. Der Pluralismus muß ein entspannter Pluralismus, ein Pluralismus unter Modernisten sein; Positionen, die die Trennung zwischen dem Rechten und dem Guten, dem Privaten und dem Öffentlichen, der Wahrheit und der pragmatischen Gemeinsamkeit nicht vollzogen haben und um ihrer Selbsterhaltung willen nicht vollziehen können, lassen sich durch das Rawlssche Gerechtigkeitskonzept nicht in einen Konsens einbinden. Sie können der politischen Gerechtigkeit gerade nicht die moralische Unterstützung geben, die sie braucht, um eine stabile öffentliche Identität bewirken und soziale Einheit und historische Kontinuität sichern zu können.

Weil die politische Gerechtigkeitskonzeption nicht auf einen Modus vivendi geteilter fester Interessen reduziert werden kann, weil sie sich als moralische, immanent werthafte und gemeinschaftsbildende Konzeption versteht, darf sie nicht neutral sein. Die für den philosophischen Liberalismus konstitutive Neutralität und Unparteilichkeit kann eine politische Gerechtigkeit nicht aufrechterhalten. Die politische Gerechtigkeit muß um ihre eigene Kontinuierung besorgt sein; der durch sie ermöglichte öffentliche Vernunftgebrauch muß ein Interesse an der Stabilisierung der Bedingungen seiner Möglichkeit haben.

»Der politische Liberalismus prüft Grundsätze und ordnet Institutionen mit Blick auf ihren Einfluß auf die moralische

Qualität des öffentlichen Lebens, auf die bürgerlichen Tugenden und Geistesverfassungen, deren öffentliche Anerkennung er fördert und die für einen stabilen Verfassungsstaat notwendig sind.« (L 326) Er begreift sich selbst als ein verteidigenswertes Gut, ist an der Herausarbeitung einer bestimmten öffentlichen Identität interessiert und stärkt den Gemeinsinn der Bürger. In der utopischen Fluchtlinie der optimistischen, modernitätsbejahenden Konzeption der politischen Gerechtigkeit, die angesichts der Vielfalt moralisch-religiöser Anschauungen und philosophisch-metaphysischer Theorien die Grundbedingungen eines öffentlichen Gerechtigkeitsdiskurses zu formulieren sucht, die die Unterstützung aller finden und daher die gesellschaftliche Einheit, die politische Stabilität und die geschichtliche Kontinuität des demokratischen Verfassungsstaates sichern können, zeichnet sich eine Gerechtigkeitsgemeinschaft ab, in der die vom politischen Philosophen aus der geschichtlichen Wirklichkeit herausgelesene Prinzipienordnung kulturelles Selbstverständnis geworden ist, in der die politische Moderne zu sich selbst gekommen ist.

Rawls ist letztlich davon überzeugt, daß die von ihm bereits 1971 formulierte Gerechtigkeitstheorie als Grammatik dieser politisch-kulturellen Selbstverständigung moderner pluralistischer Gesellschaften dienen könnte, daß die Fairneßgerechtigkeit eine normative Plattform sein könnte, auf der sich die öffentlichen Meinungsverschiedenheiten einvernehmlich beilegen lassen. Aber wie wir oben gesehen haben, gründet diese Überzeugung in einem rechtfertigungstheoretischen Fehlschluß, der die theorieinternen Rechtfertigungsszenarien als Muster des öffentlichen Vernunftgebrauchs nimmt und daher die Rawlssche Theorie als konsensgarantierendes Versöhnungsangebot ins politische Spiel bringt. Politische Rationalität ist in modernen Gesellschaften jedoch zugleich anspruchsloser und anspruchsvoller: anspruchsloser, weil sie davon Abstand nehmen muß, Meinungsverschiedenheiten durch argumentative Anstrengungen je in Konsens auflösen zu können; anspruchsvoller, weil sie sich davon nicht entmutigen läßt und moralische sowie politische Strategien des Dissensmanagements entwickelt. Rawls hat eine übertriebene Vorstellung von der Wichtigkeit des Konsenses. Und er hat eine zu schwache Meinung von der Rationalität und Leistungsfähigkeit moderner Demokratien. Wenn es etwas gibt, was dem Einheits- und Gemeinsamkeitsbedürfnis einer pluralistischen Gesellschaft Rückhalt gibt, dann ist es nicht ein wie immer gearteter Gerechtigkeitskonsens, dann ist es das formale Regelwerk eines gewaltfreien Dissensmanagements und die geteilte Bereitwilligkeit, sich durch die dauerhafte Abwesenheit des Konsenses in wichtigen, das Selbstverständnis betreffenden Angelegenheiten weder moralisch noch politisch irritieren zu lassen und die Unschlichtbarkeit substantieller Fragen als Normalität anzusehen.

C. Völkerrecht und liberale Gerechtigkeit

Vertrag und Unwissenheitsschleier sind vielseitige gerechtigkeitsheuristische Werkzeuge, in den unterschiedlichsten Gerechtigkeitskontexten verwendbar. Jeder Gerechtigkeitskontext hat seine eigenen Ungerechtigkeitsursachen, seine eigenen Asymmetrien, seine eigenen Benachteiligungs- und Bevorzugungsbedingungen. Daher verlangt auch jeder Gerechtigkeitskontext nach eigenen, seinem Problemprofil angepaßten Prinzipien. Wichtig ist nur, daß das Verfahren Unparteilichkeit sichert, daß durch den Schleier der Unwissenheit die erforderlichen Neutralisierungsleistungen erbracht werden. Daher steht es außer Frage, daß der konstruktive Kontraktualismus auch auf die zwischenstaatlichen Verhältnisse angewandt werden kann. Wie jedoch dabei im einzelnen zu verfahren ist, ist zwischen Rawls und manchen Anhängern seiner Theorie höchst umstritten. Der Streitpunkt ist folgender: Während viele Rawlsianer, vorneweg Beitz[69] und Pogge[70], von einem einstufigen Kontraktualismus ausgehen, also den Urzustand globalisieren und die Verfassungswahl als Doppelwahl von binnenstaatlichen und zwischenstaatlichen Gerechtigkeitsprinzipien konzipieren, läßt sich Rawls von Kant inspirieren und vertritt sowohl in der *Theorie der Gerechtigkeit* als auch in der zwanzig Jahre später verfaßten Studie über das Völkerrecht einen zweistufigen Kontraktualismus.

Ein zweistufiger Kontraktualismus besagt, daß auf der ersten Stufe rationale Individuen sich auf Gerechtigkeitsprinzipien zur Gestaltung der Grundstruktur ihrer staatlich verfaßten Gesellschaft einigen und daß auf der gedankenexperimentellen zweiten Stufe dann nationalstaatliche Repräsentanten zusammenkommen, um die Grundregeln des zwischenstaatlichen Umgangs miteinander festzulegen. Da die Protagonisten des völkerrechtlichen Vernunftvertrages Repräsentanten unterschiedlicher Gesellschaften sind, insbesondere liberaler und nichtliberaler Gesellschaften, kann die Einigung nicht auf der Grundlage einer Anerkennung liberaler Gerechtigkeitsprinzipien erfolgen. Deshalb wird das einvernehmlich entwickelte Völkerrecht auf ein anderes normatives Fundament gestellt werden müssen, das allgemeiner und aus liberaler Perspektive weniger anspruchsvoll ist. Es muß ein Fundament sein, auf das sich liberale wie auch nichtliberale, hierarchisch geordnete und jede Trennung von Staat und Religion ablehnende Gesellschaften gleichermaßen einigen können. Für Rawls wird ein solches Fundament durch die wesentlichen Menschenrechte gebildet. Die Durchsetzung des Völkerrechts ist damit wesentlich basale Menschenrechtspolitik, Friedenssicherung und Rechtssicherung.

Die mit einem einstufigen Vertragsmodell operierenden, den Naturzustand unmittelbar globalisierenden Rawlsianer hingegen weiten das liberale Gerechtigkeitsverständnis aus und stellen die zwischenstaatlichen Beziehungen insbesondere auf die Grundlage des Differenzprinzips. Damit visieren sie eine internationale Ethik an, die das Problem der Verteilungsgerechtigkeit in den Mittelpunkt stellt und die Maximierung der sozioökonomischen Position der global Schlechtestgestellten zur universalen, menschenrechtlich begründeten Pflicht erhebt. – Ich werde im folgenden zuerst Rawls' Begründungsskizze aus der *Theory of Justice* behandeln, sodann den uneingeschränkten Kosmopolitismus von Beitz und Pogge diskutieren und schließlich auf Rawls' *Oxford Amnesty Lecture* von 1993 eingehen, in der er sein Völkerrechtskonzept ausbaut und gegen Kritik verteidigt.

1. Völkerrecht in der *Theorie der Gerechtigkeit* von 1971

»Nehmen wir an, wir hätten bereits die Gerechtigkeitsgrundsätze für Gesellschaften als ganze und für die Grundstruktur hergeleitet [...]. An diesem Punkt kann man nun die Vorstellung vom Urzustand erweitern und sich die Beteiligten als Abgesandte verschiedener Nationen vorstellen, die gemeinsam die ersten Grundsätze für die Regelung gegensätzlicher Ansprüche zwischen Staaten festlegen müssen. Im Sinne des Begriffs des Urzustandes nehme ich an, daß diesen Abgesandten verschiedene Kenntnisse fehlen. Sie wissen zwar, daß jeder eine andere Nation vertritt, in der jeweils gewöhnliche menschliche Lebensverhältnisse herrschen; doch sie wissen nichts über die besonderen Verhältnisse ihrer eigenen Gesellschaft, ihre Macht im Vergleich zu anderen, und sie kennen auch nicht ihre persönliche Stellung in ihrer Gesellschaft. Wiederum werden bei den Vertragspartnern, in diesem Fall den Vertretern von Staaten, nur die Kenntnisse vorausgesetzt, die ihnen eine vernünftige Entscheidung im Sinne ihrer Interessen ermöglichen, aber nicht solche, die es den besser Gestellten unter ihnen ermöglichen würde, ihre besondere Situation für sich auszunützen. Dieser Urzustand ist fair zwischen den Nationen; er schaltet die Zufälligkeiten und Einseitigkeiten des Geschichtsverlaufs aus. Die Gerechtigkeit zwischen Staaten bestimmt sich nach den Grundsätzen, die in dem so definierten Urzustand gewählt würden. Es sind politische Grundsätze, denn sie bestimmen die staatliche Politik gegenüber anderen Nationen.« (TG 416 f.)

Die Prinzipienwahl der anonymen nationalstaatlichen Repräsentanten ist in zweifacher Hinsicht bemerkenswert. Zum einen führt sie zu einer Bekräftigung des traditionellen Völkerrechts und stellt die Ziele der Friedenssicherung und der Verrechtlichung der zwischenstaatlichen Beziehungen in den Mittelpunkt. Sie bestätigt die Grundsätze der staatlichen Selbstbestimmung, verbietet den Interventionismus, räumt das Recht auf Selbstverteidigung ein und wiederholt die alte völkerrechtliche Norm »pacta sunt servanda«. Rawls fällt sogar hinter die systematische Einsicht Kants zurück, daß eine politische Philosophie der internationalen Beziehungen im Zeitalter des Vernunftrechts das Theorieprogramm der Doktrin des gerechten Krieges aus Konsistenzgründen nicht fortsetzen könne, und legt auch Grundsätze des »ius ad bellum« und des »ius in bello« in altem Stil fest.

Bemerkenswerter aber als dieser völkerrechtliche Konservatismus selbst ist die ihm zugrundeliegende gerechtigkeitstheoretische Halbierung. Während Rawls' kontraktualistische Begründung der Verfassung einer gerechten staatlichen Gesellschaft in zwei Prinzipien gipfelt, die einen rechtlich-politischen Egalitarismus mit einem komplexen Programm sozioökonomischer Verteilungsgerechtigkeit kombinieren, stützt sich seine kontraktualistische Begründung der politischen Grundsätze des internationalen Verhaltens allein auf das Prinzip der politischen Autonomie und Rechtsgleichheit der Staaten. Rawls' politische Philosophie der internationalen Beziehungen zielt lediglich auf eine vertragstheoretische Rechtfertigung von zwischenstaatlichen Verhaltensnormen und nimmt keine Regeln sozioökonomischer Verteilungsgerechtigkeit in ihren Prinzipienkanon auf.

Eine gerechte, ungleichheitssensitive Verteilung der grundlegenden sozialen und ökonomischen Güter gehört zu den Aufgaben staatlicher Innenpolitik, nicht jedoch zu den Aufgaben staatlicher Außenpolitik. Internationale Gerechtigkeitsprinzipien betreffen allein die rechtliche Ordnung von zwischenstaatlichen Machtbeziehungen, nicht die gerechte Verteilung von ökonomischen Ressourcen und sozialen Chancen. Ihr Ideal ist das friedliche Nebeneinander von Staaten, die sich in gerechtigkeitstheoretischer Selbstgenügsamkeit allein um die Aufrechterhaltung und rechtliche Verbesserung ihrer inneren institutionellen Ordnung kümmern und sich in ihren äußeren Beziehungen allein von den Regeln einer konsequenten Menschenrechtspolitik leiten lassen. Haben die Individuen gegenüber ihrem Staat das Recht auf gleiche Freiheit und eine Verteilung von sozioökonomischen Gütern nach dem Differenzprinzip, so haben sie gegenüber fremden Staaten das Recht auf eine äußerlich ungestörte, selbstbestimmte gerechtigkeitspolitische Entwicklung der inneren gesellschaftlichen und staatlichen Verhältnisse.

Sind sie Mitglieder einer staatlichen Gemeinschaft, die nicht nach liberalen Gerechtigkeitsprinzipien geordnet ist, dann gründen ihre Hoffnungen auf liberale Reformen im Innern allein darin, daß ihr Staat durch andere Staaten mit den Sanktionsinstrumenten einer offensiven Menschenrechtspolitik zu entsprechenden Maßnahmen gezwungen wird. Interventionistische Kreuzzüge für das Menschenrecht oder gar für ungleichheitsmindernde Umverteilung sind durch das Rawlssche Völkerrecht nicht zulässig.

2. Globalizing Rawls

Viele Rawlsianer haben Rawls' völkerrechtliche Begründungsskizze harsch kritisiert. Sie haben methodologische Einwände vorgebracht und in der völkerrechtlichen Orientierung eine unstatthafte Abweichung vom normativen Individualismus erblickt, dem zufolge nicht Staaten und Nationen, sondern nur Personen als Adressaten gerechtigkeitsethischer Aufmerksamkeit betrachtet werden dürfen.[71] Sie haben sich an dem völkerrechtlichen Konservatismus gestoßen und in ihm einen Abfall vom ethischen Niveau der Rawlsschen Gerechtigkeitstheorie erblickt, der nach einer systemkonformen Revision verlange, die das hohe ethische Niveau der Rawlsschen Gerechtigkeitstheorie auch in der politischen Philosophie der internationalen Beziehungen zur Geltung bringe. Sie haben dazu die Zweistufigkeit und die gerechtigkeitstheoretische Halbierung im Völkerrecht aufgehoben und die Rawlssche Gerechtigkeitstheorie unmittelbar globalisiert: Das Wahlgremium der ersten Verfassungswahl wird mit der Aufgabenerweiterung konfrontiert, zusätzlich Prinzipien einer internationalen Verteilungsgerechtigkeit festzulegen. Das Ergebnis ist die Globalisierung des gerechtigkeitsethischen Sorgenkindes: »Nehmen wir Rawls' Konzeption ernst, dann muß seine Gerechtigkeitstheorie die Lebensaussichten des Schlechtestgestellten auf der ganzen Welt zum erstrangigen Kriterium bei der Bewertung unserer sozialen Institutionen machen.«[72]

Der erste, der diese Globalisierung unserer Gerechtigkeitsverantwortung aus der Rawlsschen Theorie herausgelesen hat, war

Charles Beitz. Beitz' Argument folgt allen Windungen der Rawlsschen Begründung der Prinzipien der Gerechtigkeitstheorie und überträgt sie schematisch, gleichsam wie mit einem argumentativen Storchschnabel, in den globalen Kontext. Die globale Gerechtigkeit ist die Gerechtigkeit der politischen Gemeinschaft in Majuskeln. Es ist evident, daß bei diesem Vergrößerungsverfahren das Verhältnis der Staatsbürger zu den Nichtbürgern ebenso seine normative Eigenständigkeit verlieren muß wie das Verhältnis der Staaten untereinander. Damit wird die genuin politische Dimension der staatsbürgerlichen Existenz und der außenpolitischen Beziehungen der Staaten kassiert. Der binnenstaatliche Egalitarismus der Staatsbürger wird in einen ethischen Weltbürgeregalitarismus transformiert. Das politische Gefälle zwischen Bürgern und Nichtbürgern wird nivelliert. Dieses egalitaristische Weltbürgerethos ist radikal entpolitisiert, es kennt nur noch bedürftige Erdenmenschen und verwandelt die ganze Weltbevölkerung in die Klientel einer anonymen globalen Verteilungsagentur. Der Weg von der innerstaatlichen Gerechtigkeitsordnung zur globalen Gerechtigkeitsordnung ist für den kosmopolitischen Rawlsianismus denkbar kurz: Er beinhaltet nur den Schritt eines Parameteraustauschs; das Rechtfertigungsargument in der Klammer jedoch verändert sich überhaupt nicht. In beiden Fällen haben wir eine unmittelbar individualistisch radizierte Gerechtigkeitskonzeption, die Gerechtigkeit im Horizont individueller fairer Anteile an den weltwirtschaftlich produzierten Gütern auslegt. Wird das Unparteilichkeitskriterium im Weltmaßstab angewandt, gilt jeder Weltbürger so viel wie jeder andere, gibt es keine besonderen politischen Verpflichtungen der Staaten gegenüber ihren Bürgern. Wird das Problem der normativen Begründung internationaler Beziehungen mit dem begrifflichen Inventar des individualistischen Kontraktualismus angegangen, muß sich die internationale Gerechtigkeit als

Ausgleich individueller Ansprüche verstehen, ist Weltpolitik Gerechtigkeitsdienst an den legitimen Ansprüchen der Individuen auf einen fairen Anteil an den weltweit erarbeiteten Gütern.

Es ist instruktiv, diese Konzeption in den größeren Zusammenhang der Geschichte der politischen Philosophie der internationalen Beziehungen zu stellen. Ursprünglich war das Nachdenken über eine Ethik der internationalen Beziehungen durch das Paradigma des Krieges bestimmt; es war eine Ethik der Kriegshege, die die Bestimmungen eines »ius in bello« entwickelte, und es war eine Ethik des gerechten Krieges, die als »ius ad bellum« Kriterien für die Unterscheidung legitimer und illegitimer Anwendungen kriegerischer Gewalt zwischen den Staaten formulierte. Die große Bedeutung der Kantischen Rechtsphilosophie auch für die Philosophie der internationalen Beziehungen zeigt sich darin, daß Kant das Kriegsparadigma durch das Paradigma des Rechtsfriedens abgelöst und die internationalen Beziehungen auf den Sockel einer vernunftrechtlich begründeten kooperativen Rechtsordnung gestellt hat. Damit hat er die republikanische Revolution globalisiert und das Rechtsstaatsprinzip zur internationalen Ordnung ausgeweitet. Mit seiner Rechtsphilosophie hat der Liberalismus Einzug in die internationalen Beziehungen gehalten: Die Ordnungs- und Gerechtigkeitsprobleme werden im Innerstaatlichen und im Zwischenstaatlichen einheitlich in der Sprache des negativen Rechts und der negativen Freiheit buchstabiert.

Mit dem Beitzschen Rawlsianismus ändern sich die normativen Orientierungen in der politischen Philosophie der internationalen Beziehungen: Mit ihm zieht der Sozialdemokratismus in die internationalen Beziehungen ein. Der Rawlsianismus ist ein kosmopolitischer Sozialdemokratismus, der das Paradigma der zwischenstaatlichen Rechtsordnung durch das Paradigma der gerechten weltbürgerlichen Güterversorgung ersetzt. Die in der modernen Geschichte der Nationalstaaten zu beobachtende Entwicklung einer kompensatorischen Komplettierung der rechtsstaatlichen Freiheitsordnung durch sozialstaatliche Versorgungssysteme wird durch seine umfassende Konzeption der Verteilungsgerechtigkeit ins Globale hinein verlängert. Die sozialdemokratische Redistributionsmaschinerie, die bislang den inneren Stoffwechsel der Nationalstaaten leitete, muß jetzt aus Gründen des Rechts eines jeden Weltbürgers auf einen fairen Anteil der weltwirtschaftlich erarbeiteten Güter globale Ausmaße annehmen; die einzelnen nationalstaatlichen Verteilungsagenturen müssen selbst der distributiven Kontrolle einer globalen Agentur unterworfen werden, die unparteilich über die gleichen Rechte der Weltbürger wacht.

Zwei Gründe führt Beitz für die Notwendigkeit einer unmittelbaren Einbeziehung der Gerechtigkeitsprobleme internationaler Beziehungen in das ursprüngliche Entscheidungsprogramm der Rawlsschen Verfassungswähler an. Da ist zum einen die ungleiche Verteilung der natürlichen Ressourcen; da ist zum anderen die globale Interdependenz, die internationale gesellschaftliche Kooperation.[73] Beide Gründe verdanken die ihnen zugeschriebene rechtfertigende Kraft einer Analogisierung. Im Fall der ungleichen Verteilung der natürlichen Ressourcen greift Beitz auf Rawls' Argument von der moralischen Zufälligkeit der individuellen Begabungsausstattung und der moralischen Notwendigkeit der Reglementierung der durch sie erzeugten sozioökonomischen Ungleichheiten zurück und setzt den nationalen Ressourcenbesitz mit dem individuellen Talentbesitz gleich. Beides ist das Ergebnis einer natürlichen Lotterie und daher moralisch arbiträr. In beiden Fällen muß die blinde natürliche Verteilung durch eine autonome menschengemachte Verteilung auf der Grundlage allgemein anerkennungsfähiger Prinzipien korrigiert werden. Wo bislang Natur und Zufall wohnten, sollen jetzt Vernunft und moralische Notwendigkeit einziehen. Und das heißt: Wie im intrastaatlichen Bereich die begabungsverursachten sozioökonomischen Ungleichheiten durch eine redistributive Abschöpfung des Ertrags der von Natur aus Bevorzugten egalitaristisch korrigiert werden müssen, so müssen auch im internationalen Bereich die sozioökonomischen Ungleichheitsfolgen der blinden natürlichen Ressourcenverteilung durch geeignete, die Bevorzugten redistributiv belastende Maßnahmen egalitaristisch korrigiert werden.

Beitz übersieht, daß die Analogie nicht trägt, daß der Vergleich hinkt. Was er völlig mißachtet, ist, daß die korrigierende globale Verteilungsgerechtigkeit nicht auf das Resultat einer natürlichen Ressourcenlotterie trifft, sondern auf einzelstaatliche Eigentumsordnungen. Intelligenz und Schönheit, Talente, Fertigkeiten und alle sonstigen für die individuellen Lebensprojekte nützlichen natürlichen Eigenschaften sind ebensowenig rechtlich erwerbbar wie der eigene Körper, zu dessen empirischen Bestimmungen sie zählen. Niemand aber besitzt immer schon und von Natur aus Land, Bodenschätze, Meerzugänge, Wasseradern, Paßstraßen, Wälder usw. Hier entstehen also Rechtskonkurrenzen, Kollisionen zwischen der globalen Verteilungsgerechtigkeit und den Eigentumsrechten einer liberalen, möglicherweise sogar wohlgeordneten Gesellschaft. Folglich muß die Anwendung des Ressourcenverteilungsprinzips die Aufhebung individueller Eigentumsrechte und damit nichts geringeres als die Relativierung aller einzelstaatlichen Eigentums- und Rechtsordnungen verlangen. Detaillierte Operationalisierungsmöglichkeiten dieses Prinzips der Ressourcenverteilung führt Beitz nicht an. Er erwähnt nur das Differenzprinzip, in dem er eine Art Rahmen für die nähere Ausgestaltung der Ressourcenumverteilung erblickt. Der subjektiv-rechtliche Reflex dieses eingeführten Prinzips der gerechten Ressourcenverteilung ist der egalitaristische Anspruch eines jeden Erdbewohners als solchen auf Ausstattung mit einem fairen Anteil an den globalen Ressourcen; mit diesem Anspruch wird der traditionelle Katalog der menschenrechtlichen Bestimmungen der negativen Freiheit und Gleichheit um das Recht auf globale Solidarität erweitert.

Den zweiten Grund, der eine Ausdehnung der gerechtigkeitstheoretischen Prinzipiensuche auf den Bereich der internationalen Beziehungen notwendig macht, sieht Beitz in der wachsenden globalen Interdependenz, der vielsträngigen internationalen ökonomischen und politischen Verflechtung. Er gibt diesen Interdependenzphänomenen eine sehr starke Interpretation und legt sie als globales Kooperationsszenario aus. Damit ist das zentrale Argument der Rawlsschen Gerechtigkeitstheorie anwendbar: Wo ein System der Kooperation besteht, gibt es ein Problem der gerechten Verteilung von Kooperationsbürden und Kooperationsgewinnen. Und da der globale Kooperationskontext den nationalen Kooperationskontext umgreift, können die nationalen Grenzen keinerlei moralische Bedeutung für die Definition von gerechtigkeitsbegründeten Ansprüchen und Pflichten haben. Mit der Globalisierung der sozioökonomischen Kooperation wird ein menschenrechtlich oder weltbürgerrechtlich begründeter Kosmopolitismus der Verteilungsgerechtigkeit unvermeidbar. Eine gerechte globale Verteilung der sozialen und ökonomischen Güter liegt dann vor, wenn dem Differenzprinzip weltweit entsprochen wird und zwischen den sozioökonomischen Positionen der Weltbürger materiale Ungleichheit nur in dem Maße anzutreffen ist, wie es für die Besserstellung der Schlechtestgestellten ökonomisch notwendig ist. Freilich übersieht Beitz, daß eine globale Ausweitung des Differenzprinzips die von ihm ins Auge gefaßten Schlechtestgestellten gerade nicht erreicht. Ebensowenig wie das Differenzprinzip für die Versorgung der Selbstversorgungsunfähigen innerhalb des Nationalstaates zuständig ist – weil Rawls, wie wir gesehen haben, von den kontrafaktischen Bedingungen garantierter Vollbeschäftigung und uneingeschränkter Arbeitsfähigkeit ausgeht –, ebensowenig erreicht seine Globalisierung die Teile der Erdbevölkerung, die in Not und Elend leben. Denn auch diese sind gerade nicht Teilnehmer in einem weltumspannenden Kooperationsspiel.

Pogge schließt sich der Position von Beitz in allem an. Würde man Rawls' Konzeption ernsthaft und konsequent durchdenken, dann, so Pogge, würde sich der Ausgangspunkt der Verfassungswahl für nationale Kontexte von vornherein als willkürlich erweisen und müßte einer Ausgangskonstellation mit genuin globaler Ausrichtung weichen. Konsequenz dieses immanenten Kosmopolitismus der kontraktualistischen Ausgangssituation ist die Forderung, daß bei der Beurteilung der Verteilungseigenschaften der gesellschaftlichen und ökonomischen Institutionen der eigenen Gesellschaft nichts geringeres als deren globaler Gerechtigkeitseffekt zu berücksichtigen ist, daß bei jeder nationalstaatlichen Politik also zu fragen ist, wie weit eine Änderung der jeweiligen Verteilungseigenschaften die Lebensaussichten der »globally least advantaged persons«, der Habenichtse dieser Welt, zu verbessern in der Lage wäre.[74]

Diese Konstruktion ist zugleich methodologisch aberwitzig und moralisch atemberaubend. Wie sollte dieses Abwägungsunternehmen verwirklicht werden können? Woher sind die universell gültigen Maßstäbe zu nehmen, um soziale Positionierungen zu messen und zu vergleichen? Woher soll die universell gültige Wertgrammatik gelingenden Lebens kommen, die den normativen Hintergrund für diese Vergleichsrechnungen der distributiven Gerechtigkeit bildet? Wie sollte man überhaupt diesem Anspruch gnadenloser Unparteilichkeit gerecht werden können, der jeden Menschen auf der Welt in den Rang eines gleichberechtigten Adressaten unserer material-distributiven Gerechtigkeitssorge erhebt? Dieser uneingeschränkte, den traditionellen Menschenrechtsuniversalismus durch materiale Gerechtigkeitsansprüche noch überbietende deontologische Kosmopolitismus von Beitz und Pogge ist wider alle politische Vernunft.

Pogge hat seinem Aufsatz das bekannte Zitat aus Matthäus 25,40 vorangestellt: Was ihr einem meiner geringsten Brüder getan habt, das habt ihr mir getan. Es bietet eine gute Illustrierung des moralischen Anspruchs des ins Globale verlängerten Differenzprinzips, es spricht damit aber auch unabsichtlich das Urteil über eine solche Gerechtigkeitsethik globaler Verantwortung. Auch internationale Gerechtigkeitsethiken sollten sich davor hüten, erbaulich zu werden. Wie weit dieser erbauliche Ton globaler Brüderlichkeit die gerechtigkeitstheoretischen Intuitionen Rawls' verfälscht, macht folgende Überlegung deutlich: Rawls hat seine Gerechtigkeitstheorie als Institutionentheorie entwickelt; es geht in ihr um Gerechtigkeit als institutionelle Tugend. Die Urzustandssituation ist eine Entscheidungssituation, in der sich Individuen als Angehörige eines kooperativen Systems über die Regeln der Gestaltung ihrer Institutionen, d.h. der institutionellen Grundstruktur ihres kooperativen Systems einigen sollen. Der Rawlssche Kontraktualismus ist also in einen funktional eindeutigen institutionellen Kontext eingebettet. Pogge ahnt, daß das Gelingen des Rawlsschen Arguments von dieser Voraussetzung abhängt und führt in seine globalisierte Version folgerichtig ein »globales Institutionennetz« ein. Doch das ist eine reine Erfindung. Dieses globale Institutionengeflecht gibt es ebensowenig wie eine globale Kooperation zu wechselseitigem Vorteil. Gäbe es ein solches Institutionengeflecht, dann müßten wir auch Instanzen für die Formulierung und Durchsetzung einer gerechtigkeitsorientierten Weltpolitik haben, die diese institutionelle Weltverfassung entsprechend den Regeln globaler Verteilungsgerechtigkeit korrigieren. Die Rawlsianer müßten demnach einen Weltstaat fordern, wenn sie konsequent wären. Wird das individualistische Begründungsszenario des Urzustandes globalisiert, muß auch die Institutionalisierung der in diesem Begründungsszenario entwickelten Gerechtigkeitsprinzipien globalisiert werden, muß die Theorie einen Weltstaat verlangen. Davor aber scheuen die Rawlsianer zurück. Somit verwandelt sich ihre internationale Ethik in eine politisch ohnmächtige Gebärde moralischer Betroffenheit.

Mit dieser Moralisierung, durch die die sozioökonomische Verbesserung der benachteiligten Staaten und Regionen den traditionellen und institutionell eingebundenen außenpolitischen Werkzeugen der Entwicklungspolitik und Außenhandelspolitik, der offensiven Menschenrechtspolitik und der zwischenstaatlichen humanitären Hilfsprogramme entzogen wird, sind beträchtliche Schwierigkeiten verbunden. Sie verwandelt die globale Ethik in eine Theorie der »überbordenden Verantwortlichkeit«, die die Menschen auf Agenten globaler Verteilungsgerechtigkeit reduziert und in »Instrumente unpersönlicher Wertmaximierung« verwandelt, womit sie die Integrität der Persönlichkeit zerstört.[75] Denn ebensowenig wie die staatlichen Gemeinschaften im Horizont des Gerechtigkeitsglobalismus an den ethischen Implikationen politischer Gemeinschaftsbildung festhalten können und besondere Verpflichtungen gegenüber ihren Bürgern anerkennen dürfen, können Personen im Banne dieses Maximierungsprogramms den notwendigen Raum für die Verwirklichung privater Lebensprojekte verteidigen. Konsequent zu Ende gedacht, verurteilt diese Ethik die Mitglieder bevorzugter Volkswirtschaften zu Produktionssklaven in einem globalen unpersönlichen Verteilungsarrangement.

Je schwächer die Voraussetzungen einer Theorie, um so stärker ist die Theorie, um so größer ihre Geltungsreichweite. Sowohl Kant als auch die Rawlsianer bestätigen diese These. Kants Theorie ist voraussetzungsschwach und entwirft eine nationale wie internationale Rechtsordnung, die ein unverzichtbares und kategorisch verbindliches normatives Minimum von universeller, kulturinvarianter Geltung darstellt. Die rawlsianische Theorie ist voraussetzungsstark und entwirft eine komplexe Gerechtigkeitsordnung für die binnenstaatliche und die globale Gesellschaft mit überbordendem Anspruch, der jedoch universell nicht eingelöst werden kann und als Verabsolutierung der partikularen Werte privilegierter liberaler Bürger kritisiert werden muß. Bereits die Problembeschreibung, die nach dem Lösungstyp einer mit dem Differenzprinzip operierenden Verteilungsgerechtigkeit verlangt, ist kulturell kodiert: Das konfliktuelle Kooperationsschema ist eine Abbreviatur liberal-kapitalistischer Wirtschaftsorganisation, die ihrerseits massive Wertentscheidungen beinhaltet, die nicht einfach bedenkenlos universalisiert werden können. Es ist keinesfalls abwegig, sich Staaten und Kulturen vorzustellen, die sich weigern, die weltwirtschaftliche Interdependenz zu vergrößern, die vielmehr bemüht sind, ihre Unabhängigkeit zu stärken, die sich den Uniformierungstendenzen des globalen Kapitalismus entgegenstemmen und sich um nationale Kontrolle der anonymen weltwirtschaftlichen Aktivitäten bemühen – man denke nur an die Freihandelskritik der Globalisierungsgegner, die gerade im grenzüberschreitenden Wirtschaftsverkehr einen identitätszerstörenden Postkolonialismus am Werke sehen und sich für einen Protektionismus stark machen, der die einheimischen Märkte vor fremden Einflüssen abschottet. Angehörige solcher globalisierungsfeindlichen Staaten und Kulturen würden sich durch die anonymisierten Verfassungswähler der Rawlsschen Ursprungssituation nicht repräsentiert sehen, da sie sich nicht primär als individuelle Rechtsbe-

3. Rawls' ausgearbeitete Völkerrechtskonzeption von 1993

In seiner *Oxford Amnesty Lecture* von 1993 hat Rawls die entsprechende Passage aus seinem Buch von 1971 ausgearbeitet und sich ausdrücklich von der Globalisierung der Verteilungsgerechtigkeit und dem damit verbundenen institutionenvergessenen Moralismus distanziert. (LP 115 ff.) Er weicht keinen Fußbreit vom völkerrechtlichen Kantianismus ab und hält an dem Zwei-Stufen-Modell des Vertrages fest. Damit fällt auch die Idee eines globalen Kooperationsschemas fort. Nicht die Verteilung von Kooperationslasten und Kooperationsgewinnen bildet die völkerrechtliche Problemfrage, sondern der friedens- und rechtssichernde Umgang der Staaten miteinander. (LP 30 ff.)

Der kontraktualistische Konstruktivismus dürfe, so Rawls, keinesfalls in dem Sinne als ein universales moralphilosophisches Erkenntnisverfahren aufgefaßt werden, daß mit ihm ein universell anzuwendendes, kontextunabhängiges Prinzip ermittelt werden könnte. Er sei nur in dem Sinne universell, daß er für nahezu jede moralphilosophische Problemstellung eingesetzt werden könne, wobei jedoch die besondere Physiognomie der Problemstellung, der jeweils andere Kontext der Gerechtigkeit durch ein entsprechendes Neuarrangement des Urzustandsexperiments berücksichtigt werden müßte. Im Fall der Anwendung des kontraktualistischen Konstruktivismus auf die Frage der Völkerrechtsbegründung zeigt sich der Wandel der Problemstellung in zweierlei Hinsicht: zum einen in einer Neubesetzung des Prinzipienwählergremiums, jetzt sind es eben nicht mehr Personen als Mitglieder einer zu ordnenden Gesellschaft, sondern Repräsentanten einer staatlichen Gemeinschaft; zum anderen in einer Restriktion des gerechtigkeitstheoretischen Erkenntnisprogramms. Nur allseits anerkennungsfähige Regelungen des zwischenstaatlichen Verhaltens sind gefragt; Probleme der Verteilungsgerechtigkeit gehören nicht ins Völkerrecht und sind nach Rawls auch nicht im Rahmen einer Theorie des internationalen Rechts begründbar: »Wir benötigen kein liberales Prinzip der Verteilungsgerechtigkeit«, wenn wir wissen wollen, wie sich Staaten, unabhängig davon, ob sie intern liberal geordnet sind oder nicht, gegeneinander verhalten sollen.[76]

Im Rahmen nationalstaatlicher Gerechtigkeitsbegründung ging es ausschließlich um die Formulierung liberaler Gerechtigkeit. Da aber nicht damit zu rechnen ist, daß alle Staaten liberale Staaten sind, manche vielleicht sogar den Liberalismus ablehnen, ist kein völkerrechtliches Prinzip allgemeinheitsfähig, das Ausdruck einer liberalen Gerechtigkeitsüberzeugung ist. Es bedarf deshalb einer liberalismusneutralen normativen Ebene. Und diese liberalismusneutrale, auch von nichtliberalen Staaten anerkennungsfähige normative Ebene des internationalen Umgangs sind die Menschenrechte. Freilich fällt nicht alles darunter, was als Menschenrecht deklariert wird. Nur ein minimalistisches, auf die basalen Schutzleistungen sich beschränkendes Menschenrecht kann als allgemein zustimmungsfähige Normplattform dienen.

Wie diese Menschenrechte systematisch entwickelt werden können, darüber verrät Rawls freilich nichts. Sie werden von ihm als Selbstverständlichkeit schlicht vorausgesetzt. Rawls macht auch nicht deutlich, in welcher Weise sich menschenrechtliche Wohlgeordnetheit von liberaler Wohlgeordnetheit unterscheidet. Das einzige von ihm genannte Unterscheidungsmerkmal ist das Verhältnis von Staat und Kirche. Während liberale wohlgeordnete Gesellschaften Staat und Kirche trennen und eine sowohl ethisch als auch religiös neutrale Politik verfolgen, sind nichtliberale wohlgeordnete Gesellschaften in seinen Augen hauptsächlich solche, die sich über gemeinsame religiöse Überzeugungen definieren. Weil solche Gesellschaften kaum liberale Demokratien sind, muß sich die Menschenrechtsforderung mit der Existenz von »vernünftigen Konsultationshierarchien« begnügen, die zwar wenig mit Demokratie und Meinungsfreiheit zu tun haben, aber doch eine Art gesellschaftliche Deliberation und Meinungsbildung gestatten. (LP 65 f.)

Rawls bekräftigt das grundlegende Argument Kants. Eine normative politische Philosophie der internationalen Beziehungen muß auf die Begründung, Ausformulierung und Etablierung einer internationalen Rechtsordnung zielen, auf eine globale Sicherheitspartnerschaft, deren Grundlage, Form und Ziel das Recht ist. Die Globalisierung des in den politischen Idyllen der westlichen Industrienationen entwickelten Konzepts der sozioökonomischen Gerechtigkeit gehört nicht zu den Aufgaben des Völkerrechts. Natürlich darf das Elend der Welt die reichen Wohlfahrtsstaaten nicht unberührt lassen. Aber eine langfristige Politik, die auf eine nachhaltige Verbesserung der Elendsverhältnisse abzielt, darf sich nicht des Instruments einer Güterumverteilung bedienen, sondern muß an einem Export liberaler Ordnungsformen arbeiten.

Armut und Elend in der dritten Welt haben strukturelle Ursachen, die zumindest dann in Umrissen erkennbar werden, wenn man der Frage nachgeht, welche Faktoren für das hohe Wohlstandsniveau der westlichen Industrienationen verantwortlich sind. Dazu zählen neben den für die Entwicklung einer kapitalistischen Wirtschaftsgesellschaft günstigen kulturellen Traditionen des Rationalismus und des Individualismus vor allem rechtliche und politische Strukturen. Eine internationale Solidarität muß ihre Politik gegen Elend und Armut in der dritten Welt primär auf die Förderung stabiler rechtlicher und politischer Strukturen in den Armutsländern richten. Eben der gerechtigkeitstheoretische Bereich, der infolge des Antiinstitutionalismus der rawlsianischen Kosmopoliten in den Hintergrund gedrängt wurde, muß auch und gerade unter dem Blickwinkel einer effektiven internationalen Solidarität in den Vordergrund treten. Gerechtigkeitsbegründetes Verteilungsdenken kann in systemhomogenen Kontexten gelingen und die Gerechtigkeitsqualität des Kooperationssystems erhöhen – im Weltmaßstab mißlingt es.

Eine globale Verteilungsgerechtigkeit vermag keine erfolgreiche Strategie gegen die Armut in der Welt zu begründen. Erst mit der Befreiung von Unterdrückung und Gewalt, mit der Entfernung korrupter politischer Eliten, mit der Beendigung von Bürgerkrieg und Terror erhält die dritte Welt zukunftsweisende Entwicklungschancen. Nicht um die Redistribution von Gütern und Geld kann es gehen, sondern nur um die Ermöglichung von politischen, sozialen und ökonomischen Strukturen einer zuverlässigen Volkswirtschaft und eines verläßlichen, den Legitimationsstandards des Menschenrechts sich unterwerfenden politischen Systems.

Anhang

Anmerkungen

1 Vgl. J.H. Wellbank/Denis Snook/David T. Mason (Hrsg.), John Rawls and His Critics. An Annotated Bibliography, New York 1982. Der Umfang, den die Rawls-Literatur heute erreicht hat, läßt sich daran ermessen, daß dieser vorzügliche Führer durch die Sekundärliteratur nur den Zeitraum bis Herbst 1981 abdeckt und bereits 2500 Publikationen angibt. Umfangreiche und modernisierte Bibliographien finden sich auch bei: Peter Koller, Neue Theorien des Sozialkontrakts, Berlin 1987, S. 246-292; J. Angelo Corlett (Hrsg.), Equality and Liberty. Analyzing Rawls and Nozick, Houndmills 1991, S. 330-396. Aber all diese Literaturzusammenstellungen nehmen noch nicht die Diskussion auf, die Rawls' Ausweitung seiner Gerechtigkeitstheorie zu einer Theorie des politischen Liberalismus einerseits und seine Völkerrechtskonzeption andererseits hervorgerufen hat.
2 Vgl. Robert Nozick, Anarchy, State, and Utopia, New York 1974; dt.: Anarchie, Staat, Utopia, München o.J.
3 Vgl. James M. Buchanan, The Limits of Liberty: Between Anarchy and Leviathan, Chicago 1975; dt.: Die Grenzen der Freiheit, Tübingen 1984.
4 Vgl. Jan Narveson, The Libertarian Idea, Philadelphia 1988.
5 Vgl. David Boaz, Libertarianism, New York 1997.
6 Vgl. Michael J. Sandel, Liberalism and the Limits of Justice, Cambridge 1982.
7 Vgl. Michael Walzer, Spheres of Justice. A Defense of Pluralism and Equality, Oxford 1983.
8 Vgl. Charles Taylor, Philosophy and the Human Sciences, Cambridge 1985.
9 Vgl. Benjamin Barber, Strong Democracy. Participatory Politics for a New Age, Berkeley 1984.
10 Vgl. Ronald Dworkin, Taking Rights Seriously, Cambridge/Mass. 1977; ders., A Matter of Principle, Cambridge/Mass. 1985.

11 Vgl. Thomas Nagel, Equality and Impartiality, New York 1991.
12 Vgl. Brian Barry, Theories of Justice, Berkeley 1989; ders., Justice as Impartiality, Oxford 1995; ders., Culture and Equality, Cambridge 2001.
13 Ausführliche Darstellungen der politischen Philosophie des »libertarianism« und des Kommunitarismus in: Wolfgang Kersting, Die politische Philosophie des Gesellschaftsvertrags, Darmstadt 1994, Kap. X u. XI; ders., Recht, Gerechtigkeit und demokratische Tugend, Frankfurt/M. 1997, Kap. 11-13; ders., Theorien der sozialen Gerechtigkeit, Stuttgart 2000, Kap. VI.
14 Peter Laslett, Introduction, in: ders. (Hrsg.), Philosophy, Politics and Society, Oxford 1956, S. vii.
15 Ebenda, S. ix.
16 Als einführende Literatur in den logischen Empirismus ist empfehlenswert: Alfred Jules Ayer, Sprache, Wahrheit und Logik, Stuttgart 1970; Wolfgang Stegmüller, Hauptströmungen der Gegenwartsphilosophie, Bd. I, Stuttgart 1969, Kap. IX-XI.
17 Zu dieser politischen Philosophie, die sich auf das Selbstverständnis der »ordinary language philosophy« stützt, vgl.: T.D. Weldon, The Vocabulary of Politics, Harmondsworth 1956; M. Macdonald, The Language of Political Theory, in: Anthony Flew (Hrsg.), Logic and Language, Oxford 1951.
18 Vgl. Bruce Ackerman, Social Justice in the Liberal State, New Haven 1980.
19 Vgl. Josef Raz, The Morality of Freedom, Oxford 1986; ders., Ethics in the Public Domain, Oxford 1994; ders., Engaging Reason, Oxford 1999.
20 Vgl. John Gray, Against the New Liberalism. Rawls, Dworkin and the Emptying of Political Life, in: Times Literary Supplement, 03.07.1992.
21 Ebenda, S. 13.
22 Vgl. Wolfgang Kersting, Die politische Philosophie des Gesellschaftsvertrags, a.a.O.
23 Rawls-Zitate werden im Text mit Siglen ausgewiesen. TG bezieht sich auf *Eine Theorie der Gerechtigkeit*, L auf *Die Idee des politischen Liberalismus. Aufsätze 1978-1989*, PL auf *Politischer Liberalismus*, LP sich auf *Law of Peoples*. Gelegentlich habe ich die vorliegenden deutschen Übersetzungen korrigiert.

24 Friedrich Nietzsche, Vom Nutzen und Nachteil der Historie für das Leben, in: ders., Werke, Bd. 1, München 1980, S. 211.
25 Vgl. Wolfgang Kersting, Die Gerechtigkeit zieht die Grenze, und das Gute setzt das Ziel, in: Otfried Höffe (Hrsg.), John Rawls – Eine Theorie der Gerechtigkeit (Klassiker Auslegen, Bd. 15), Berlin 1998, S. 209-230.
26 Vgl. John C. Harsanyi, Can the Maximin Principle Serve as a Basis for Morality?, in: ders., Essays in Ethics, Social Behaviour, and Scientific Explanation, Boston 1976, S. 37-63, insb. S. 39 f.
27 Zu Recht spottet Harsanyi, daß man im Lichte dieses Entscheidungsprinzips weder eine Straße überqueren noch in einem Wald spazieren gehen dürfe. Was könnte denn nicht ein schlechtes Ende nehmen? »Wenn jemand wirklich auf diese Weise handelte, würde er bald in einer Irrenanstalt landen.« (Ebenda, S. 40)
28 »Rawls springt in der Tat von der ursprünglichen Situation, in welcher der Schleier der Unwissenheit Menschen daran hindert zu wissen, was ihre besonderen Positionen sein werden, zu der ungerechtfertigten Schlußfolgerung, diese Unsicherheit werde bei ihnen eine rationale Präferenz für die Minimierung von Risiken hervorrufen.« (Benjamin Barber, Justifying of Justice: Problems of Psychology, Politics and Measurement, in: Norman Daniels (Hrsg.), Reading Rawls, Oxford 1975, S. 292-318; dt. in: Otfried Höffe (Hrsg.), Über John Rawls' Theorie der Gerechtigkeit, Frankfurt/M. 1977, S. 224-258, insb. S. 230.
29 Peter Koller, Neue Theorien des Sozialkontrakts, a.a.O., S. 56.
30 »Es ist überhaupt nicht einzusehen, wieso es rational sein soll, sich so zu verhalten, *als ob* man Pessimist und risikoscheu wäre, wenn man nicht weiß, ob man es tatsächlich ist, und man der Möglichkeit, es zu sein, nicht einmal einen Wahrscheinlichkeitswert zuordnen kann.« (Arend Kulenkampff, Methodenfragen der Gerechtigkeitstheorie, in: Analyse & Kritik 1/1979, S. 90-104, hier S. 102)
31 Immanuel Kant, Kritik der praktischen Vernunft, Akademie-Ausgabe V, S. 105.
32 Ders., Über den Gemeinspruch: Das mag in der Theorie richtig sein, taugt aber nicht für die Praxis, Akademie-Ausgabe VIII, S. 287.
33 Ders., Die Religion innerhalb der Grenzen der bloßen Vernunft, Akademie-Ausgabe VI, S. 26, Anm. Zur Kantischen Auffassung von

Moralphilosophie vgl.: Wolfgang Kersting, Kann die Kritik der praktischen Vernunft populär sein? Über Kants Moralphilosophie und pragmatische Anthropologie, in: Studia Leibnitiana XV/1983, S. 82-93.

34 Rawls' These von der unerschütterlichen Priorität der Freiheit hat eine große Diskussion ausgelöst und ist auf einhellige Ablehnung gestoßen. Vgl. Brian Barry, The Liberal Theory of Justice. A Critical Examination of the Principal Doctrines in »A Theory of Justice« by John Rawls, Oxford 1973, S. 59ff.; H.L.A. Hart, Freiheit und Priorität bei Rawls, in: Otfried Höffe (Hrsg.), Über John Rawls' Theorie der Gerechtigkeit, Frankfurt/M. 1977, S. 131-161; Norman Daniels, Equal Liberty and Unequal Worth of Liberty, in: ders. (Hrsg.), Reading Rawls. Critical Studies on Rawls' »A Theory of Justice«, Oxford 1975, S. 253-281. Eine gute Darstellung dieser Kontroverse findet sich bei: Peter Koller, Neue Theorien des Sozialkontrakts, a.a.O., S. 102-109.

35 Rawls bestimmt hier den Schlechtestgestellten traditionell nach dem Muster des ökonomischen Klassengegensatzes. Mit der zunehmenden Komplizierung der gesellschaftlichen Lebensverhältnisse, mit der alle Teile des gesellschaftlichen Lebens erreichenden kulturellen Modernisierung entwickelt sich auch ein komplizierteres Ungleichheits- und Benachteiligungsbewußtsein, das sich nicht mehr so ohne weiteres auf das Niveau ökonomischer Benachteiligung reduzieren läßt. Der ökonomische Indikator scheint nicht fein genug für die gegenwärtigen gesellschaftlichen Gleichheits- und Kompensationskämpfe. Um die Position des Schlechtestgestellten konkurrieren heute viele gesellschaftliche Gruppen mit jeweils unterschiedlichem Ungleichheits- und Benachteiligungsschicksal. Vgl. Benjamin Barber, Justifying Justice, a.a.O., S. 236ff.

36 Rawls' Differenzprinzip ist ein Vorschlag zur normativen Bewertung der Wohlfahrts- und Gerechtigkeitseigenschaften sozioökonomischer Verhältnisse. Es kann daher nicht verwundern, daß die Resonanz gerade auf sein Lehrstück von der gerechtfertigten Ungleichheit und insbesondere unter den Ökonomen und Sozialwahltheoretikern besonders groß ist. Einen guten Überblick über die Diskussion des Rawlsschen Differenzprinzips, seine Schwierigkeiten und seine Deutungen gibt: Peter Koller, Rawls' Differenzprinzip und seine Deutun-

gen, in: Erkenntnis 20/1983, S. 1-25; ders., Neue Theorien des Sozialkontrakts, a.a.O., S. 109 ff.; siehe auch: Wolfgang Kersting, Theorien der sozialen Gerechtigkeit, Stuttgart 2000, S. 92-106.

37 Überzeugend hat dies Peter Koller, zuerst in seinem Erkenntnis-Aufsatz von 1983, gezeigt. Er vertritt eine Umverteilungslesart des Differenzprinzips, ein »Leximin-Umverteilungsprinzip«, und definiert es folgendermaßen: »Wirtschaftliche und soziale Grundgüter sind möglichst gleichmäßig zu verteilen. Jedoch ist eine Ungleichverteilung insoweit und nur in dem Maße zulässig, als es unmöglich ist, eine Umverteilung von den Begünstigten auf die Minderbegünstigten vorzunehmen, durch die – auf lange Sicht – die Aussichten der Minderbegünstigten verbessert werden können.« (Peter Koller, Neue Theorien des Sozialkontrakts, a.a.O., S. 121)
38 Ebenda, S. 95.
39 Vgl. John Rawls, A Theory of Justice, Cambridge/Mass. 1971, S. 75.
40 Vgl. den bereits zitierten Aufsatz von Peter Koller aus der Zeitschrift *Erkenntnis*.
41 Vgl. Wolfgang Kersting, Theorien der sozialen Gerechtigkeit, a.a.O.
42 John Rawls, Kantian Constructivism in Moral Theory. The Dewey Lectures, in: Journal of Philosophy 77/1980, S. 546.
43 So schreibt etwa der dem Sozialismus nahestehende Stuart Hampshire in einer Rezension des Rawlsschen Werks: Es zeichnet »a noble, coherent, highly abstract picture of the fair society, as social democrats see it [...]. This is certainly the model of social justice that has governed the advocacy of R. H. Tawney and Richard Titmuss and that holds the Labour Party together.« (Stuart Hampshire, A Critical Notice of »A Theory of Justice« in: New York Review of Books, 1972, Nr. 3)
44 Vgl. Alfred Bohnen, Die utilitaristische Ethik als Grundlage der modernen Wohlfahrtsökonomie, Göttingen 1964.
45 Eine vorzügliche Einführung in die utilitaristische Ethik und die wesentlichen Positionen ihrer wichtigsten Vertreter bietet: Otfried Höffe (Hrsg.), Einführung in die utilitaristische Ethik, München 1975.
46 Zur Kritik des Konsequentialismus vgl.: Julian Nida-Rümelin, Kritik des Konsequentialismus, München 1993.
47 Vgl. David Gauthier, Morals by Agreement, New York 1985; ders., Moral Dealing. Contract, Ethics and Reason, Ithaca 1990. Dieser mo-

ralphilosophische Kontraktualismus wird diskutiert in: Peter Vallentyne (Hrsg.), Contractarianism and Rational Choice. Essays on David Gauthier's »Morals by Agreement«, Cambridge 1991.

48 Die rühmliche Ausnahme ist: Otfried Höffe, Politische Gerechtigkeit. Grundlegung einer kritischen Philosophie von Recht und Staat, Frankfurt/M. 1987. Vgl. Wolfgang Kersting, Eine Theorie der politischen Gerechtigkeit. Otfried Höffes Grundlegung einer kritischen Philosophie von Recht und Staat, in: Zeitschrift für philosophische Forschung 43/1989, S. 472-488.

49 Vgl. Wolfgang Kersting, Die politische Philosophie des Gesellschaftsvertrags, a.a.O.

50 Zur kontraktualistischen Prinzipienrechtfertigung vgl. den instruktiven Aufsatz von: Peter Koller, Theorien des Sozialkontrakts als Rechtfertigungsmodelle politischer Institutionen, in: Lucian Kern/Hans-Peter Müller (Hrsg.), Gerechtigkeit, Diskurs oder Markt? Die neuen Ansätze in der Vertragstheorie, Opladen 1986, S. 7-34; ders., Neue Theorien des Sozialkontrakts, a.a.O., Einleitung: Die Konzeption des Sozialkontrakts als politisches Legitimationsmodell. Vgl. auch Wolfgang Kersting, Die politische Philosophie des Gesellschaftsvertrags, a.a.O.

51 Ronald Dworkin, Bürgerrechte ernstgenommen, Frankfurt/M. 1984, S. 253.

52 Zur Normativität des Vertrages und zu den anderen Strukturmomenten des Vertrages sowie ihrer Funktion in der Logik des kontraktualistischen Arguments vgl.: Wolfgang Kersting, Die politische Philosophie des Gesellschaftsvertrags, a.a.O., Kapitel II: Metakontraktualistische Betrachtungen.

53 Zur Moralität von Verträgen vgl.: Michael J. Sandel, Liberalism and the Limits of Justice, a.a.O., S. 105; Wolfgang Kersting, Die politische Philosophie des Gesellschaftsvertrags, a.a.O., Kap. II: Metakontraktualistische Betrachtungen.

54 Zum Rawlsschen Überlegungsgleichgewicht und seiner kohärenztheoretischen Bedeutung vgl.: Norbert Hoerster, John Rawls' Kohärenztheorie der Normenbegründung, in: Otfried Höffe (Hrsg.), Über John Rawls' Theorie der Gerechtigkeit, a.a.O., 57-76; Johannes Schmidt, »Original Position« und reflektives Gleichgewicht, in: Lucian Kern/Hans-Peter Müller (Hrsg.), Gerechtigkeit, Diskurs oder Markt? Die neuen Ansätze in der Vertragstheorie, a.a.O., S. 45-66; Da-

vid Lyons, Nature and Soundness of the Contract and Coherence Arguments, in: Norman Daniels (Hrsg.), Reading Rawls, a.a.O., S. 141-167; Norman Daniels, Wider Reflective Equilibrium and Theory Acceptance in Ethics, in: The Journal of Philosophy 76/1979, S. 256-282; ders., Reflective Equilibrium and Archimedian Points, in: Canadian Journal of Philosophy 10/1980, S. 83-103; Joseph Raz, The Claims of Reflective Equilibrium, in: J. Angelo Corlett (Hrsg.), Equality and Liberty. Analyzing Rawls and Nozick, London 1991, S. 110-135.

55 Vgl. Susanne Hahn, Überlegungsgleichgewicht(e). Prüfung einer Rechtfertigungsmetapher, Freiburg 2000.
56 Peter Koller, Neue Theorien des Sozialkontrakts, a.a.O., S. 83.
57 Vgl. Norbert Hoerster, John Rawls' Kohärenztheorie der Normenbegründung, a.a.O.
58 Mit der einen großen Ausnahme: Kant. Vgl. Wolfgang Kersting, Kant und der staatsphilosophische Kontraktualismus, in: Allgemeine Zeitschrift für Philosophie 8/1983, S. 1-27; vgl. ders., Die politische Philosophie des Gesellschaftsvertrags, a.a.O., S. 180-216.
59 Zur Konzeption der intergenerationellen Gerechtigkeit in der ökologischen Ethik vgl.: Anton Leist, Ökologische Ethik II: Gerechtigkeit, Ökonomie, Politik, in: Julian Nida-Rümelin (Hrsg.), Angewandte Ethik, Stuttgart 1996, S. 386-456; Dieter Birnbacher, Verantwortung für zukünftige Generationen, Stuttgart 1988.
60 Freilich hat sich mittlerweile – acht Jahre nach der ersten Fassung dieser Einführung – die Lage in der Umweltpolitik beträchtlich entspannt. Die hier angesprochene »buntscheckige Resistance« hat sich mittlerweile aufgelöst oder anderen Problemherden zugewandt. Wenn man vom Protest gegen Atommülltransporte absieht – der sich ohnehin nicht mehr massenhaft, sondern nur in Gestalt individueller krimineller Sobatageakte bemerkbar macht –, gibt es gegenwärtig, zu Beginn des neuen Milleniums, nur noch eine nennenswerte, öffentliche Aufmerksamkeit findende und Polizeikräfte bindende Widerstandsbewegung, den globalisierten und sich geschickt der modernen Kommunikationstechnologien bedienenden Widerstand gegen die Globalisierung und die sie tragenden Institutionen und Organisationen: IWF, Weltbank, WTO.
61 Zur Diskussion über den bürgerlichen Ungehorsam in der politischen Philosophie der Gegenwart vgl.: Hugo Adam Bedau (Hrsg.), Civil

Disobedience. Theory and Practice, New York 1969; Thomas Laker, Ziviler Ungehorsam. Geschichte – Begriff – Rechtfertigung, Baden-Baden 1986; Paul Harris (Hrsg.), Civil Disobedience, Lanham 1989.

62 Vgl. William A. Galston, Moral Personality and Liberal Theory. John Rawls's »Dewey Lectures«, in: Political Theory 10/1982, S. 492-519; Symposium on Rawlsian Theory of Justice: Recent Developments, in: Ethics 99/1989, S. 695-944; Joseph Raz, Facing Diversity. The Case of Epistemic Abstinence, in: Philosophy & Public Affairs 19/1990, S. 3-46; Patrick Neal, Justice as Fairness. Political or Metaphysical?, in: Political Theory 18/1990, S. 6-23; Kenneth Baynes, Constructivism and Practical Reason in Rawls, in: Analyse & Kritik, 14/1992, S. 18-32; Samuel Freeman, Reason and Agreement in Social Contract Views, in: Philosophy & Public Affairs 19/1990, S. 122-157; Kai Nielsen, Rawls Rivising Himself. A Political Conception of Justice, in: Archiv für Rechts- und Sozialphilosophie 76/1990, S. 439-456; Philosophische Gesellschaft Bad Homburg/Wilfried Hinsch (Hrsg.), Zur Idee des politischen Liberalismus. John Rawls in der Diskussion, Frankfurt/M. 1997.

63 Eine frühere Fassung des Public-Reason-Aufsatzes von Rawls findet sich in: Philosophische Gesellschaft Bad Homburg/Wilfried Hinsch (Hrsg.), Zur Idee des politischen Liberalismus. John Rawls in der Diskussion, a.a.O., S. 116-141, vgl. auch S. 196-262.

64 Ausführlicher behandle ich den Zusammenhang von politischem Liberalismus, öffentlichem Vernunftgebrauch und deliberativer Demokratie in: Wolfgang Kersting, Politischer Liberalismus zur Einführung, Hamburg 2005.

65 Zur Diskussion über den Rawlsschen Kantianismus vgl.: Oliver Johnson, The Kantian Interpretation, in: Ethics 85/1974, S. 53-66; Stephen L. Darwall, A Defense of the Kantian Interpretation, in: Ethics 86/1976, S. 164-170; Oliver Johnson, Autonomy in Kant and Rawls: A Reply, in: Ethics 87/1977, S. 251-54; Stephen L. Darwall, Is There a Kantian Foundation for Rawlsian Justice?, in: H. Gene Blocker/Elizabeth H. Smith (Hrsg.), John Rawls' Theory of Social Justice, Athens 1980, S. 311-345; Otfried Höffe, Ist Rawls' Theorie der Gerechtigkeit eine kantische Theorie?, in: Ratio 26/1984, S. 88-104.

66 Vgl. dazu: Wolfgang Kersting, Wohlgeordnete Freiheit. Immanuel Kants Rechts- und Staatsphilosophie, Frankfurt/M. 1993, S. 42-50.

67 Man könnte diese Interpretation als »Diskursethisierung der Fairneßgerechtigkeit« oder als »Habermasianisierung Rawls'« etikettieren; am weitesten ist sie von Kenneth Baynes in seinem Aufsatz *Constructivism and Practical Reason in Rawls* getrieben worden.
68 John Rawls, The Idea of an Overlapping Consensus, in: The Oxford Journal of Legal Studies 7/1987, S. 1-24, hier S. 13.
69 Vgl. Charles R. Beitz, Political Theory and International Relations, Princeton 1979, Neuauflage 1999.
70 Vgl. Thomas W. Pogge, Realizing Rawls, Ithaca 1989.
71 Vgl. ders., Rawls and Global Justice, in: Canadian Journal of Philosophy 18/1988, S. 227-265.
72 Ebenda, S. 233.
73 Vgl. Charles R. Beitz, Justice and International Relations, in: H. Gene Blocker/Elizabeth H. Smith (Hrsg.), John Rawls' Theory of Social Justice, Athens 1980, S. 211-238, hier S. 217.
74 Vgl. Thomas W. Pogge, Rawls and Global Justice, a.a.O., S. 241.
75 Vgl. Julian Nida-Rümelin, Kritik des Konsequentialismus, a.a.O., S. 90 ff.
76 John Rawls, The Law of Peoples, in: Stephen Shute/Susan Hurley (Hrsg.), On Human Rights, New York 1993, S. 229, FN 51.

Literaturhinweise

1. Veröffentlichungen von John Rawls

Outline of a Decision Procedure for Ethics, in: The Philosophical Review 60/1951, S. 177-197; dt.: Ein Entscheidungsverfahren für die normative Ethik, in: Dieter Birnbacher/Norbert Hoerster (Hrsg.): Texte zur Ethik, München 1976, S. 177-191.

Two Concepts of Rules, in: The Philosophical Review 64/1955, S. 3-32; dt.: Zwei Regelbegriffe, in: Otfried Höffe (Hrsg.): Einführung in die utilitaristische Ethik, München 1975, S. 96-120.

Justice as Fairness, in: The Journal of Philosophy 54/1957, S. 653-662.

Justice as Fairness, in: The Philosophical Review 67/1958, S. 164-194.

Constitutional Liberty and the Concept of Justice, in: Carl J. Friedrich/John W. Chapman (Hrsg.): Justice: Nomos VI, New York 1963, S. 98-125.

The Sense of Justice, in: The Philosophical Review 72/1963, S. 281-305.

Legal Obligation and the Duty of Fair Play, in: Sydney Hook (Hrsg.): Law and Philosophy, New York 1964, S. 3-18.

Distributive Justice, in: Peter Laslett/W. G. Runciman (Hrsg.): Philosophy, Politics and Society. Third Series, London 1967, S. 58-82.

Distributive Justice: Some Addenda, in: Natural Law Forum 13/1968, S. 51-71.

The Justification of Civil Disobedience, in: Hugo A. Bedau (Hg.): Civil Disobedience: Theory and Practice, New York 1969, S. 240-255.

The Theory of Justice, Cambridge, Mass. 1971; revidierte Ausgabe 1999; dt. (von Hermann Vetter auf der Grundlage eines revidierten Textes übersetzt): Eine Theorie der Gerechtigkeit, Frankfurt/M. 1975; Taschenbuchausgabe Frankfurt/M. 1979.

Justice as Reciprocity, in: Samuel Gorovitz (Hrsg.): John Stuart Mill: Utilitarianism. With Critical Essays, Indianapolis 1971, S. 242-268.

Distributive Justice, in: Edmund S. Phelps (Hg.): Economic Justice, London 1973, S. 319-362.

Fairness to Goodness, in: Philosophical Review 84/1975, S. 536-554.

The Independence of Moral Theory, in: Proceedings and Addresses of the American Philosophical Association 48, 1975, S. 5-22.

A Kantian Conception of Equality, in: The Cambridge Review 1975, S. 94-99; wiederabgedruckt unter dem Titel: A Well-Ordered Society, in: Peter Laslett/James S. Fishkin (Hrsg.): Philosophy, Politics and Society. Fifth Series, Oxford 1979, S. 6-20.

Gerechtigkeit als Fairneß, hrsg. von Otfried Höffe, Freiburg 1977 (darin die Übersetzungen von: Justice as Fairness, Distributive Justice: Some Addenda, Sense of Justice und The Justification of Civil Disobedience).

The Basis Structure as Subject, in: Alvin Goldman/Jaegwon Kim (Hrsg.): Values and Morals, Dordrecht 1978, S. 47-71.

Kantian Constructivism in Moral Theory, in: Journal of Philosophy 77/1980, S. 515-572.

Social Unity and Primary Goods, in: Amartya K. Sen/Bernard Williams (Hrsg.): Utilitarianism and Beyond, Cambridge 1982, S. 159-186.

The Basic Liberties and their Priority, in: Sterlin McMurrin (Hrsg.): The Tanner Lectures on Human Values 1982, Salt Lake City/Cambridge 1983, S. 3-87.

Justice as Fairness: Political not Metaphysical, Philosophy & Public Affairs 14/1985, S. 223-251.

The Idea of an Overlapping Consensus, in: Oxford Journal of Legal Studies 7/1987, S. 1-25.

The Priority of Right and Ideas of the Good, in: Philosophy & Public Affairs 17/1988, S. 251-276.

The Domain of the Political and Overlapping Consensus, in: New York Law Review 64/1989, S. 233-255.

Themes in Kant's Moral Philosophy, in: Eckart Förster (Hrsg.): Kant's Transcendental Deductions, Stanford 1989, S. 81-113.

Die Idee des politischen Liberalismus. Aufsätze 1978-1989, Frankfurt/M. 1992 (darin deutsche Übersetzungen von: The Basis Structure as Subject, Kantian Constructivism in Moral Theory, The Basic Liberties and Their Priority, Justice as Fairness: Political not Metaphysical, The

Idea of an Overlapping Consensus, The Priority of Right and Ideas of the Good, The Domain of the Political and Overlapping Consensus).

The Law of Peoples, in: Stephen Shute/Susan Hurley (Hrsg.), On Human Rights. The Oxford Amnesty Lectures 1993, New York 1993, S. 41–82; dt.: Das Völkerrecht, in: Stephen Shute/Susan Hurley (Hrsg.): Die Idee der Menschenrechte, Frankfurt/M. 1996, S. 53–103.

Political Liberalism, New York 1993; dt.: Politischer Liberalismus, Frankfurt/M. 1998.

Das Ideal des öffentlichen Vernunftgebrauchs, in: Philosophische Gesellschaft Bad Homburg/Wilfried Hinsch (Hrsg.): Zur Idee des politischen Liberalismus. John Rawls in der Diskussion, Frankfurt/M. 1997, S. 116-142.

The Idea of Public Reason. Postscript, in: James Bohman/William Rehg (Hrsg.): Deliberative Democracy, Cambridge, Mass. 1997, S. 93–141.

The Law of Peoples, Cambridge, Mass. 1999; dt.: Das Recht der Völker, Berlin 2002.

Collected Papers, hrsg. von Samuel Freeman, Cambridge, Mass. 1999.

Lectures on the History of Moral Philosophy, edited by Barbara Herman, Cambridge, Mass. 2000; dt: John Rawls: Geschichte der Moralphilosophie. Hume – Leibniz – Kant – Hegel, Frankfurt/M. 2002.

Justice as Fairness. A Restatement, edited by Erin Kelly, Cambridge, Mass. 2001; dt. John Rawls: Gerechtigkeit als Fairneß: Ein Neuentwurf, Frankfurt/M. 2003.

Lectures on the History of Political Philosophy, edited by Samuel Freeman, Cambridge, Mass. 2007; dt.: John Rawls: Geschichte der politischen Philosophie, Frankfurt/M. 2008.

2. Veröffentlichungen über John Rawls (in Auswahl)

a) Monographien

Alejandro, Roberto: The Limits of Rawlsian Justice, Baltimore 1998.

Barry, Brian: The Liberal Theory of Justice. A Critical Examination of the Principle Doctrines in »A Theory of Justice« by John Rawls, Oxford 1973.

Baynes, Kenneth: The Normative Grounds of Social Criticism: Kant, Rawls, and Habermas, Albany 1992.

Freeman, Samuel: Rawls, London 2007.

Frühbauer, Johannes J.: John Rawls' »Theorie der Gerechtigkeit«, Darmstadt 2007.

Hahn, Susanne: Überlegungsgleichgewicht(e). Prüfung einer Rechtfertigungsmetapher, Freiburg 2000.

Hayden, Patrick: John Rawls: Towards a Just World Order, Cardiff 2002.

Kersting, Wolfgang: Politische Philosophie des Gesellschaftsvertrags, Darmstadt 1994.

Kersting, Wolfgang: Theorien der sozialen Gerechtigkeit, Stuttgart 2000.

Kersting, Wolfgang: Gerechtigkeit und öffentliche Vernunft. Über John Rawls' politischen Liberalismus, Paderborn 2006.

Kley, Roland: Vertragstheorien der Gerechtigkeit. Eine philosophische Kritik der Theorien von John Rawls, Robert Nozick und James Buchanan, Bern 1989.

Koller, Peter: Neue Theorie des Sozialkontrakts, Berlin 1987.

Kühn, Hans-Jürgen: Soziale Gerechtigkeit als moralphilosophische Forderung, Bonn 1984.

Kukathas, Chandran/Pettit, Philip: Rawls. »A Theory of Justice« and its Critics, Oxford 1990.

Lovett, Frank: Rawls's »A Theory of Justice«: A Reader's Guide, London 2011.

Manz, Hans Georg von: Fairneß und Vernunftrecht, Hildesheim 1992.

Nnodim, Paul: Rawls' Theorie der Gerechtigkeit als angemessene moralische Grundlage für eine liberale demokratische Gesellschaft im globalen Kontext, Oberhausen 2004.

Pogge, Thomas: Realizing Rawls, Ithaca 1989.

Pogge, Thomas: John Rawls, München 1994.

Pogge, Thomas: John Rawls: His Life and Theory of Justice, Oxford 2007.

Rex, Martin: Rawls and Rights, Lawrence 1985.

Sandel, Michael J.: Liberalism and the Limits of Justice, Cambridge 1982.

Schaub, Jörg: Gerechtigkeit als Versöhnung: John Rawls' politischer Liberalismus, Frankfurt/M. 2009.

Voice, Paul: Rawls Explained: From Fairness to Utopia, Chicago 2011.

Wolff, Robert Paul: Understanding Rawls. A Reconstruction and Critique of »A Theory of Justice«, Princeton 1977.

Weithman, Paul: Why Political Liberalism? On John Rawls's Political Turn, Oxford 2013.

b) Aufsatzsammlungen

Bailey, Tom/Gentile, Valentina (Hrsg.): Rawls and Religion, New York 2014.

Becker, Michael (Hrsg.): Politischer Liberalismus und wohlgeordnete Gesellschaften: John Rawls und der Verfassungsstaat, Baden-Baden 2013.

Blocker, H. Gene/Smith, Elizabeth H. (Hrsg.): John Rawls' Theory of Social Justice. An Introduction, Athens 1980.

Corlett, J. Angelo (Hrsg.): Equality and Liberty. Analyzing Rawls and Nozick, Houndmills 1991.

Daniels, Norman (Hrsg.): Reading Rawls. Critical Studies of »A Theory of Justice«, Oxford 1975.

Freeman, Samuel (Hrsg.): The Cambridge Companion to Rawls, Cambridge 2003.

Höffe, Otfried (Hrsg.): Über John Rawls' Theorie der Gerechtigkeit, Frankfurt/M. 1977.

Höffe, Otfried (Hrsg.): John Rawls: Eine Theorie der Gerechtigkeit, Klassiker Auslegen Bd. 15, Berlin 1998.

Höffe, Otfried (Hrsg.): John Rawls: Politischer Liberalismus, Berlin 2015.

Mandle, Jon/Reidy, David A. (Hrsg.): A Companion to Rawls, Oxford 2013.

Martin, Rex/Reidy, David A. (Hrsg.): Rawls's Law of Peoples. A realistic utopia?, Oxford 2006.

Philosophische Gesellschaft Bad Homburg/Wilfried Hinsch (Hrsg.): Zur Idee des politischen Liberalismus. John Rawls in der Diskussion, Frankfurt/M. 1997.

Pies, Ingo/Leschke, Martin (Hrsg.): John Rawls' politischer Liberalismus, Tübingen 1995.

Symposium on Rawlsian Theory of Justice: Recent Developments, in: Ethics 99/1989, S. 695-944.

Symposium on John Rawls's Law of Peoples, in: Ethics 110/2000, S. 699-721.

Zeittafel

1921	John Rawls wird am 21. Februar in Baltimore/Maryland geboren.
1950	Promotion an der Princeton Universität nach einem Studium in Princeton und an der Cornell Universität.
1952-59	Assistant Professor und Associate Professor für Philosophie an der Cornell Universität.
1959-61	Lehrtätigkeit am Massachusetts Institute of Technology (MIT).
1962	Professor für Philosophie an der Harvard Universität, wo Rawls bis zu seiner Emeritierung 1991 lehrt.
1971	Rawls' Hauptwerk *A Theory of Justice* erscheint; dieses Buch wurde vorbereitet durch eine Reihe vielbeachteter Aufsätze: *Outline of a Decision Procedure for Ethics* (1951); *Two Concepts of Rules* (1955); *Justice as Fairness* (1958) und *Distributive Justice* (1967).
1975	*Eine Theorie der Gerechtigkeit*, die deutsche Übersetzung von Rawls' Hauptwerk, erscheint.
1977	*Gerechtigkeit als Fairneß*: Von Otfried Höffe herausgegeben, erscheint eine Sammlung Rawlsscher Aufsätze in deutscher Sprache.
1980	In seinen *John Dewey Lectures* an der New Yorker Columbia Universität nimmt Rawls wichtige Veränderungen an seinem Theoriegebäude vor.
1992	*Die Idee des politischen Liberalismus. Aufsätze 1978-1989*, die erste Zusammenstellung der Rawlsschen Aufsätze, in denen er an der Verbesserung seiner Theoriekonzeption gearbeitet hat, erscheint in deutscher Sprache.
1993	*Political Liberalism*, eine erweiterte englische Version der deutschen Aufsatzsammlung von 1992, erscheint.
1999	*The Law of Peoples* erscheint.
2002	John Rawls stirbt am 24. November in Lexington/Massachusetts.

Wolfgang Kersting, geb. 1946; Studium der Philosophie, Geschichte und Germanistik in Göttingen und Hannover; Promotion 1974 und Habilitation 1982; 1975-1992 Lehrtätigkeit an den Universitäten Hannover, Marburg, Göttingen und München; 1993-2011 Ordinarius für Philosophie und Direktor am Philosophischen Seminar der Christian-Albrechts-Universität zu Kiel.

Buchveröffentlichungen: Die Ethik in Hegels »Phänomenologie des Geistes« (1974); Wohlgeordnete Freiheit. Immanuel Kants Rechts- und Staatsphilosophie (1984; ³2007); Niccolò Machiavelli. Leben – Werk – Wirkung (1988; ²1998); Thomas Hobbes zur Einführung (1992; ³2005); John Rawls zur Einführung (1993; ⁴2008); Die politische Philosophie des Gesellschaftsvertrags (1994; Sonderausgabe 2005); Gerechtigkeit und Medizin (1995); Recht, Gerechtigkeit und demokratische Tugend (1997); Platons ›Staat‹ (1999; ²2006); Theorien der sozialen Gerechtigkeit (2000); Politik und Recht (2000); Filosofia Politica del Contractualismo Moderno (2001); Jean-Jacques Rousseaus ›Gesellschaftsvertrag‹ (2001); Kritik der Gleichheit (2002); Universalismo e Direitos Humanos (2004); Kant über Recht (2004); Gerechtigkeit und Lebenskunst (2005); Liberdade e Liberalismo (2005); Der liberale Liberalismus (2006); Gerechtigkeit und öffentliche Vernunft. Über John Rawls' politischen Liberalismus (2006); Verteidigung des Liberalismus (2009); Macht und Moral. Studien zur praktischen Philosophie der Neuzeit (2010); Wie gerecht ist der Markt? (2011). Herausgaben: Politische Philosophie der Internationalen Beziehungen (zusammen mit Christine Chwaszcza; 1998); Politische Philosophie des Sozialstaats (2000; Sonderausgabe 2005); Die Republik der Tugend. Jean-Jacques Rousseaus Staatsverständnis (2003); Klugheit (2005); Kritik der Lebenskunst (zusammen mit Claus Langbehn; 2007); Moral und Kapital. Grundfragen der Wirtschafts- und Unternehmensethik (2008); Am Rande des Idealismus. Studien zur Philosophie Karl Leonhard Reinholds (zusammen mit Dirk Westerkamp 2008); Freiheit und Gerechtigkeit. Die moralischen Grundlagen der Sozialen Marktwirtschaft (2010).